Brandt · Philosophie

Reinhard Brandt

Philosophie

Eine Einführung

Philipp Reclam jun.
Stuttgart

Umschlagabbildung:
Barnett Newman, *Vir Heroicus Sublimis*, 1950–51
New York, Museum of Modern Art

Universal-Bibliothek Nr. 18137

Gesamtherstellung: Reclam, Ditzingen. Printed in Germany 2001
RECLAM und UNIVERSAL-BIBLIOTHEK sind eingetragene Marken
der Philipp Reclam jun. GmbH & Co., Stuttgart
ISBN 3-15-018137-2

www.reclam.de

Inhalt

ZWEITER TEIL

Praktische Philosophie: Ethik und Recht

DRITTER TEIL

Ästhetik: Schön und nicht schön

VIERTER TEIL

Die Bestimmung des Menschen und der Sinn des Lebens

Einleitung

Der Gegenstand der Philosophie

Auf vielen Wegen gelangt man zur Philosophie. Manchmal ist das Motiv die existentielle Frage: Wer bin ich? Welchen Sinn hat die Geschichte *meines* – mir zunächst aufgezwungenen – Lebens? Ich kann mich von meinen praktischen und theoretischen Überzeugungen kritisch distanzieren; in den tiefsten meiner Gefühle täusche ich mich; ich beurteile mich, mache mir Vorwürfe; ich kann nicht wirklich wollen, was ich dennoch wünsche und will – habe ich ein doppeltes, vielfaches und doch wieder mit sich identisches Ich? Aber ist es überhaupt sinnvoll, von »dem« Ich zu sprechen? Oder, statt der existentiellen Frage, das Staunen und die intellektuelle Neugier: Leben wir nicht in einem unvorstellbar großen Weltall? In ihm sind wir faktisch nichts, fast nichts, weder räumlich noch zeitlich, und auch massenmäßig fallen wir innerhalb der gigantischen Galaxien auf unserem Kleinplaneten kaum ins Gewicht, und doch stellen wir uns unbeeindruckt und unvermeidlich ins Zentrum von allem, den Kopf nach oben – auf Grund welcher Wahrheit oder Illusion? Und: Ich stelle mir ein Raumstück vor, z. B. ein Dreieck, aber die Vorstellung des Dreiecks ist nicht dreieckig – wie verhält sich meine Vorstellung zum wirklichen Raum und der wirkliche Raum zu meiner Vorstellung? Raum und Zeit sind unterschieden, so denke ich hier und jetzt; aber ist der Gedanke selbst, den auch Platon und Hegel dachten, räumlich und zeitlich? Was genau heißt »Freiheit«? Alle Menschen sind frei und gleich, aber sie sind zugleich höchst unfrei und ungleich, physisch und geistig. Wie paßt das zueinander? Oder: Durch alle Poren unserer Kultur dringt die Reflexion und das kritische Begreifen, ob Staat und Ökonomie und Gesellschaft, ob Alltags- und Formalsprache, ob Malerei, Epos und Lyrik, Filmkunst und Architektur, Urbanistik: in allem nisten immer schon menschliche Selbstreflexion und philosophisch-kritische Erkenntnis. Wer überhaupt etwas von all dem begreifen will, ist zum Nach- und Mitphilosophieren gezwungen; so führen am Ende alle Wege zur Philosophie.

Menschen arbeiten, aber sie musizieren auch, dichten, malen, treiben Sport und Philosophie. Man kann dies jeweils flüchtig tun oder auch hartnäckiger als die anderen, weil man zur Musik, zum Sport oder zur Philosophie begabt ist und das Temperament oder Naturell uns zu einer dieser Beschäftigungen führt. Was kann man sich von der Philosophie erhoffen? Der existentiell Suchende den Distanz-Blick, der der Philosophie seit Sokrates den Ruf verschaffte, eine Art Seelenheilkunde zu sein; sie korrigiert die aufgeregten Meinungen und befriedet die Seele mit sich selbst durch Distanz und Einsicht. Dem intellektuell Neugierigen verspricht die ernsthafte Beschäftigung mit der Philosophie den Tiefenblick in Strukturen, die im Alltag und auch in den Wissenschaften nicht zutage treten und doch vorausgesetzt sind. Ginge es in dieser Welt mit rechten Dingen zu, müßte alle Erziehung und Bildung mit Philosophie anfangen und mit ihr enden.

Philosophen versuchen, sich selbst und anderen Klarheit über rationale Sachverhalte zu verschaffen, die bei unserem Erkennen, wertenden Urteilen und Sorgen und Handeln und bei den Dingen, um die es geht, immer schon im Spiel sind. Welches sind diese letzten entscheidenden Möglichkeitsbedingungen, die unbemerkt präsent sind, wenn wir bestürzt und betroffen sind, wenn wir diese Überlegung für falsch, jene für wahr halten, diese Frage für möglich und jene für sinnlos halten, wenn dies moralisch und fair und etwas anderes verwerflich sein soll, wenn wir dieses Kunstwerk als gelungen und ein anderes als dilettantisch beurteilen? Die kritische Untersuchung der unser Denken und

Tun und alle Gegenstände bestimmenden und durchdringenden ersten Voraussetzungen nennen wir Philosophie.

Aber sind nicht alle Sicherheiten der Reflexion über die Voraussetzungen unseres Denkens und Tuns und von allem, was ist, längst geschwunden? Gehört es nicht zum Wissensbestand der Moderne und Postmoderne, daß nichts Irdisches Bestand hat, daß sich nicht nur unser Denken in immer neue Widersprüche verstrickt, sondern das Seiende selbst widersprüchlich ist? Daß wir uns vom Allgemeinen und Prinzipiellen nun endgültig verabschieden müssen? Diese Meinung kann ein Lebensgefühl sein, eine Stimmung des Vorbei und Verweht. Beginnen wir jedoch, den Abschied vom Beständigen in Worte und Urteile zu fassen, passiert etwas Erstaunliches: Der Zweifel selbst, so zeigt sich, ist nur möglich, wenn etwas als sicher vorausgesetzt wird. Wenn das Staunen der Beginn der Philosophie ist, dann haben wir es hier mit einem wahrhaft erstaunlichen Beginn zu tun: Wir entdecken, daß die in artikulierte Gedanken gefaßte Skepsis der Reflexion nicht standhält und sich selbst widerlegt. Ohne ein beharrendes Prinzip ist der Zweifel an ihm nicht möglich.

»Sapere aude« – »Habe Mut, dich deines *eigenen* Verstandes zu bedienen!« – bleibt die Losung aller kritischen Reflexion über die Voraussetzungen unseres Denkens und Handelns und der Dinge selbst. Das Mutgebot gilt für die wirklichen oder eingebildeten Schwierigkeiten in den Wendeltreppen der philosophischen Reflexion. Es gilt auch und besonders für die paradoxe Notwendigkeit, das Philosophieren *gegen* die Pseudo-Philosophie anzustrengen, das eigene kritische Nachdenken gegen eine bloße Verwaltung der Philosophie und gegen ihre rhetorische Nachahmung, gegen die toten und gegen die bloß tönenden Worte wachzuhalten.

Drei Bereiche der Philosophie

Philosophie läßt sich für unsere Zwecke in drei Bereiche einteilen: Es gibt einmal die Philosophie als Lebensweisheit, zum anderen als die Einführung in eine kritische Reflexion über die Voraussetzungen unseres Denkens und Handelns und dessen, was ist, und drittens als ein wissenschaftliches Spezialgebiet neben anderen Expertendisziplinen. Andere Spielarten des Wortgebrauchs sollen hier vernachlässigt werden; es ist z. B. von der Philosophie einer Auto- oder Anlagefirma oder auch der Philosophie der westlichen Militärstrategie die Rede; in Frankreich gehörte zum »philosophe« in der Aufklärung und im 19. Jahrhundert eine antiklerikale, fortschrittsoptimistische Einstellung, zu finden vorzugsweise bei Pariser Literaten und den Apothekern in französischen Landstädten.

Der erste Bereich der Philosophie läßt sich zur leichteren Orientierung mit dem Namen »Sokrates« verbinden. In den Platonischen Dialogen wird Sokrates als ein Athener dargestellt, der nach einer grundlegenden Erkenntnis um ihrer selbst willen strebte und das als gut erkannte Handeln wirklich ausführte, auch unter Gefährdung seines eigenen Lebens. Die Fragen, *warum* er nach philosophischer, d. h. grundsätzlicher, das Leben der Menschen im ganzen betreffender Aufklärung strebte und *warum* er gut handelte, waren für ihn sinnlos. Man kann nicht fragen, warum man die Wahrheit erkennen und warum man das Gute zum Richtmaß des eigenen Handelns macht. Platon, im Urteil der Nachwelt der bedeutendste Sokratesschüler, gründete die Akademie in Athen (die Urform aller Universitäten) mit dem Ziel, philosophische Probleme, besonders politischer Art, zu erörtern und zu lösen. Die intellektuellen und sittlichen Vorstellungen von Sokrates konnten in die Akademie eingehen, aber die Weisheit selbst, die Verknüpfung des als gut Erkannten mit dem eigenen wirklichen Handeln, läßt sich nicht mehr lehren, sondern nur selbst tun, wenn auch der Lehre gemäß.

Die Expertenphilosophie wiederum erwächst aus den ungelösten Problemstellungen, sei es der Philosophie selber, sei es der sich ändernden Wissenschafts- und Kulturformen. Sie begegnet in unserem Kulturkreis seit der Ausbildung differenzierter schriftlicher Reflexion bei den Vorsokratikern. Sie wird von Spezialisten thesauriert und systematisch fortentwickelt, wobei diese Fortentwicklung bei näherem Hinsehen ein wenig von ihrem Glanz einbüßt, denn sie kann sich auch als Fehlentwicklung erweisen. In diesem Punkt unterscheidet sich auch die Expertenphilosophie von den mathematisierten Naturwissenschaften, die bei aller problematischen Selbstinterpretation einen von den Experten selbst nicht in Frage gestellten Fortschritt erzielen. Dasselbe gilt von den rein empirischen Bereichen der Kulturwissenschaften; das unbestrittene Expertenwissen z. B. der Archäologen und Historiker wächst täglich. Die philosophische Literatur und vermeintliche Erkenntnis kann sich dagegen auch im Krebsgang bewegen, weil Differenzierung und Begründungsleistung regredieren können. Man denke an die spärlichen philosophischen Leistungen im real existierenden Sozialismus mit seiner immensen Produktion an philosophischen Schriften.

Die vorliegende »Einführung« bewegt sich in der Talsohle zwischen den sich gegenüberstehenden Gipfeln der praktizierten Weisheit einerseits und der Expertenphilosophie andererseits. Sie will in Elementarbestände der Probleme und Erkenntnisse einführen, in denen wir uns bei jeder Tätigkeit immer schon bewegen; sie orientiert sich an der Expertenphilosophie, will jedoch deren Gebiet nicht betreten.

Die Gliederung des Stoffes

Eine Gliederung des Stoffes ist notwendig für die sukzessive Darstellung und für didaktische Zwecke, sie dementiert sich jedoch zum Teil in den verhandelten Sachen. Wenn wir mit dem Erkennen beginnen und dann die praktische Philosophie und danach die Ästhetik folgen lassen, stehen die drei Teile einerseits gleichberechtigt nebeneinander, andererseits fällt aber die praktische Philosophie so gut wie die Ästhetik unter die Erkenntnis, denn sowohl in das moralische wie auch das ästhetische Urteilen und Ausführen sind kognitive Leistungen eingesenkt. Besonders die an den Anfang gestellte Logik gehört zugleich in jedes Teilgebiet. Die Abfolge und Isolierung ist also nicht korrekt. Auch in der Zuordnung von Teilgebieten kommt es zu Schiefheiten: Soll etwa das Problem der Freiheit zur Erkenntnislehre oder zur praktischen Philosophie gezogen werden? Wir sind unabhängig von jeder moralischen Überlegung genötigt, ein freies Tun anzunehmen, sobald wir einen theoretischen Satz schriftlich oder mündlich äußern, denn er steht unter der Prämisse, daß der Autor sich zwischen Bejahung oder Verneinung im freien Abwägen der Gründe entscheiden muß. Also gehört das Thema »Freiheit« in die theoretische Philosophie.

Die Beschäftigung mit einem der hier erläuterten drei oder vier Felder zeigt rasch ihre innere Dependenz. Die historische Tradition und die systematische Überlegung führen zu dem Ergebnis, daß sich kaum ein Bereich aus der Philosophie ausgliedern und für sich erforschen oder lehren läßt. Es gibt Schwerpunkte, diese müssen jedoch als Teile eines größeren, wenn auch variablen und nicht exakt bestimmbaren Ganzen begriffen werden. Das in den Spezialwissenschaften und besonders in der Industrieproduktion mit wunderbarem oder katastrophalem Erfolg praktizierte Verfahren der Arbeitsteilung, der Isolierung und Segmentierung, läßt sich nicht ohne weiteres auf die Philosophie übertragen. Die einzelnen Kapitel folgen zwar aufeinander und können auch jedes für sich gelesen und studiert werden, aber sie umlagern zugleich ein gemeinsames Zentrum.

Was steckt hinter der Dreiheit von Erkenntnislehre, praktischer Philosophie und Ästhetik anderes als die bekannte Trias von Wahr, Gut und Schön, der unsere Klassik sich verpflichtet wußte. »Dem Wahren, Schönen, Guten« verkündet die Fassade der Frankfurter Alten Oper von 1880, und Gottlob Frege expliziert noch 1918: »Wie das Wort ›schön‹ der Ästhetik und ›gut‹ der Ethik, so weist ›wahr‹ der Logik die Richtung.«[1] In einem komplizierten Prozeß wurde, so scheint es, diese schon antike Kanonbildung im 19. und 20. Jahrhundert destruiert; sie erweist sich jedoch nach wie vor als praktikabel, und mehr als praktikabel soll sie hier nicht sein. Und das vierte Thema lehnt sich natürlich an Kants vierte Frage an: »Was ist der Mensch?«[2]

Der Gliederung des Stoffes und der erstrebten Kürze der »Einführung« sind etliche Gebiete der Philosophie zum Opfer gefallen: Religionsphilosophie, Technik-, Kultur- und Geschichtsphilosophie, vor allem auch ein Kapitel, das für den Schluß des ersten Abschnitts: »Erklären und Verstehen« geplant war. So haben auch die behandelten Teile nur exemplarischen Charakter.

Die einzelnen Kapitel zerfallen in der Regel in drei Teile. Im ersten Teil werden meist Texte präsentiert, die die LeserInnen mit relevanten philosophischen Themen bekanntmachen. Dem Text ist sodann eine historische »Erläuterung« beigegeben, und es folgt drittens meist eine kritische Erörterung der Texte und Themen in Form von »Weiterführenden Reflexionen«. Der erste Schritt konzentriert somit die Aufmerksamkeit auf ein kurzes, aus dem Zusammenhang gelöstes Textstück; manchmal, wie gleich zu Beginn, sind es auch mehrere Passagen. Es soll eine philosophische Überlegung jeweils in einem Minimalbereich betrachtet und dabei das argumentative Gerüst herausgearbeitet werden. Die Philologie ist die Mathematik der Geisteswissenschaften und der Philosophie; es muß das genaue Aufmerken auf den Wortlaut eines Textes, auf die subtilen

1 Frege (1966), 30 – »Der Gedanke. Eine logische Untersuchung«, erster Satz.

2 Kant (1900ff.), XI 429 – Brief an Carl Friedrich Stäudlin vom 4. Mai 1793.

Beziehungen in einem Satzgefüge oder in einem Absatz geübt werden, vor allem die methodische Trennung dessen, was im Text steht, von den je eigenen Überzeugungen, mit denen der ungeübte Leser den Text sogleich überfällt. Jeder ist frei, fremde Texte mit seinen eigenen Meinungen zu übertünchen; es ist jedoch unlauter, die eigenen Übermalungen als Lesarten mit dem Gütezeichen »Aristoteles« oder »John Rawls« zu versehen.

Die ausgewählten Texte führen in ein bestimmtes Problemfeld der Philosophie ein; in den meisten Fällen sind es Passagen, die immer wieder zitiert werden und auf die bei den entsprechenden Problemdiskussionen meist zurückverwiesen wird. Sie sind jedoch nur begrenzt aus sich selbst verständlich und bilden daher nur ein einladendes Provisorium; eine genauere Interpretation, zu der die LeserInnen angeregt werden, hat das ganze Werk einzubeziehen, dem die Passagen entnommen wurden. Provisorisch ist auch die Verwendung von Übersetzungen der fremdsprachlichen Texte – eine sachgemäße Erörterung dessen, was z. B. bei Aristoteles und Descartes steht, ist nur unter Einbeziehung des griechischen und lateinischen oder französischen Textes möglich. Es gibt besonders in den klassischen, maximal komprimiert verfaßten Texten ein übersetzungsresistentes, sachlich relevantes Vokabular; man kann es aus der Kenntnis des Gedankenkontextes paraphrasieren, eine Kontrolle ist jedoch wie bei der Übersetzung selbst naturgemäß nur dem möglich, der die Sprache beherrscht. – Die »Erläuterungen« sollen einen Ersatz für das fehlende ursprüngliche Bezugsfeld liefern und haben zugleich, wie der kurze Text selbst, einen einladenden Charakter: sich mit den Werken der Autoren zu befassen und so die historische und systematische Kenntnis zu vertiefen.

Während sich der erste Schritt der Textkenntnis als doktrinal bezeichnen läßt, kann der zweite Schritt der »Weiterführenden Reflexionen« kritisch genannt werden. Wie jede Theorie stellt auch die philosophische Kurzüberlegung, die im Text präsentiert wird, einen auf Gründen beruhenden Wahrheits- oder Geltungsanspruch. Zu diesem Anspruch, den er bei der ersten Interpretationsphase kennenlernt, soll sich der Leser nicht gläubig verhalten, sondern kritisch: Kann ich mir (d. h.: kann man sich) die geäußerte Meinung zu eigen machen? Zur Beantwortung dieser Frage bedarf es einer weiterführenden Reflexion, die die in den Texten enthaltene Position kritisch umschreitet. »Philosophie: Eine Einführung« heißt notwendig: »Philosophie: Eine kritische Einführung«, an der die LeserInnen selbst reflektierend teilnehmen. Wem unsere bewußt provokative Kritik an Descartes verfehlt scheint, verteidige die *Meditationen*. Wer mit der Analyse von Barnett Newmans »The Sublime Is Now« nicht einverstanden ist, widerlege die hier vorgeführten Überlegungen. Es soll beides erlernt und geübt werden: Zuerst der Lehrbestand und Inhalt der Textausschnitte, sodann der kritische Umgang mit ihren Argumenten.

Die *Auswahl* der Texte ist von der Überzeugung bestimmt, daß die geschichtliche Entwicklung der Philosophie keine reine Fortschrittsgeschichte ist, sondern daß in den meisten Stücken der partielle Gewinn mit einem Verlust in anderer Hinsicht erkauft ist. Descartes' Ich-Philosophie eröffnet den reichen Subjektivismus der Neuzeit, aber ihr Fundament, das Selbstbewußtsein, ist von einer irritierenden Dunkelheit. Bestimmte philosophische Überlegungen sind mit nicht überbotener Klarheit in der Antike formuliert, andere in der Moderne. Es läßt sich nach der Lage der Dinge kaum bestreiten, daß Platon und Aristoteles in vielen Dingen umsichtiger waren als Sartre und Quine; Platons Philosophie ist immun gegen bestimmte Schwächen der Diskursethik; Kant hätte Nietzsche und Heidegger über Fragen der Moral und des Rechts gut belehren können. In der Bilanz steht beides, Verlust und Gewinn.

Es gibt in der systematischen philosophischen Auseinandersetzung bestimmte Treffpunkte, die man leicht durch die Zitatfrequenz herausfindet. Eine beliebig herausgegriffene Äußerung dazu: »Trotz dieser neueren Arbeiten geht man zum Studium der Tugenden am besten auf Aristoteles und Thomas zurück.« So Philippa Foot in einem Aufsatz über »Tugend und Laster«[3]. Bei Aristoteles und Thomas von Aquin trifft man auch eine große Anzahl von Kollegen aus aller Welt, weil sich die einschlägigen Schriften der beiden Philosophen als außerordentlich reflektierte und reiche Erkenntnisquellen erwiesen haben. Mit den systematischen Kenntnissen, die die Texte vermitteln, sind historische Informationen zu Klassikern der Philosophie verbunden. In der philosophischen Kultur gehört zu einem systematischen Beitrag in offener oder versteckter Weise die Auseinandersetzung mit der Problemtradition, mit den historischen Beiträgen von Descartes und Platon, von Kant und Hegel. Sie gehören in die Liste der benutzten Autoren und sind schweigende Teilnehmer aller Kongresse. Wer sie nicht kennt, tut sich schwer, der Debatte zu folgen.

»Who is that Plato? Where does he teach?« – »Un Greco, ma è già morto.« – »Oh, indeed! Sorry.«

Es hat sich in gut nachzuzeichnender Tradition das Vorurteil durchgesetzt, gemäß dem die Menschen mit Haut und Haaren bestimmten Epochen, Kulturkreisen, Lebenswelten, Milieus angehören und das sogenannte Bewußtsein und mit ihm *alles* Erkennen durch diese Einbettungen bestimmt ist; Fremdes kennen wir, so heißt es, nur aus unserer Perspektive, mit früheren Epochen können wir nur durch eine Art Horizontverschmelzung Kontakt aufnehmen. Diese Auffassung kann mit der Meinung verbunden werden, wir müßten bei der Beschäftigung etwa mit erkenntnistheoretischen Überlegungen antiker Autoren ja schon wissen, was Erkenntnistheorie ist, um sie in der Antike suchen und finden zu können. Man sieht leicht, daß eben dieses Argument auch gegen jeden lebenden Autor gewendet werden kann (ich muß z. B. schon wissen, was

3 Foot (1997), 108.

Konstruktivismus ist, um mich darüber – worüber? – belehren zu lassen); und eine Einführung in die Philosophie wäre eine a priori verlorene Liebesmühe. Platon bringt eben dieses Argument in allgemeiner Form in seinem Dialog *Menon* (Wie können wir überhaupt etwas suchen, ohne es schon zu kennen?) und bezeichnet es zu Recht als eristisch.[4] Vielleicht stehen wir Platon in bestimmten Erkenntnissen näher als unseren lebenden Nachbarn. Tatsächlich können wir von anderen lernen und uns mit ihren Argumenten auseinandersetzen, ob sie nun reden oder schreiben, ob sie tot sind oder lebendig, ob es Griechen oder Deutsche sind. Dies soll in dem vorliegenden Buch praktiziert werden.

Wir beschränken uns bei unserer Textauswahl auf die Philosophie des europäischen Kulturkreises und ihre weltweite Fortsetzung in anderen Kontinenten. Bis ins 18. Jahrhundert hinein enthielten Werke über die Geschichte der Philosophie auch Informationen über die Nicht-Europäer. So beginnen die *Institutiones Historiae Philosophicae* von Jakob Brucker (1747, ²1756) mit einem Kapitel »De Philosophia Barbarica«, unterteilt in zwei Bücher, das erste über die Philosophie vor der Sintflut, das zweite Buch »De philosophia Barbarica post diluvium«, und dort wird die hebräische, die chaldäische, die äthiopische, die keltische, etruskische und zum Schluß die hyperboreische Philosophie erörtert. Das Ende bildet ein Kapitel »De philosophia exotica« mit der Philosophie der asiatischen Völker überhaupt, sodann speziell der malabarikanischen, chinesischen und japanischen Philosophie. Die *Illustrierte Geschichte der Philosophie* von Jan Bor und Errit Petersma (1997) nimmt aufgrund moderner Entwicklungen außereuropäische Denktraditionen auf und handelt nach einem Kapitel über die Antike von Indien, China und dem Vorderen Orient. Wir beschränken uns dagegen ganz auf die europäische

4 Platon, *Menon* 80d–e.

und auf die von ihr abgeleitete amerikanische Philosophie; die »philosophia barbarica« vor und auch nach der Sintflut wird insgesamt beiseite gelassen.

Auch die feministische Philosophie behandeln wir nicht gesondert. Die feministische Bewegung hat sehr dazu beigetragen, latente oder offene Männerphilosopheme unter dem Deckmantel der allgemeinen Menschheitsphilosophie zu decouvrieren. Diese Freilegung ist ein Stück Aufklärung im Namen der Vernunft, die allererst eine gemeinsame Welt ermöglicht. Wenn im folgenden Text Maskulinformen überwiegen, so geschieht dies, um Manierismen zu vermeiden und um nicht pennälerinnen- und pennälerhaft Solidarität mit der guten Sache zu demonstrieren. Gemeint ist dann die männliche *und* weibliche Form.

Hilfsmittel

Es ist heute so einfach wie noch nie in der Geschichte des homo sapiens alphabeticus, sich über die wichtigsten Daten der philosophischen Terminologie, der Systematik und der Geschichte zu informieren; nie gab es eine vergleichbare Kultur der Enzyklopädien und Nachschlagewerke. Entscheidend ist nur, daß die Türen bekannt sind, durch die man in die immensen Hallen des gesuchten und schon gesammelten Wissens eintreten kann. In der vorliegenden Einführung werden häufig Fachbegriffe benutzt und Autoren und historische Sachverhalte genannt, ohne daß sie erklärt und erläutert werden. Die Leser sind aufgefordert, selbst die Initiative zu ergreifen und sich Wege zu dem nötigen Begleitwissen zu bahnen. Man markiere im Text, was unbekannt ist, und suche die Orte auf, an denen man etwas über die unbekannten Begriffe und Sachen erfahren kann. Zu den aktuellen Informationsmitteln gehört das *Historische Wörterbuch der Philosophie* (bei uns abgekürzt mit HWPh, s. Literaturverzeichnis) und Franco Volpis *Großes*

Werklexikon der Philosophie[5]. Die *Literatur für das Philosophiestudium* von Norbert Retlich[6] gibt gut geordnete Auskünfte zum angezeigten Themengebiet. Im deutschen Internet gibt es noch keine Adressen, die hier empfohlen werden können.

Für das Anfertigen eigener Arbeiten achte man auf die Form, wie hier auf (meist klassische) Literatur verwiesen wird; vielleicht kann diese Form übernommen werden. Die Zitierweise ist nicht völlig homogen; es wäre jedoch zu umständlich, die Abweichungen von der Norm im einzelnen zu begründen.

Das Ziel

Die vorliegende Schrift soll einmal auf die Expertenphilosophie vorbereiten, sie soll jedoch auch einen Bereich der »artes liberales« lebendig machen, die als Einführung in alle Geisteskultur überhaupt dienten. Das Ziel ist also einerseits rein fachlich-philosophisch, zum anderen die partielle Grundlagenstiftung für ein vernünftiges Studium aller anderen Materien, also eine Teileinführung in die »universitas studiorum«.[7] Die neuzeitliche Partikularisierung und Spezialisierung der Wissenschaften hat dazu geführt, daß das Studium der einzelnen Disziplinen ohne eigenes Nachdenken erfolgreich abgeschlossen werden kann. Wer Jura studiert, braucht nicht zu wissen, was »Jura« heißt und ob und wie sich z. B. ein rechtlicher Zwang freier Bürger begründen läßt, der Mediziner braucht nicht über den Unterschied von Geist und Körper nachzudenken, der Mathematiker

5 Volpi (1999).
6 Retlich (1998).
7 Die »università degli studi«, wie sich noch heute die meisten italienischen Universitäten nennen, führte diesen Titel im Gegensatz zu anderen »università«, etwa der von Handwerkern. Zu den verschiedenen Auffassungen des Ursprungs der Universitäten vgl. Müller (1996), 9–12.

weiß nicht, wie die Teildisziplinen seines Faches zusammenhängen, und der Physiker muß nicht über die erkenntnistheoretischen Prämissen seiner Theorien nachdenken. Die Voraussetzungen der eigenen Wissenschaften bleiben unbekannt, weil das Zentrum der »universitas studiorum«, die Philosophie, aus Praxis- und Profitgründen vernichtet oder an den Rand gedrängt wurde. Aber einzig durch dieses Zentrum einer Reflexionskultur unterscheidet sich die Universität von beliebigen Ansammlungen spezialisierter Lehrgänge in Fach- und Fachhochschulen; nur durch die Reflexion über die Voraussetzungen können Wissenschaften sich selbst verstehen und in ihrem inneren Zusammenhang begreifen.

Verkehrte Welt

Demokrit, der erste uns bekannte Atomist und damit der wohl folgenreichste Philosoph der Menschheitsgeschichte, lebte Ende des 5., Anfang des 4. Jahrhunderts v. Chr. in Abdera. Er hatte seltsame Forschungs- und Lebensgewohnheiten angenommen, und die Bürger Abderas, die an sich stolz auf ihren gelehrten Mitbürger waren, meinten, er sei verrückt geworden. Sie schickten eine Delegation zu Hippokrates, dem berühmten Arzt, und dieser kam extra nach Abdera. Er unterhielt sich mit Demokrit und gelangte rasch zu der Auffassung, daß sicher nicht Demokrit, sondern höchstens die Leute von Abdera verrückt seien.[8] Jean-Jacques Rousseau gab die Schriften des Abbé de Saint-Pierre mit einem Friedensplan für Europa heraus. Man hielt den Friedensphilosophen an den europäischen Höfen schlicht für geistesgestört. Der Kommentar Rousseaus: »Wenn trotz allem das Friedensprojekt nicht realisiert wird, dann liegt es nicht daran, daß es chimärisch ist, sondern die Menschen haben den Verstand verloren, und es ist eine Art

8 Zu dieser Erzählung vgl. Brandt (2000), 118.

Wahnsinn, weise inmitten von Narren zu sein.«[9] In Platons Höhlengleichnis verlassen die Philosophen die Höhle der menschlichen Vorurteile, dazu wird ihnen der Hals umgewendet – was sie zuvor sahen, erscheint ihnen jetzt als eine verkehrte Welt, die ihnen fremd und deren Werte ihnen gleichgültig geworden sind. Kant erklärt den Grundpfeiler seiner kritischen und Transzendentalphilosophie, die Raum-Zeit-Lehre, als widersinnig und paradox, so paradox wie die Meinung des Kopernikus, daß wir auf einer rotierenden Kugel sitzen und sich nicht die Sterne, sondern daß wir als ihre Betrachter uns bewegen – die »kopernikanische Wende« schlägt aller sinnlichen Überzeugung ins Gesicht.

Die Moral der Geschichten: Philosophie kann in eine höchst paradoxe Erkenntnissituation führen, sie kann die gewöhnliche Welt verkehren. Die großen Philosophen sind mit dieser Erfahrung der intellektuellen Weltverkehrung sehr vorsichtig umgegangen, und sie haben es vermieden, mit den Alltagsgewohnheiten in Konflikt zu geraten. Platon und Kant waren angesehene Bürger ihrer Stadt, desgleichen Hobbes und Locke, Hume und Hegel. Gefährlich ist die Vertauschung der Ebenen und die Unfähigkeit, die gedankliche Spekulation mit dem gelebten Alltag zu versöhnen, wie immer dies im Konkreten aussieht. Abstrus ist die Verquickung einer spekulativen Position wie der der Transzendentalphilosophie mit der empirischen etwa in der Weise, daß eine transzendentalphilosophische Pädagogik propagiert wird – Kant selbst ist nie auf die Idee gekommen, die differenten Ebenen zu vermischen und die notwendig empirische Pädagogik in der Ebene der Transzendentalphilosophie anzusiedeln. Hegel bemerkt zum Kontrast von natürlichem und wissenschaftlichem Bewußtsein in der »Vorrede« der *Phänomenologie des Geistes* (1807): »Jeder von diesen beiden Teilen scheint für den anderen das Verkehrte der Wahrheit zu sein. Daß das natürliche Be-

9 Rousseau (1959ff.), III 589 – »Écrits sur l'Abbé de Saint-Pierre«.

wußtsein sich der Wissenschaft unmittelbar anvertraut, ist ein Versuch […], auch einmal auf dem Kopf zu gehen.«[10] Wer sich mit Philosophie befaßt, muß ein Gespür dafür entwickeln, wo philosophische Überlegungen ihren Ort haben und wo sie deplaziert sind. Sonst wird er von seinen besorgten Mitbürgern zu Recht für verrückt gehalten.

Der Anfang

Am Schluß der Einleitung stellt sich das Problem, womit nach ihr zu beginnen sei. Wird der richtige Knopf des Mantels am Beginn verfehlt, kann die Sache kein gutes Ende nehmen, wie Goethe irgendwo der Nachwelt mitteilt. Das nächstliegende wäre es, mit dem zu beginnen, was uns tatsächlich am nächsten ist, mit dem eigenen Ich. Das Ich, das allemal dabei ist und sich bei allen Gelegenheiten möglichst nach vorne drängt, ist gewissermaßen ein natürlicher Anwärter auf den ersten Platz. Wird auf einer Gesellschaft in einem weit entfernten Zimmer der eigene Name genannt, filtert das servile Ohr diesen Wohlklang sofort heraus und serviert ihn dem eigenen Ich: Du, mein Ich, wurdest selbst dort hinten genannt. »Ego cogito, ego sum« wäre wohl der erste Haltepunkt und das Modell aller klaren und deutlichen Erkenntnis. Doch hierin liegt ein Problem: Wir sind uns selbstredend zwar zunächst am nächsten, aber damit ist nicht gesagt, daß das Ich auch *in der Sache* den Anfang machen kann. Es ist auch verdächtig, daß das Ich sogleich aus einer ersten naiven Gewißheit in tausend eigentlich verbotene Selbstzweifel gerät: Worin soll dieses Ich, d.h., ich, genau bestehen? Kann ich je von einer bestimmten Einzelvorstellung sagen: Dies ist die Vorstellung von meinem Ich? Zählt mein Gehirn, mein Gesicht, zählen meine Haare zu mir? Meine Träume (komponiere *ich* etwa den Unfug?) und Fehlhandlungen? War ich ich als Kind und bin es noch,

10 Hegel (1949), 25.

auch im Zustand der Ohnmacht? Bin *ich* ohnmächtig, schlafe *ich*? *Erkenne* ich dieses kuriose Ich, das ich bin und das zugleich alle anderen sind, oder verfüge ich nur über ein vages Selbstgefühl, wie es meine Katze ebenfalls hat? Kurz, der verzwickte Ich-Gedanke würde uns in ernsthafte Selbstzweifel führen und unseren Anfang mit so vielen Problemen belasten, daß wir bald wünschten, nie begonnen zu haben.

Wir könnten nun großzügig uns selbst beiseite stellen und mit dem beginnen, wozu jeder allemal und in aller erzwungenen Bescheidenheit wenigstens gehören möchte: mit dem Sein überhaupt. Denn alles wird vom Sein umfaßt, das Ich, sein vorgebliches, aber ganz ominöses Bewußtsein, die Welt und, wenn seiend, auch Gott. Hier endet, so scheint es, alle Schwierigkeit; *nichts* könnte dem Sein den ersten Rang streitig machen, ohne dem Sein angehören zu wollen – außer vielleicht eben dieses »nichts«, von dem das Sein sich, so weit wir urteilen können, notgedrungen unterscheidet und das es neben sich anerkennen und als nicht seiend doch auch verleugnen muß. Und eben hier zeigt sich, daß dem gegen »nichts« abgegrenzten Sein für unser Urteil ein Prinzip vorausliegt, das besagt, daß das Sein *nicht* nichts ist, wenn es denn als Sein oder Seiendes bestimmt wird. Jetzt sind wir tatsächlich bei einem für uns unüberholbaren Anfang angelangt, dem Prinzip vom ausgeschlossenen Widerspruch. Mit diesem Prinzip oder Satz (SvW) werden wir also vor allem weiteren Suchen und Finden beginnen müssen.

Mit dem SvW den Anfang zu machen, ist deswegen besonders günstig, weil es einen anderen Anfang nicht geben kann. Denn jede Entität, die einem einfällt, ob es nun Gott, das Ich, das Sein, das Eine oder das Leben oder sonst etwas ist, ist für unser Urteil als bestimmte von dem unterschieden und folglich unterscheidbar, was sie nicht ist. Dies scheint der Inhalt des Satzes des Parmenides zu sein: »Dies aber kann niemals erzwungen werden, daß etwas ist, was es nicht ist«.[11] Jedes Erste oder für uns Erste muß sich diesem Prinzip unterwerfen und zugeben, daß es nicht ist, was es nicht ist; damit aber kann es bei uns nicht am Anfang stehen.

Wir fügen hier noch eine grundsätzliche Bemerkung zum Problem des Anfangs ein. Wir standen vor der Alternative, ob wir mit dem beginnen sollen, was uns am nächsten liegt oder was der Sache nach am Anfang steht. Der Empirist John Locke wendet sich ausdrücklich gegen den SvW als ein Grundprinzip, mit dem man beginnen könnte. Er setzt mit den tatsächlichen Erfahrungen und sinnlichen Vorstellungen ein, die die Menschen seit ihrer Kindheit haben, wer aber denke schon als Kind an das Prinzip vom ausgeschlossenen Widerspruch? Der Beginn, so lautet das empiristische Programm, kann nicht in den höchsten Abstraktionen des Verstandes liegen, sondern im konkreten Ursprung unserer Wahrnehmungen. Dies gelte für alle Gebiete; auch der Staatsphilosoph suche den historischen Beginn der Staaten auf, um eine Orientierung für seine Rechtsbegriffe zu gewinnen; der Erkenntnistheoretiker gehe zur Lebenswelt zurück und zu den Handlungen, die er zuerst gelernt hat. Alles Denken ist, so heißt es, seinen Ursprüngen verpflichtet und läßt sich nur aus diesen Ursprüngen des Lebens und Handelns verstehen. Wir dagegen überlassen diese Recherchen den Historikern und Psychologen und lokalisieren den systematischen Beginn bei derjenigen Handlung, mit der uns jeder Empirist, jeder Phänomenologe oder Konstruktivist entgegentritt und die zugleich die Grenze zwischen Tieren und Menschen markiert: dem Urteil. Wer urteilt, muß entweder bejahen oder verneinen (was Tiere nicht können)[12], und er unterwirft sich damit dem SvW,

11 Diels/Kranz (1956), I 234 – Fragment 7, erster Satz.
12 Wir charakterisieren tierisches und sogar pflanzliches Verhalten häufig mit bejahenden oder verneinenden Urteilen, dies bedeutet aber nicht, daß wir ihnen die Kompetenz der Urteilsbildung zusprechen können.

denn durch diesen Satz werden Bejahung und Verneinung voneinander unterscheidbar. Der SvW ist kein Anfang in der Weise, daß alles folgende aus ihm abgeleitet werden könnte; er muß nur allem Urteilen und Beurteilten vorangehen.

Gebrauchsanweisung

Die Schrift ist aus akademischen Einführungsveranstaltungen hervorgegangen und für sie konzipiert. Während ein Einführungsbuch der Mathematik und der mathematisch bestimmten Wissenschaften, aber auch Sprachlehren und Koch- oder Kunstbücher mit dem Einfachsten beginnen und dann das Einfache zu größeren Komplexen verknoten und so schrittweise vom Leichtesten zum Schwersten fortschreiten, ist der von der Sache gebotene Anfang in der Philosophie schwierig; später können die Dinge einfacher und auch anschaulicher werden. Die einzelnen Kapitel sind hier so abgefaßt, daß sie in sich abgeschlossene Lehrstücke umfassen, die aus sich verständlich sind. Man kann also mit dem Schlußkapitel beginnen. In ihm wird zwar der am Anfang behandelte SvW vorausgesetzt, jedoch nicht in der Weise, daß dessen Thematisierung, wie sie im ersten Kapitel erfolgt, für das Verständnis von Kapitel 11 oder 12 erforderlich wäre.

Für Durchsicht und Korrektur des Manuskripts danke ich Stefanie Bock, Heiner Klemme (Magdeburg), Jörg Lengelsen, Rolf Löchel, Bernd Ludwig (München) und besonders Thomas Sturm, der zudem einen wesentlichen Teil zum zweiten Kapitel beigesteuert hat (vgl. S. 55–66).

Erster Teil

Erkenntnis und Sein

Kapitel 1

Der Satz vom ausgeschlossenen Widerspruch (SvW)

Platon, *Politeia* 435a7–437a2

Eine schwierige Frage dagegen ist nun, ob wir mit einem einzigen Vermögen alle Handlungen vollziehen oder mit drei verschiedenen, jede mit einem anderen. Entweder lernen wir mit dem einen, sind mit einem zweiten in uns mutig, und mit einem dritten begehren wir nach den Vergnügungen des Essens und der Fortpflanzung und allen ähnlichen Freuden – oder wir verrichten jedes einzelne davon mit der ganzen Seele, wenn wir es einmal begonnen haben. Dies auf eine angemessene Art zu bestimmen, darin wird die Schwierigkeit liegen.

»Das glaube ich auch«, sagte er.

Auf folgende Weise wollen wir also festzustellen versuchen, ob es dasselbe ist oder etwas Verschiedenes.

»Auf welche denn?«

Es ist klar, daß ein und dasselbe nicht gleichzeitig das Entgegengesetzte im nämlichen Sinn und in gleicher Richtung tun oder leiden möchte. Wenn wir also irgendwo sehen, daß dies bei ihnen vorkommt, so werden wir wissen, daß es nicht ein und dasselbe war, sondern mehreres.

»Also gut.«

Erwäge denn, was ich jetzt sage.

»So sprich«, erwiderte er.

Ist es möglich, sagte ich, daß ein und dasselbe im nämlichen Sinne gleichzeitig stillsteht und sich bewegt?

»Auf keinen Fall.«

Wir wollen uns noch genauer verständigen, damit wir nicht etwa im weiteren Verlauf in Widerspruch geraten. Wenn nämlich jemand von einem Menschen, der stillsteht, aber die Hände und den Kopf bewegt, behauptete, daß ein und derselbe gleichzeitig stillsteht und sich bewege, dann wären wir, dünkt mich, wohl der Meinung, daß man das nicht so sagen dürfe, sondern nur so, daß der eine Teil von ihm stillsteht, der andere aber sich bewegt. Ist's nicht so?

»Genau so.«

Und wenn der, der so spricht, den Scherz noch weiter treiben wollte und witzig bemerkte, daß ein Kreisel als Ganzes zugleich stillsteht und sich bewegt, wenn er sich dreht, wobei er seine Spitze am selben Ort fest aufsetzt, und daß auch jeder andere Gegenstand, der sich auf derselben Stelle im Kreise herumbewegt, dies tut, dann würden wir das doch nicht billigen, indem diese Dinge nicht mit denselben Teilen ruhig bleiben und sich bewegen. Wir würden vielmehr sagen, sie hätten in sich etwas Aufrechtes und etwas Kreisförmiges, und mit dem Aufrechten stehen sie gerade – neigen sie sich doch nach keiner Seite –, mit dem Kreisförmigen dagegen bewegen sie sich ringsum. Wenn er aber zugleich mit dieser Bewegung auch sein Aufrechtstehen (seine Achse) nach rechts oder links, nach vorn oder nach hinten neigt, dann steht er auf keine Weise mehr still.

»Ganz richtig«, erwiderte er.

Kein Einwand dieser Art wird uns also irremachen oder uns gar davon überzeugen, daß je ein und derselbe Gegenstand gleichzeitig im nämlichen Sinn und in gleicher Richtung das Entgegengesetzte leiden oder sein oder tun könne.

Erläuterung

Platon (429–347 v. Chr.) weist fast unauffällig auf das Prinzip des SvW hin, das jedoch die gesamte Unterredung der *Politeia* überhaupt ermöglicht und entsprechend von allen Gesprächspartnern stillschweigend anerkannt und vorausgesetzt wird. Das Thema des Dialoges ist laut des später beigefügten Untertitels die *Gerechtigkeit*, und zwar sowohl des einzelnen Menschen wie auch der politischen Gemeinschaft, auf die der Mensch angewiesen ist, um sich als sittliches Wesen zu verwirklichen. Das Buch steht im Mittelpunkt des gesamten Platonischen Werks; es geht aus von Zweifeln an der Gerechtigkeit, führt dann zur Gründung einer Polis, um an ihr die Gerechtigkeit des einzelnen und der Gemeinschaft aufzuspüren, es zeigt die »ständische« Lebensgemeinschaft und den Bildungsgang der zur Leitung ausgewählten Bürger; am Schluß folgt die dramatische Schilderung des Niedergangs der Polis mit einem angehängten Unterweltmythos, der das Schicksal der einzelnen Individuen zum Thema hat.

Platon führte uns den SvW und seinen Geltungsanspruch an einem anschaulichen Beispiel, dem Kreisel, vor Augen. Hiermit wird etwas Überraschendes klar: Wir wissen besser Bescheid über den Kreisel als über uns selbst; denn was hier vom Kreisel gesagt wird, ist sofort einleuchtend und dürfte kaum bestritten werden; die Seelenteilung aber, die das eigentliche Thema ist und für die Platon das Unterscheidungsprinzip des SvW benötigt, ist höchst umstritten. Seit der Antike wird immer wieder die These vertreten, die Seele sei ein einheitliches Vermögen und lasse sich nicht in die Dreiheit von Erkennen, Fühlen und Wollen (oder ähnliche Gliederungen) aufteilen. Das bedeutet jedoch, daß wir keinen Heimvorteil im Erkennen haben, wenn es um uns selbst geht, im Gegenteil, die Selbsterkenntnis ist schwieriger als alles andere.

Aristoteles, *Metaphysik* III (bzw. IV) 3 (1005b 11–34)

Das sicherste unter allen Prinzipien ist dasjenige, bei welchem Täuschung unmöglich ist; denn ein solches muß notwendig am bekanntesten sein (da sich ja alle über das täuschen, was sie nicht erkennen), und muß ohne Voraussetzung gelten. Denn ein Prinzip, welches jeder notwendig besitzen muß, der irgend etwas von dem Seienden erkennen soll, ist nicht Annahme (Hypothese), und was jeder erkannt haben muß, der irgend etwas erkennen soll, das muß er schon zum Erkennen mitbringen. Daß ein so beschaffenes Prinzip das sicherste unter allen ist, leuchtet ein; welches aber dies ist, wollen wir nun angeben: daß nämlich dasselbe demselben und in derselben Beziehung (und dazu mögen noch die anderen näheren Bestimmungen hinzugefügt sein, mit denen wir logischen Entwürfen ausweichen) unmöglich zugleich zukommen und nicht zukommen kann. Das ist das sicherste unter allen Prinzipien; denn es paßt darauf die angegebene Bestimmung. Es ist nämlich unmöglich, daß jemand annehme, dasselbe sei und sei nicht. Zwar meinen einige, Herakleitos[1] sage so, doch es ist ja nicht notwendig, daß jemand das, was er sagt, auch wirklich so annehme. Wenn es nun aber nicht möglich ist, daß demselben das Entgegengesetzte zugleich zukomme (und dabei wollen wir auch zu diesem Satze die gewöhnlichen näheren Bestimmungen hinzugefügt haben), beim Widerspruche aber eine Meinung der anderen Meinung entgegengesetzt ist, so ist es offenbar unmöglich, daß derselbe zugleich annehme, daß dasselbe sei und nicht sei; denn wer sich hierüber täuschte, der hätte ja die entgegengesetzten Ansichten zugleich. Daher kommen alle, die einen Beweis führen, auf diese letzte Annahme zurück; denn dies Prinzip ist seinem Wesen nach zugleich Prinzip der anderen Axiome.

1 Heraklit: »In dieselben Flüsse steigen wir und steigen wir nicht, wir sind und wir sind nicht.« (Diels/Kranz, 1956, I 161 – Fragment 49a).

Erläuterung

A

Die Aristotelische *Metaphysik* ist eine vermutlich nicht von Aristoteles (384–322 v. Chr.) zusammengestellte Sammlung von 14 Abhandlungen, die etwa zwischen 350 und 330 v. Chr. datiert werden; sie haben Probleme zum Thema, die »jenseits des physisch Seienden«, also μετὰ τὰ φυσικά, liegen, wobei zu beachten ist, daß die Blickrichtung des »jenseits« oder »hinter« die ist, die *von uns* ausgeht, *der Sache nach* liegt der Themenbereich der Metaphysik dagegen als »Pro(to)«-Physik *vor* der Physik. Der Ordnung gemäß der Sache entspricht die Aristotelische Bezeichnung »Erste Philosophie«. Die ersten drei Abhandlungen oder Bücher der Sammlung befassen sich mit Vorklärungen der »Ersten Philosophie«, die hier noch gesucht wird. Das dritte Buch widmet sich der Vorklärung der Wissenschaft vom Seienden als Seiendem und den logischen Grundaxiomen, hier besonders dem SvW in seinem logischen, ontologischen und psychologischen Aspekt. Dies wird in dem von uns zitierten Text dargestellt; in der nachfolgenden Passage werden Probleme, die mit dem SvW verbunden sind, erörtert (1005b 35 – 1009a 5): Beweisen lasse sich dieses höchste Prinzip selbstredend nicht, man könne jedoch zeigen, daß jeder, der ein Urteil mit Geltungsanspruch äußert, das Prinzip benutzt. Aristoteles entfaltet auf dieser Grundlage eine Protagoras-Kritik (1009a 6 – 1011b 22), er greift dann den Satz vom ausgeschlossenen Dritten auf (1011b 23 – 1012a 28) und setzt sich im Schlußabsatz mit anderen Meinungen auseinander (1012a 29 – 1012b 31).

B

Nach Platon und Aristoteles kann einem Etwas nicht etwas, eine Bestimmung (Prädikat), zukommen und in derselben Hinsicht auch nicht zukommen. Dieses »Etwas-

Sein-Prinzip« gilt für alles bestimmte Seiende und mit dem letzteren überraschenderweise auch für das Denken: Der Denkakt und damit der bejahende oder verneinende Gedanke, der irgend etwas als etwas bestimme *und* nicht als dieses bestimme, sei nicht möglich. Wer demnach das Gegenteil behauptet, kann dies nur verbal tun und hat sich entweder nicht klar gemacht, was er sagt, oder er behauptet es aus Streitlust. Was die Worte jedoch besagen, *kann* nicht sein und kann deswegen auch nicht wirklich gedacht werden. (Aber er meint, was er sagt? Er kann also nicht denken, was er meint?) Die Nicht-Widersprüchlichkeit ist eine Seins- und damit auch eine Denkbedingung. Sie geht der Unterscheidung von Sein und Denken noch voraus (ein erstaunlicher Satz).

»Der Kreis (sc. als solcher) ist nicht rund.« Da ich den Kreis qua Kreis als rund bestimmt habe, kann nicht das Gegenteil zutreffen. Jedes Etwas ist widerspruchsfrei; das Runde und das Nichtrunde können daher nicht derselbe Gegenstand (in derselben Hinsicht) sein, sondern sind zweierlei. Die Behauptung, der Kreis sei nicht rund, ist daher nur verbal möglich, nicht jedoch gedanklich. Die Kritik an dem geäußerten Satz braucht sich auf die Frage, wie ein Kreis geometrisch genau zu bestimmen ist, nicht einzulassen, sondern kann a priori die Seins- *und* die Denkmöglichkeit dieser vorgeblichen Bestimmung zurückweisen. Wenn der Kreis überhaupt etwas ist, kann er nicht rund und in gleicher Hinsicht nicht rund sein und gedacht werden.

Aristoteles behauptet nicht die Bestimmtheit eines jeglichen Etwas im Hinblick auf beliebige Prädikate; er sagt nur, daß jede zutreffende Bestimmung oder Prädikation eines Etwas a priori davor geschützt ist, daß auch die Negation oder das Gegenteil dem Etwas zukommen kann. Es ist hiernach nicht widersprüchlich, daß Etwas in vielerlei Hinsichten noch nicht oder überhaupt nicht bestimmt ist. Die Prädikation der Unbestimmtheit ist aber a priori davor geschützt, daß zugleich die Negation der Unbestimmtheit, die Bestimmtheit, von dem Etwas prädiziert werden kann (»x ist unbestimmt und bestimmt«). Ob morgen eine Seeschlacht stattfindet, ist jetzt unbestimmt. Das Licht ist seit den Erkenntnissen von Physikern des 17. Jahrhunderts unbestimmt im Hinblick auf die Frage, ob es Welle oder Nicht-Welle, nämlich Korpuskel ist. Es kann in dieser und jener Form erscheinen – widersprüchlich ist es nicht.[2]

Immanuel Kant, *Kritik der reinen Vernunft*, A150–153: »Das System der Grundsätze des reinen Verstandes. Erster Abschnitt. Von dem obersten Grundsatze aller analytischen Urteile«

Von welchem Inhalt auch unsere Erkenntnis sei, und wie sie sich auf das Objekt beziehen mag, so ist doch die allgemeine, obzwar nur negative Bedingung aller unserer Urteile überhaupt, daß sie sich nicht selbst widersprechen; widrigenfalls diese Urteile an sich selbst (auch ohne Rücksicht aufs Objekt) nichts sind. Wenn aber auch gleich in unserm Urteile kein Widerspruch ist, so kann es demohngeachtet doch Begriffe so verbinden, wie es der Gegenstand nicht mit sich bringt, oder auch, ohne daß uns irgend ein Grund weder a priori noch a posteriori gegeben ist, welcher ein solches Urteil berechtigte, und so kann ein Urteil bei allem dem, daß es von allem innern Widerspruche frei ist, doch entweder falsch oder grundlos sein.

Der Satz nun: Keinem Dinge kommt ein Prädikat zu, welches ihm widerspricht, heißt der Satz des Widerspruchs, und ist ein allgemeines, obzwar bloß negatives, Kriterium aller Wahrheit, gehört aber auch darum bloß in die Logik, weil er von Erkenntnissen, bloß als Erkenntnissen überhaupt, unangesehen ihres Inhalts gilt, und sagt: daß der Widerspruch sie gänzlich vernichte und aufhebe.

2 Die Problematik besonders der Aristotelischen Theorie ist hier sehr vereinfacht wiedergegeben worden; für weitere Aspekte vgl. die Werkkommentare der *Metaphysik* und z. B. Tugendhat (1976), 53–71.

Man kann aber doch von demselben auch einen positiven Gebrauch machen, d.i. nicht bloß, um Falschheit und Irrtum (so fern es[3] *auf dem Widerspruch beruhet) zu verbannen, sondern auch Wahrheit zu erkennen. Denn, wenn das Urteil analytisch ist, es mag nun verneinend oder bejahend sein, so muß dessen Wahrheit jederzeit nach dem Satze des Widerspruchs hinreichend können erkannt werden. Denn von dem, was in der Erkenntnis des Objekts schon als Begriff liegt und gedacht wird, wird das Widerspiel jederzeit richtig verneinet, der Begriff selber aber notwendig von ihm bejahet werden müssen, darum, weil das Gegenteil desselben dem Objekte widersprechen würde.*

Daher müssen wir auch den Satz des Widerspruchs als das allgemeine und völlig hinreichende Principium aller analytischen Erkenntnis gelten lassen; aber weiter geht auch sein Ansehen und Brauchbarkeit nicht, als eines hinreichenden Kriteriums der Wahrheit. Denn daß ihm gar keine Erkenntnis zuwider sein könne, ohne sich selbst zu vernichten, das macht diesen Satz wohl zur conditio sine qua non, aber nicht zum Bestimmungsgrunde der Wahrheit unserer Erkenntnis. Da wir es nun eigentlich nur mit dem synthetischen Teile unserer Erkenntnis zu tun haben, so werden wir zwar jederzeit bedacht sein, diesem unverletzlichen Grundsatz niemals zuwider zu handeln, von ihm aber, in Ansehung der Wahrheit von dergleichen Art der Erkenntnis, niemals einigen Aufschluß gewärtigen können.

Es ist aber doch eine Formel dieses berühmten, obzwar von allem Inhalt entblößten und bloß formalen Grundsatzes, die eine Synthesis enthält, welche aus Unvorsichtigkeit und ganz unnötiger Weise in ihr gemischt worden. Sie heißt: Es ist unmöglich, daß etwas zugleich sei und nicht sei.[4] *Außer dem, daß hier die apodiktische Gewißheit (durch das Wort unmöglich) überflüssiger Weise angehängt worden, die sich doch von selbst aus*

3 A: »*er*«.

4 »zugleich«. Eine philosophiegeschichtliche Anmerkung: Kant argumentiert hier gegen seine eigene Äußerung in der Dissertation von 1770, siehe Kant (1900ff.), II 401 – *De mundi sensibilis atque intelligibilis forma et principiis* § 14.

dem Satz muß verstehen lassen, so ist der Satz durch die Bedingung der Zeit affiziert, und sagt gleichsam: Ein Ding = A, welches etwas = B ist, kann nicht zu gleicher Zeit non B sein; aber es kann gar wohl beides (B so wohl, als non B) nach einander sein. Z. B. ein Mensch, der jung ist, kann nicht zugleich alt sein, eben derselbe kann aber sehr wohl zu einer Zeit jung, zur andern nicht jung, d. i. alt sein. Nun muß der Satz des Widerspruchs, als ein bloß logischer Grundsatz, seine Aussprüche gar nicht auf die Zeitverhältnisse einschränken, daher ist eine solche Formel der Absicht desselben ganz zuwider. Der Mißverstand kommt bloß daher: daß man ein Prädikat eines Dinges zuvörderst von dem Begriff desselben absondert, und nachher sein Gegenteil mit diesem Prädikate verknüpft, welches niemals einen Widerspruch mit dem Subjekte, sondern nur mit dessen Prädikate, welches mit jenem synthetisch verbunden worden, abgibt, und zwar nur dann, wenn das erste und zweite Prädikat zu gleicher Zeit gesetzt werden. Sage ich, ein Mensch, der ungelehrt ist, ist nicht gelehrt, so muß die Bedingung: zugleich, dabei stehen; denn der, so zu einer Zeit ungelehrt ist, kann zu einer andern gar wohl gelehrt sein. Sage ich aber, kein ungelehrter Mensch ist gelehrt, so ist der Satz analytisch, weil das Merkmal (der Ungelehrtheit) nunmehr den Begriff des Subjekts mit ausmacht, und alsdenn erhellet der verneinende Satz unmittelbar aus dem Satze des Widerspruchs, ohne daß die Bedingung: zugleich, hinzu kommen darf. Dieses ist denn auch die Ursache, weswegen ich oben die Formel desselben so verändert habe, daß die Natur eines analytischen Satzes dadurch deutlich ausgedrückt wird.

Erläuterung

A

Der folgende Aufriß ist für Anfänger ganz unverständlich, aber er kann trotzdem dazu dienen, bestimmte Grundbegriffe der kritischen Philosophie Kants (1724–1804) in ihren

Positionen zu benennen. Die *Kritik der reinen Vernunft* von 1781 ([2]1787) enthält eine »Transzendentale[5] Elementarlehre« und eine »Transzendentale Methodenlehre«, eine Zweiteilung, die ihr Vorbild in zeitgenössischen Logikhandbüchern hat. Die Elementarlehre zerfällt in die »Transzendentale Ästhetik« (die Lehre von Raum und Zeit als bloß subjektiver, apriorischer Anschauungsformen) und die »Transzendentale Logik«, die sich in Analytik und Dialektik aufteilt. Die erstere, die »transzendentale Analytik«, gliedert sich wiederum in die Lehre von den Begriffen bzw. Kategorien und den Urteilen, den Transzendentalen Grundsätzen des Verstandes. Diese letzteren wollen zeigen, wie sich im einzelnen die Kategorien auf Anschauungen beziehen und dadurch synthetische Sätze a priori entstehen, die unsere Natur[=Erscheinungs]erfahrung ermöglichen. Synthetisch heißt: Für die Notwendigkeits-Verknüpfung der beiden Elemente des Erkenntnisurteils (»A ist b«) bedarf es eines Dritten, hier: der reinen Anschauungsformen; in ihnen und durch sie werden die beiden Urteilselemente so verbunden, daß sie als Bedingungen der Möglichkeit unserer wissenschaftlichen Raum-Zeit-Erfahrung fungieren können. Die systematisch erfaßten synthetischen Urteile a priori sind gewissermaßen unsere Verfassungsgesetze, die Erfahrung ermöglichen, aber – und entsprechend – nicht durch sie widerlegt werden können. In der Einleitung zur Lehre von den synthetischen Urteilen a priori nun wird auch der Kontrastbegiff des analytischen Urteils erläutert. Im analytischen Urteil beruht die Verknüpfung der beiden Urteilselemente auf der Tatsache, daß das Prädikat sich schon *im* Subjektbegriff befindet und also in ihm bei einer bloßen Analyse aufgefunden wird, ein hinzukommendes Drittes also nicht benötigt wird. Analysiere ich z. B. den Begriff »Ursache«, so liegt *in ihm* analytisch die notwendige Beziehung zu einer Wirkung; mit anderen Worten: Eine Ur-

5 Vgl. dazu im vorliegenden Band S. 135f..

sache ohne Wirkung ist ein widersprüchlicher Begriff, ebenso wie der von kinderlosen Eltern. Die Analyse dagegen des Begriffs eines Ereignisses oder einer Veränderung führt auf kein notwendiges Vorgänger- oder Nachfolgeereignis. Das Gesetz der Naturkausalität: »Alles was *geschieht* (anhebt zu sein) setzt etwas voraus, worauf es *nach einer Regel* folgt«[6], ist entsprechend ein synthetischer Satz, der auf eine Anschauung als drittes Element angewiesen ist.

»Keinem Ding kommt ein Prädikat zu, welches ihm widerspricht«; der auffällige Dingbegriff wird in dem zitierten Abschnitt auch durch den des Subjekts (zu »Prädikat« gehörig) ersetzt.

B

1. Wie verhält sich der SvW zur Unterscheidung von analytischen und synthetischen Urteilen? Der SvW sei, so hieß es, das notwendige und hinreichende Kriterium analytischer bejahender und verneinender Urteile oder Sätze, jedoch nur das notwendige, nicht hinreichende Kriterium der Wahrheit synthetischer Urteile oder Sätze. Bei bejahenden analytischen Sätzen bildet das Prädikat schon ein – sei es willkürliches, sei es notwendiges – Merkmal des Subjektbegriffs (etwa das Rundsein beim Kreis; ergo auch: Der Kreis ist nicht viereckig), bei synthetischen Sätzen dagegen ist dies nicht der Fall: Sie können wahr, auch notwendig sein, ohne daß ihre Negation widersprüchlich wäre. Nehmen wir den Grundsatz der Kausalität, dieses Mal in der Fassung der Zweitauflage von 1787: »Alle Veränderungen geschehen nach dem Gesetze der Verknüpfung der Ursache und Wirkung.«[7] Das Gegenteil ist nicht widersprüchlich:

6 Kant (1998), 286 – *Kritik der reinen Vernunft* A 189. Die Verwechselung von beidem hat vor David Hume dazu geführt, daß die meisten Philosophen das Kausalprinzip für analytisch hielten, es also mit dem SvW ineins setzten.

7 Kant (1998), 286 – *Kritik der reinen Vernunft* B 232. Gibt es eine substantielle Veränderung dieser Fassung gegenüber der von 1781?

»Nicht alles was geschieht (anhebt zu sein) setzt etwas voraus, worauf es nach einer Regel folgt.« Ein Wunder setzt nichts voraus, worauf es nach einer (erfahrungsermöglichenden) Regel folgt; es kann zwar keine nachweisbaren Wunder geben, aber ihr Begriff enthält keinen Widerspruch. – Ein Mensch kann, um das Kantische Beispiel aufzugreifen, gelehrt, aber auch ungelehrt sein, weder das eine noch das andere führt zu einem Widerspruch. So weit, so gut.

Wir fragen jedoch: Gibt es eigentlich analytische Urteile, die nicht rein identisch bzw. tautologisch sind wie etwa: »Gold ist Gold« oder »Ein gelehrter Mensch ist kein ungelehrter Mensch«? Nehmen wir den Satz »Gold ist gelb«. Schon finden wir uns auf schwierigem Terrain. Ist das Gelbsein mehr als eine nur mehr oder weniger randständige Wahrnehmung, mit der *ich* Gold von Granit usw. unterscheide? Dann handelt es sich um gar keine Erkenntnis, sondern um eine, sagen wir, objektgerichtete Assoziation (im Gegensatz zur subjektgerichteten Assoziation: »Gold« – »Uhr meines Großvaters«). Ich verknüpfe beides empirisch im Begriff oder Wort »Gold«. Ein derartiger »synthetischer Akt« liegt aber notwendig auch vor, wenn ich ihn nicht durch eine anschauliche Erkenntnisstiftung legitimieren kann, etwa dann, wenn ich in den Gottesbegriff den Begriff der Allmacht und Güte lege (nicht assoziativ, nicht willkürlich) und in den Begriff vom Teufel die Kontrastprädikate; habe ich dies einmal getan, finde ich natürlich bei einer Analyse des Gottes- oder Teufelsbegriffs oder der festgelegten Wörter »Gott«, »Teufel« diese Begriffe wieder und bezeichne deswegen z. B. das Urteil »Gott ist allmächtig« als analytisch. Demnach gibt es einen »synthetischen Akt«, der dieses analytische Urteil erst ermöglicht. Kant sagte, der SvW tauge wohl »zur conditio sine qua non, aber nicht zum Bestimmungsgrunde der Wahrheit unserer Erkenntnis«; wir können dies so verstehen, daß der SvW über die Frage, ob das Prädikat, das schon mit dem Subjektbegriff verbunden ist, ihm willkürlich angedichtet wurde oder wirklich oder notwendig zukommt, nichts mehr entscheidet.

Kant entdeckte in den 1760er Jahren, daß es einen Klassenunterschied geben müsse zwischen bloßer Begriffsklauberei und wirklicher Erkenntnis, zwischen Denken und Erkennen. Erkenntnis im emphatischen Sinn lasse sich nicht aus puren Begriffen gewinnen, sondern nur unter Einbeziehung von etwas ganz Anderem, Nichtbegrifflichem, gewissermaßen Irrationalem; ab 1770 ist es die sinnliche Anschauung mit ihren beiden grundlegenden »Formen«, Raum und Zeit, die man niemals nur begrifflich erfassen könne. Er erklärt hierbei jedoch nicht, wie seine Begriffstheorie genau aussieht; sie ist jedenfalls nicht identisch mit der *eidos*- oder Begriffstheorie von Platon und Aristoteles. – Während in der *Kritik der reinen Vernunft* die Anschauungsformen von Raum und Zeit das Monopol besitzen, den synthetischen Konnex zwischen Subjekt und Prädikat zu stiften, tritt in der *Grundlegung zur Metaphysik der Sitten* die Freiheit als Bindemittel synthetischer notwendiger Urteile auf, und in der *Kritik der Urteilskraft* soll auch das ästhetische Urteil des Schönen und Erhabenen notwendig und synthetisch sein, ohne sich jedoch auf die Anschauung stützen zu können. Doch das sind schon Probleme für die Experten der Kantexegese, nicht dagegen die leicht zu lösende Frage: Gibt es wahre verneinende synthetische Urteile a priori?

Zurück zum SvW: Kann man nicht sagen, daß das Widerspruchsprinzip bei synthetischen Sätzen gänzlich außer Kraft gesetzt werde, also weder ein notwendiges noch ein hinreichendes Kriterium darstelle? So argumentiert der Skeptiker David Hume in seiner *Untersuchung über den menschlichen Verstand* (1748). »Alle Gegenstände der menschlichen Vernunft und Forschung lassen sich naturgemäß in zwei Arten zerlegen, nämlich in *Beziehungen von Vorstellungen* [*Relations of Ideas*] und in *Tatsachen* [*Mat-*

ters of Fact].«[8] Die bloßen Ideenrelationen wären nach Kant analytisch; für die zweite Klasse gilt jedoch im Gegensatz zu Kant: »Tatsachen, der zweite Gegenstand der menschlichen Vernunft, sind nicht in gleicher Weise als gewiß verbürgt [...]. Das Gegenteil [contrary] jeder Tatsache bleibt immer möglich, denn es kann niemals einen Widerspruch in sich schließen und wird vom Geist mit derselben Leichtigkeit und Deutlichkeit vorgestellt, als wenn es noch so sehr mit der Wirklichkeit übereinstimmte. *Daß die Sonne morgen nicht aufgehen wird*, ist ein nicht minder verständlicher Satz und nicht widerspruchsvoller, als die Behauptung, *daß sie aufgehen wird.* Wir würden daher vergeblich versuchen, seine Falschheit zu demonstrieren.«[9] Hume also spricht dem SvW jede Funktion im Bereich der Realitätserkenntnis ab, Kant überläßt ihm dagegen die Rolle der conditio sine qua non. Wie gehen wir mit diesem Widerspruch zwischen den beiden Philosophen um? Der Widerspruch fällt dann fort, wenn wir eine Aspektdifferenz auffinden. Diese Differenz liegt darin, daß Kant für den synthetischen Satz daran festhält, daß die in ihm benutzten Begriffe nicht widersprüchlich sind; diese Überprüfung ist gewissermaßen die erste Hürde, die auch der synthetische Satz nehmen muß. Hume dagegen setzt die Widerspruchsfreiheit der Begriffe als bloß analytisch voraus und wendet sich dem synthetischen Verhältnis als solchem zu.

2. Platon und Aristoteles stellen den SvW an die Spitze aller Erkenntnis. Trifft dies auch auf Kant zu? Der SvW wird in der »Einführung« des Kapitels über synthetische Grundsätze formuliert und erläutert; für sie sei er eine notwendige, aber nicht hinreichende Bedingung der Wahrheit.

8 Hume (1984), 35 – *An Inquiry Concerning Human Understanding* IV 1. Siehe auch S. 45–46.

9 Hume (1984), 35–36 – *An Inquiry Concerning Human Understanding* IV 1. Die spezifische Problematik des Zukunftsurteils, das hier ausgesprochen wird, soll keine Rolle spielen.

Nun ist zweifellos schon die Unterscheidung von analytischen und synthetischen Sätzen selbst trivialerweise nur mit dem Widerspruchsprinzip möglich; beide Sätze werden als voneinander unterschieden vorgestellt – der »Oberste Grundsatz aller analytischen Urteile« erweist sich somit als ein Satz, der der Unterscheidung von analytischen und synthetischen Urteilen zuvorliegt und diese Unterscheidung allererst ermöglicht. Das sagt Kant nicht, die Formulierung des SvW wird diesem Tatbestand jedoch gerecht: »Keinem Ding kommt ein Prädikat zu, welches ihm widerspricht« – »Keinem *Ding*« – dieses »Ding« muß so weit und so vage sein wie das Aristotelische »Etwas«, so daß der Satz in der Kantischen Fassung auch die Unterscheidung von analytischen und synthetischen Urteilen als zwei unterschiedlichen Dingen ermöglicht.

»Keinem Ding« – zu den Dingen gehört auch der Bereich, den Kant unter dem Begriff vom »Gegenstand überhaupt« (KrV A 290) und der »Vorstellung überhaupt« (KrV A 320) spezifiziert. Zu den »Gegenständen überhaupt« gehört auch das »Unding«, das so erläutert wird: »Der Gegenstand eines Begriffs, der sich selbst widerspricht, ist Nichts, weil der Begriff Nichts ist, das Unmögliche, wie etwa die geradlinige Figur von zwei Seiten.« (ibd.) Dem »Unding« widerspricht das Prädikat der Widerspruchslosigkeit, das ihm folglich in einem wahren Satz nicht zugesprochen werden kann. Kant bedient sich also eines sehr weiten Dingbegriffs, unter den auch die Vorstellungen und Gegenstände überhaupt fallen: Die Vernunft und der Wille, Gott, Raum und Zeit, Ding an sich und Erscheinung sind jeweils Dinge, »res«. »Zwei Dinge erfüllen das Gemüt mit immer neuer und zunehmender Ehrfurcht und Bewunderung, je öfter und anhaltender das Nachdenken sich damit beschäftigt: der bestirnte Himmel über mir und das moralische Gesetz in mir.«[10] Auch das Urteilen

10 Kant (1900ff.), V 161 – *Kritik der praktischen Vernunft*, »Beschluß«.

und Denken und die Urteile und die Gedanken sind Dinge, Gegenstände, Vorstellungen, denn für sie gilt wie für alle Dinge, über die wir urteilen, daß ihnen kein Prädikat oder keine Bestimmung zukommen können, die ihnen widersprechen. So soll das analytische Urteil als Gegenstand einer Erkenntnis nur so prädiziert werden, daß die Prädikate dem Gegenstand nicht widersprechen: »In analytischen Urteilen wird lediglich der Subjektbegriff analysiert«, nicht aber: »In analytischen Urteilen wird nicht nur der Subjektbegriff analysiert«. Das letzte Urteil ist falsch, weil dem Ding »analytisches Urteil« ein Prädikat zugesprochen wird, das ihm widerspricht. »Der SvW ist ein Gebet« ist analytisch falsch, weil Aussagesätze definitionsgemäß keine Gebete sind.

Vom Urteil überhaupt wird, so ergänzen wir, in unserem Abschnitt implizit gesagt, daß es entweder analytisch oder synthetisch ist (tertium non datur); es widerspräche also diesem so bestimmten Urteil überhaupt, daß eine weitere Urteilsart, die weder analytisch noch synthetisch ist, aufgefunden wird. Daß »analytisches Urteil« und »synthetisches Urteil« eine vollständige Disjunktion bilden, läßt sich jedoch aus dem SvW nicht mehr begründen.

Weiterführende Reflexionen

A

Platon, Aristoteles und Kant formulieren den SvW in unterschiedlicher Weise und in verschiedenen Sprachen. Wir lesen ihre Äußerungen zu verschiedenen Zeiten an verschiedenen Orten und setzen doch voraus, daß ein identisches Prinzip des SvW von den drei Autoren unterschiedlich aufgefaßt und formuliert wird. Diese Unterschiede können näher benannt und bestimmt werden. Wir wissen jedoch, daß die exakte Unterscheidung und die nähere

Bestimmung der Differenzen schon wieder das Widerspruchsprinzip voraussetzen. Wir können nun diesen Befund verallgemeinern und sagen: Während das Prinzip selbst *allen* konkreten Formulierungen und Reflexionen über seine verschiedenen Fassungen und auch allen Bezweiflungen vorausliegt und sie ermöglicht (und widerlegt), unterliegt *jede* konkrete Fassung in der Umgangssprache oder auch in einer formalisierten Sprache der Bezweiflung und Kritik. Wir können die drei Autoren gegeneinander ausspielen, wir können einen weiteren Formulierungsvorschlag machen, wir können zu zeigen versuchen, daß der SvW doch nicht gilt – immer ist ein Einwand denkbar, der aber wieder den SvW voraussetzt. Der SvW selbst ist also nicht bezweifelbar und nicht kritisierbar; fixiert man ihn jedoch in einem psychologischen Denkakt und in einer bestimmten, auch formalen Sprache, verliert er diese Eigenschaften. Eine höchst erstaunliche Entdeckung! Zur Bestätigung beachte man den Sprachgebrauch in der Literatur zu Platon, Aristoteles, Kant, Hegel und vielen anderen Philosophen; es wird durchgehend von den diversen Formulierungen des SvW gesprochen und dabei zugleich vorausgesetzt, daß dieser selbst den unterschiedlichen Varianten als identischer zugrunde liegt. Nimmt man diese vorsprachliche Instanz nicht an, zerfällt die zu stiftende gemeinsame Welt des Denkens und Seins notwendig in so viele Welten, wie es Sprachen und Kulturen gibt. Diese Vielheit von Welten kann man jedoch nur mit Worten behaupten, tatsächlich überspringt der Gedanke die Rede, die ihn verleugnet, und bezieht sich zu Recht auf die eine gemeinsame Welt.

Wir gelangen zu einer Trias von (1) Sachverhalt (alles mögliche Seiende, wozu sogar der SvW selbst gehören sollte), auf den sich der SvW bezieht, (2) vorausgesetztem invarianten Begriff (Gedanke) des SvW und (3) den verschiedenen psychologischen Denkhandlungen und sprachlichen

Formulierungen. Diese Struktur heißt in dieser oder anderer Besetzung und Interpretation das »semiotische Dreieck«:

Begriff, Gedanke
(*lektón*)

Ding, Sachverhalt

(Denkhandlung),
sprachlicher Ausdruck

Wir finden diese Struktur im Anfangskapitel von *De interpretatione* von Aristoteles und noch im Aufbau von Wittgensteins *Tractatus*. Dazu später Näheres.

Es stellen sich weitere Überlegungen ein, die die konkrete logische Form des Satzes betreffen, von dem der SvW gelten soll. Es müssen alle einschlägigen Satzformen in Betracht gezogen werden, einmal die möglichen Quantifizierungen des Subjektbegriffs: »Alle Menschen sind sterblich«, »Nicht alle; Kein …«; sodann die Modalitäten: »Es ist möglich, daß alle Menschen sterben«, »Es ist notwendig, daß alle Menschen sterben« usw., es müssen neben den einstelligen Prädikaten (»x ist sterblich«) auch mehrstellige Prädikate (»x ist größer als y«) berücksichtigt werden. Und dann ein Problem, das die Umgangssprache bietet: Man kann unsicher sein, was genau mit bestimmten Prädikaten gemeint ist, folglich auch, ob in ihnen eine Negation steckt; ist z. B. »unsterblich« die Negation von »sterblich« oder ein anderes Wort für »ewig«?

In den einfachsten Bereich der Logik, in dem wir uns hier bewegen, gehört die heute übliche Unterscheidung von kontradiktorischen, konträren und subkonträren Sätzen.[11] Kontradiktorische Sätze sind Sätze, die dasselbe ei-

11 Eine gute Einführung liefert der Artikel »Gegensatz« in: HWPh III, Sp. 105–119.

nerseits behaupten und andererseits negieren. Wir fügen hier hinzu: Jeder Satz kann wahr und falsch sein; wenn die (eben gemeinte) Negation als diejenige Operation gefaßt wird, die einen wahren in einen falschen oder einen falschen in einen wahren Satz überführt, und wenn ferner gilt, daß jeder Satz entweder wahr oder falsch sein muß (tertium non datur; Satz vom ausgeschlossenen Dritten), dann ist von kontradiktorischen Sätzen der eine wahr, der andere falsch. Statt des Satzes im ganzen läßt sich auch das Prädikat im Satz negieren, S ist P und S ist non-P; im Hinblick auf das Wahr- oder Falschsein ergeben sich bei jeweils geeigneten Sätzen drei Möglichkeiten; es können beide Sätze falsch oder beide wahr sein oder aber der eine der beiden Sätze ist wahr, der andere falsch. Das letztere trifft dann zu, wenn S entweder P oder nicht-P ist (Beispiel: Eine Aussage ist wahr oder nicht-wahr); beide Sätze sind falsch, wenn S weder P noch nicht-P ist (Beispiel: Das Wort »Aussage« ist weder wahr noch nicht-wahr); beide Sätze sind wahr, wenn mit P auch nicht-P gegeben ist (Beispiel: Wenn nicht alle, sondern nur einige Menschen krank sind, dann sind auch einige Menschen nicht-krank). Dieser letzte Fall heißt subkonträr, während der erste konträr genannt wird. Der mittlere Fall kann eine Konfusion erzeugen, weil der kontradiktorische Gegensatz der Sätze leicht mit dem konträren Gegensatz der Prädikate verwechselt wird. »Die Welt hat einen Anfang«, »Die Welt hat keinen Anfang«; faßt man diese Sätze als kontradiktorisch auf, ist einer von beiden notwendig wahr, der andere falsch; im Fall der konträren Opposition der Prädikate bleibt es dagegen möglich, daß weder das eine noch das andere für den Weltbegriff einschlägig ist (dieser letzteren Meinung ist Kant in der Antinomienlehre der *Kritik der reinen Vernunft*).

Als Merkfigur dient folgendes Quadrat:[12]

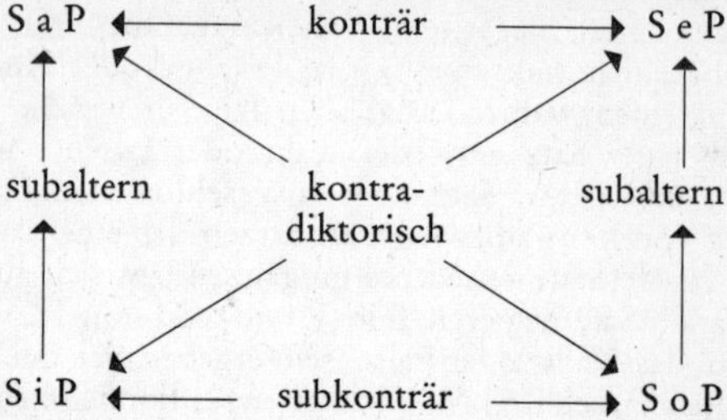

B

Nichts, was existiert, kann widersprüchlich sein (soll widersprüchlich sein können?), weder ein Fluß mit seiner Bewegung noch ein Schnabeltier, das Fisch und Vogel und Landtier zugleich scheint, noch das alte Kaiserreich, das ebenfalls einem »monstrum« ähnelte, einem Wesen mit Menschenkopf, Pferdehals und Fischleib, noch die kapitalistische Gesellschaft, die nach Karl Marx und Friedrich Engels von Widersprüchen strotzt, noch das Licht, das sich in bestimmten Situationen als Welle, in anderen als Korpuskel zeigt. Widersprüchlich sind nur Aussagen, in denen etwas von etwas behauptet und nicht behauptet wird. Der SvW ist ein logisches Prinzip, das seine nicht bestreitbare Geltung daraus herleitet, daß für jedes bestimmte Seiende (Ding, Etwas) ausgeschlossen ist, daß es nicht das ist, was es ist.

Wird fälschlich von einer widersprüchlichen Wirklichkeit gesprochen, so kann dies verschiedene Gründe oder Motive haben. Ein möglicher Grund ist, daß die Restriktion des

12 S a P: P kommt allen S zu; S e P: P kommt keinem S zu; S i P: P kommt einigen S zu; S o P: P kommt einigen S nicht zu.

SvW auf seine Funktion, widersprüchliche Aussagen als möglicherweise wahre Aussagen zu eliminieren, bestritten wird. Wir stellen dagegen, daß der SvW ohne diese Restriktion zugleich seinen ontologischen Geltungsgrund verliert, er damit also de facto bestritten wird, was sich jedoch als nicht möglich erweist. Ein anderer Grund kann in der Meinung liegen, es gebe kein bestimmtes Seiendes, sondern es lasse sich jeder Bestimmung eine Gegenbestimmung entgegenstellen. Hier können wir auf Platons Kreisel zurückverweisen; läßt sich jede Bestimmung auflösen, wird von nichts geredet, weder von einem Fluß noch einer Bewegung noch sonst einem Ding oder Sachverhalt. Zu den möglichen Motiven, die Wirklichkeit für widersprüchlich zu erklären, gehört der dramatische Effekt, der durch dieses schwindelerregende non plus ultra entsteht. Die Feststellung vorerst gegensätzlicher, aber bei näherer Untersuchung doch kompatibler Bestimmungen unter verschiedenen Hinsichten wird unterlaufen, wenn poetisch oder rhetorisch gesagt wird: »Alles, was existiert, hat seinen Widerspruch in sich«. Für Poesie oder Rhetorik ist die Logik nicht mehr in gleicher Weise zuständig wie für Erkenntnisurteile.

C

Ist mit dem Widerspruchsprinzip eine Letztbegründung gefunden? Kaum eine letzte Begründung, aus der Seinsinhalte ableitbar sind, aber ein nicht mehr hinterschreitbares erstes Prinzip. Kein letzter Seinsgrund, denn der SvW verrät uns nicht, ob es etwas gibt. »Keinem Ding kommt ein Prädikat zu, welches ihm widerspricht« – wenn es so etwas gibt wie ein seiendes Ding. Also nur: »Wenn es ein seiendes Ding gibt, so kommt ihm [...].« Das Denk- und Seinsprinzip des SvW ist ein bloßer Gedanke, der weder sein eigenes Sein noch sonst ein Sein verbürgt; erst wenn er realiter hier oder dort gedacht wird, wenn also aus dem Gedanken hier oder dort ein psychologisches Ereignis wird, ist der Fels des Seins erreicht – vorher schwebt der SvW als bloßer Gedanke über den Wassern des Nichts und wartet auf den Tag seiner Ausblitzung in die Wirklichkeit. Nur von diesem Vor-Gedanken, dem Homunculus im nicht existenten Reagenzglas der Denker, war bisher die Rede, und wir wissen nicht, ob der bloße Gedanke es schafft, vom Nichtsein zum Sein zu gelangen. Wir überlassen den Experten die Fortsetzung dieser Überlegung. Wir vergewissern uns nur, daß es nicht widersprüchlich ist, daß das Sein nicht ist und es kein Sein oder Seiendes gibt. Oder doch? Muß man sagen, es sei widersprüchlich, daß nichts ist?

Letztbegründung – wie steht es mit dem Münchhausen-Trilemma, das Hans Albert in der Skepsis-Tradition gefunden und nach dem deutschen Lügenbaron benannt hat? Das skeptische Argument besagt, daß jede Suche nach einer Letztbegründung vergeblich ist, weil sie notwendig entweder erstens zu einem unendlichen Regreß oder zweitens in einen logischen Zirkel oder drittens zu einem dezisionistischen Abbruch der Suche führt.[13]

Der Geltungsanspruch dieses Satzes selbst wird entsprechend seinem propositionalen Gehalt nicht absolut erhoben. »Man hat hier offenbar nämlich nur die Wahl zwischen: [...]«, schreibt Albert konsequent; das Trilemma wird nur als »offenbar« vorgeschlagen, in der Meinung freilich, daß es ebenso wenig widerlegt werden kann wie es Münchhausen gelingt, sich selbst an den eigenen Haaren nach oben zu ziehen. Ist es jedoch legitim, einen letzten Satz über die Möglichkeit der Letztbegründung in der Schwebe zu lassen, also die Unmöglichkeit seiner Widerlegung nicht affirmativ zu behaupten? Untersucht man, wie dieser erhoffte Schwebezustand möglich ist, so ist leicht ersichtlich, daß Albert die Geltung des SvW (als eines logisch-ontologischen Prinzips) und vieler anderer Prinzipien voraussetzt, um sich überhaupt über den Sümpfen positio-

13 Albert (1968), 13ff.

nieren und im Offenbaren behaupten zu können. Setzt er diese Prinzipien nicht voraus, ist der Anspruch, keine absolute Geltung zu beanspruchen, nicht denkbar und nicht formulierbar. Ist es möglich, nun weitere Alternativen hinzuzuerfinden, vielleicht unendlich viele? Bricht Albert mit der dritten Position des willkürlichen Abbruchs selbst willkürlich ab? Eine innere Ordnung des Trilemmas stellt folgendes Schema vor Augen: Die Suche nach weiteren Voraussetzungen ist ein nie endender Prozeß. Die einzige Möglichkeit nun, dem unendlichen Fortgang zu entkommen, ist die zirkuläre Rückführung auf den Ausgangspunkt (worüber sich der Beweissuchende freilich täuscht); damit aber sind alle *inneren* Möglichkeiten erschöpft. Man kann jetzt nur noch von *außen* mit einem Machtspruch des Willens oder auch des Zufalls eingreifen: Schluß jetzt. Wenn diese drei Möglichkeiten sich somit als vollständig erweisen, läßt es das Münchhausen-Trilemma nicht zu, selbst als offen für weitere Möglichkeiten zu gelten. Da jedoch die zweite Alternative auf einem vom Forscher nicht durchschauten Fehler beruht (daß es sich um einen Zirkel handelt, weist ja der Opponent nach) und die dritte Alternative unsachlich ist, bleibt nur die erste Möglichkeit eines offenen (fehlerfreien?) Weiterforschens übrig. Wir wissen: Ändert Münchhausen ein wenig die Richtung seiner Gedanken und reflektiert zur Abwechselung über die Voraussetzungen seiner Behauptung, stößt er unweigerlich auf den voraussetzungslosen SvW.

Von Münchhausen zum Homo Faber. Wie alle Erkenntnisse überhaupt, besonders die wissenschaftlichen, zeichnet sich das Wissen und Erkennen des SvW dadurch aus, daß es indifferent ist gegenüber den wechselnden Zwecken, die jemand zufällig verfolgt. Will ich ein Gerät bauen, so stehen meine Handlungen unter der Maxime, den vorausgesetzten bestimmten (also von anderen Zwecken *unterschiedenen*) Zweck zu realisieren. Welche Zwecke wir auch verfolgen, der SvW und z. B. die Schlußregeln sind Vorgaben, die wir nicht *machen* und *herstellen*, sondern voraussetzen und benutzen und die wir rein theoretisch für sich thematisieren. Und dasselbe gilt für alle Erkenntnisse – sie mögen in pragmatischen Zusammenhängen entdeckt werden und in ihnen wieder verwendet werden, Erkenntnisse sind sie jedoch nur und gerade dadurch, daß ihre Entdeckung und ihre Verwendung in verschiedenen jetzigen und künftigen Handlungen notwendig möglich sind. Der Erkenntnis und dem erkannten Sachverhalt ist das unterschiedliche empirische Hantieren gleichgültig. Philosophisch ist der Homo Faber oder Prometheus immer ein Epimetheus, der zu spät kommt.

So ist uns mit dem SvW an der Spitze ein guter Kompaß gegeben, der auf der weiteren Wanderung die Orientierung ermöglicht – trotz der Stimme des Verführers aus der benachbarten Kathedrale: »Gott ist das Erste, das Offenkundigste, denn aus jedem bejahenden und verneinenden Satz folgt, daß Gott ist. Auch wenn du sagst, Gott ist nicht, folgt: Wenn Gott nicht ist, ist Gott.«[14] Dieses Göttliche gilt jedoch nach menschlichem Ermessen nur für den auch hier vorausgesetzten SvW: Auch wenn du ihn leugnest, bestätigst du ihn.

14 So Bonaventura nach Imbach (1998), 287.

KAPITEL 2

Grundbegriffe der Logik

Aristoteles

Die Logikbücher der aristotelischen Tradition (noch nicht Aristoteles selbst!) verfuhren nach einem einfachen Baukastenprinzip. Am Anfang standen Begriffe, es folgte die Verknüpfung von Begriffen zu bejahenden oder verneinenden Urteilen, und drittens gab es die Verknüpfung von Urteilen zu Schlüssen, womit die allgemeine Logik an ihr Ende gelangt war. Der Begriff wurde gemäß diesem Aufbau so bestimmt, daß er als Subjekt- oder Prädikatbegriff in einem (allgemeinen) Erkenntnisurteil fungieren kann, und dieses wiederum bestimmte sich aus seiner möglichen Funktion als Prämisse oder Konklusion in einem Syllogismus. Ein derartiger Aufbau der Logik läßt sich bei Aristoteles nicht eindeutig nachweisen; man nahm jedoch die Schrift *De categoriis* als Begriffsschrift, *De interpretatione* wurde dem Urteil zugeordnet, und die *Analytica priora* bringen tatsächlich die Schlußlehre.

Begriffe: Mensch; sterblich.
Urteile: Alle Menschen sind sterblich; Alle Athener sind Menschen.
Schluß: Alle Menschen sind sterblich. Nun sind alle Athener Menschen. Also sind alle Athener sterblich. (Aristoteles wählt die Ausdrucksweise: »S kommt allen M zu; nun kommt M allen A zu; also kommt S allen A zu«).

Begriffe

Begriffe oder Prädikate sind bestimmte Bauelemente von Urteilen oder Sätzen. Identische Begriffe können sprachlich verschieden ausgedrückt werden; es ist z. B. der Begriff der »Bewegung« vom Begriff des »movement« usw. nicht unterschieden. (Aber wie bemächtigen wir uns dieses identischen Begriffs, auf den die verschiedenen Sprachen zurückgreifen? Denken wir ihn getrennt vom Benennen?) Begriffe haben eine intensive und eine extensive Größe. Die intensive Größe wird durch diejenigen Begriffe gebildet, durch die der Begriff bestimmt ist und die somit seine Bedeutung ausmachen, die extensive Größe dagegen bezeichnet den Dingbereich, auf den der Begriff referiert. Intensive und extensive Größe verhalten sich nach der üblichen Begriffslehre invers zueinander: Je größer die Intension, desto kleiner die Extension und umgekehrt. In der so konzipierten Begriffshierarchie ist der höhere Begriff weniger differenziert als der niedere Begriff, umfaßt jedoch eine größere Extension von Objekt- oder Dingklassen, auf die er sich bezieht. – Zur Begriffsbestimmung dienen das genus proximum und die differentia specifica. Beim Menschen sei innerhalb der Begriffshierarchie das genus proximum »Tier«, die differentia specifica, die den Menschen unter den Tieren identifizierbar macht, sei »vernunftbegabt«; der Mensch also wäre bestimmt als »animal rationale«.

Es gibt einstellige und mehrstellige Begriffe oder Prädikate. Ein einstelliges Prädikat bezeichnet eine Eigenschaft eines Dinges (»rot«) oder dieses selbst (»Mensch«), ein mehrstelliges Prädikat die Beziehung zwischen Dingen (»größer als«).

Urteile

Urteile (oder Sätze oder Aussagen) setzen sich aus Begriffen und Verbindungswörtern derart zusammen, daß sie notwendig bejahen oder verneinen und im Regelfall wahr oder falsch sind, also beides sein können. Wählt man ungeeignete Wörter oder Wortformen, tritt dieser Effekt einer Urteilserzeugung nicht ein (etwa im Fall der Zusammenstellung »Wählen Wortformen nicht ein etwa«). Jeder Bejahung als dem Zusprechen eines Prädikats korrespondiert eine gleichursprüngliche Möglichkeit der Verneinung als dem Absprechen und umgekehrt: Jedem Absprechen eine gleichursprüngliche Möglichkeit des Zusprechens. Die Verneinung schließt sich also nicht an das schon gegebene positive (verneinungslos denkbare) Urteil an, sondern steht gleichberechtigt neben ihm.

Die Verknüpfung zweier geeigneter Begriffe, des Subjekts und des Prädikats im einfachsten Satz, ist somit etwas Paradoxes, weil die Verknüpfung auch dann erhalten bleibt, wenn das Urteil oder der Satz besagt, daß Subjekt und Prädikat bzw. ihre Inhalte gerade nicht verknüpft sind. »Der Kreis ist rund« ist als Urteil nur dann möglich, wenn der verneinende Satz formuliert werden kann: »Der Kreis ist nicht rund«. Dieses »ist nicht« verbindet und hebt zugleich die Verbindung als nicht zutreffend wieder auf, ohne daß deswegen auf das Urteil verzichtet wird. Dieses Wunder einer Verknüpfung, die ihre eigene Aufhebung besagt, unterscheidet die menschliche Sprache von allen anderen Formen der Kommunikation im Tierreich: Nichtmenschliche Tiere können nicht verneinen und also auch nicht bejahen, also nicht urteilen. Damit gibt es für sie kein »wahr« oder »falsch«.

Urteile können und müssen nicht nur entweder bejahen oder verneinen, sie können auch bestimmt werden im Hinblick auf ihre Quantität und Modalität. Quantitative Bestimmungen sind in der klassischen Tradition »alle«, »einige«, »einer« mit ihren jeweiligen Negationen, »nicht alle«, »nicht einige«, »keiner«.

Modalbestimmungen betreffen die Möglichkeit, Wirklichkeit oder Notwendigkeit des Ausgesagten.

Wir erkennen nicht durch isolierte Begriffe, sondern durch geeignete Begriffsverbindungen in Urteilen. Im Musterfall des Urteils »S ist P« erkennen wir *vermittelst* des Subjektbegriffs S, daß das, worauf sich dieser bezieht, P ist. Alle begriffliche Erkenntnis ist somit eine mittelbare; unmittelbar sind dagegen die Unterscheidungsleistungen der Sinne. Auf Grund seiner Beziehung auf etwas, das nicht identisch ist mit dem Urteil selbst, kann und muß ein Erkenntnisurteil wahr bzw. richtig oder falsch sein, denn es ist möglich, daß das, worauf S referiert, nicht P ist, also der Satz »S ist P« falsch, die Verneinung aber, »S ist nicht P«, zutreffend und wahr bzw. richtig ist.

Schlüsse

Vernunftschlüsse (Syllogismen) kombinieren geeignete Urteile so, daß eine formale Notwendigkeit entsteht, daß aus zwei Urteilen (qua Prämissen) eine Konklusion folgt. In der Prädikatenlogik wird mit drei Begriffen gearbeitet, wobei einer von ihnen, der den beiden Prämissen gemeinsam ist, in der Konklusion nicht mehr auftaucht; es ist der Mittelbegriff, durch den das erschlossene Urteil vermittelt wurde. Das erschlossene Urteil folgt notwendig, erhält jedoch dadurch nicht die Modalität der Notwendigkeit. In dem Schluß: »Alle Menschen sind sterblich; nun sind alle Athener Menschen; folglich sind alle Athener sterblich«, vermittelt der Begriff »Menschen« die Erkenntnis des Schlußsatzes. Wenn die erste Prämisse ihr Urteil nur als wirklich, aber nicht als notwendig ausspricht, kann der notwendig folgende Schlußsatz auch nur ein Faktum behaupten, aber nicht dessen Notwendigkeit. »Alle Tiere sind Fleischfresser [die maior]; kein Mensch frißt Fleisch [die minor]; also ist kein Mensch ein Tier [die conclusio],« ist ein formal richtiger, inhaltlich jedoch falscher Schluß.

Aristoteles behandelt in seinen *Analytica*, speziell in Buch I der *Analytica priora*, prädikatenlogische Schlußformen. In diesen Schlußformen wird das Verhältnis von Begriffen in bestimmten Urteilstypen untersucht. Die Untersuchung führt zu einem formalen Begriffssystem innerhalb der in Betracht gezogenen Urteilstypen.

Die einfachsten Schlußformen: »Auf alle B trifft A zu; auf alle C trifft B zu; also trifft auf alle C A zu« (in der mittelalterlichen Scholastik »Barbara« genannt); und: »Auf kein B trifft A zu, auf alle C trifft B zu; also trifft A auf kein C zu« (»Celarent«). Das gesamte Schlußsystem ist so konzipiert, daß der Geltungsgrund der verschiedenen Formen in den beiden genannten Grundformen liegt.

In der (in der Stoa entwickelten) Aussagenlogik werden ebenfalls zwei geeignete Urteile so verbunden, daß sich notwendig ein drittes Urteil ergibt, jedoch nicht durch die Inklusion oder Exklusion von Begriffen. Im modus ponens: Wenn A, dann B; A; also B (Wenn ein Wesen denkt, so existiert es; ich denke; also existiere ich (»Cogito, – ergo – sum«). Der modus tollens wird meistens so gefaßt: Wenn A, dann B; nicht B; also nicht A.

Frege[1]

Die aristotelische Logik wird allgemein als überholt angesehen. Kritische Debatten über sie hat es bereits in der Antike gegeben, wie die Entwicklung der stoischen Logik wohl am deutlichsten belegt. Für das heutige Verständnis der formalen Logik sind vor allem die Arbeiten Gottlob Freges prägend geworden.

Freges Motive sind vor allem erkenntnistheoretischer Natur, und dabei interessieren ihn vorrangig die Grundlagen der Mathematik. *Mit* Kant teilt er die Auffassung, daß die Urteile der Mathematik a priori gültig sind: Sie lassen sich nur unabhängig von jeder Erfahrung und Beobachtung rechtfertigen. *Gegen* Kant versucht er zu zeigen, daß keineswegs alle Urteile der Mathematik synthetisch wahr sind; manche, speziell die der Arithmetik, sind nach Freges Auf-

1 Dem folgenden Text bis S. 66 liegt ein Manuskript von Thomas Sturm, MA (Marburg) zugrunde.

fassung analytisch wahr. Kant behauptet, daß die Wahrheit von Urteilen wie »7 + 5 = 12« sich nicht aus der Analyse der verwendeten Begriffe (und den Regeln der formalen Logik) erklären läßt. »Der Begriff von Zwölf ist keineswegs dadurch schon gedacht, daß ich mir bloß jene Vereinigung von Sieben und Fünf denke, und ich mag meinen Begriff von einer solchen möglichen Summe noch so lange zergliedern, so werde ich doch darin die Zwölf nicht antreffen.«[2] Die Grundlage mathematischer Urteile müsse in etwas anderem als den bloßen Begriffen liegen; dieses Andere ist die »reine Anschauung« der apriorischen Formen von Raum und Zeit und die durch sie mögliche Konstruktion von räumlichen und zeitlichen Gegebenheiten, den geometrischen Figuren und arithmetischen Zahlbegriffen. Gegen diese allgemeine Auffassung der Mathematik wehrt sich Frege; lediglich im Fall der (Euklidischen) Geometrie gibt er Kant zu, daß deren Urteile synthetisch sind (ohne jedoch den Kantischen Konstruktivismus zu teilen). Anders im Fall der Arithmetik (und Algebra): Deren Urteile seien analytisch – das heißt für Frege, sie lassen sich allein aus Definitionen der auftretenden Ausdrücke und den Regeln der formalen Logik erschließen.[3] Dies ist Freges sogenannter *Logizismus* über den

2 Kant (1998), 65 – *Kritik der reinen Vernunft* B 15.

3 Freges offizielles Verständnis von Analytizität ist nicht ganz das offizielle Verständnis Kants: Kant geht in seinen zentralen Erklärungen davon aus, daß ein Begriff *F* in einem anderen Begriff *G* enthalten sein soll (»Alle Körper sind ausgedehnt«), so daß es widersprüchlich wäre, das Gegenteil zu behaupten (»Nicht alle Körper sind ausgedehnt« bzw. »Einige Körper sind nicht ausgedehnt«). Was ist aber mit einem Satz wie »Wenn p, dann p«? Oder mit dem Satz vom ausgeschlossenen Widerspruch, »Nicht: p und non-p«? Es ist nicht offensichtlich, daß solche Sätze Subjekt- und Prädikatausdrücke enthalten oder daß jede Instanz solcher formaler Wahrheiten Subjekt- und Prädikatausdrücke enthalten müssen. Soll man sie daher nicht für analytisch halten? Und: Warum soll es nur der SvW sein, anhand dessen die Analytizität eines Urteils erweisen läßt? Warum nicht alle logischen Regeln? Frege will nicht Kants Konzeption von Analytizität widerlegen; bisweilen deutet er an, daß er nur ausdrücken will, was Kant eigentlich im Sinn gehabt hat.

Status mathematischer Urteile. Wie Frege betont, macht es die (Kant vertraute) Struktur der Syllogismen der aristotelischen Logik unmöglich, die Basis der Arithmetik in der Logik zu erkennen. Um den Logizismus zu rechtfertigen, hat Frege daher einen umfassenden Neuaufbau der Logik vorgestellt, begonnen und bereits sehr weitreichend durchgeführt in seiner *Begriffsschrift* (1879).

Nun gibt es eine Reihe signifikanter Neuerungen in der Logik Freges gegenüber der Tradition der aristotelischen Syllogistik, die hier nicht alle erörtert werden können:

(1) ein aussagenlogisches Kalkül, basierend auf Wahrheitsfunktionen (der Idee, daß die Wahrheit von komplexen Aussagen wie »*p* und *q*« oder »wenn *p*, dann *q*« sich in definitiven Weisen aus den Teilaussagen *p* und *q* sowie logischen Verknüpfungszeichen wie ›und‹ oder ›wenn ... dann‹ ergibt);

(2) eine neue Theorie der Quantifikation für die Prädikatenlogik (genau gesagt, für die Prädikatenlogik der 1. Stufe), durch welche unter anderem multiple Quantifikationen rekonstruiert werden können;[4]

(3) die Analyse des Inhalts von Urteilen in »Funktion« und »Argument« anstelle der eher grammatischen Analyse in Subjekt- und Prädikatausdrücke.

Andere Punkte können dieser Liste hinzugefügt werden. In späteren Arbeiten hat Frege weitere Neuerungen eingeführt, speziell solche, die erkenntnistheoretische und semantische Probleme betreffen, welche mit Fragen der Logik und der Begründung der Mathematik verknüpft sind, vor allem ein neues Verständnis des Begriffs des Urteils und eine berühmt gewordene Unterscheidung zwischen dem

4 Ein einfaches Beispiel für das Problem der multiplen Quantifikation: »Es gibt einige Menschen, die von allen Menschen belogen werden; also belügen sich einige Menschen selbst.« In dieser einfachen Schlußfolgerung sind mehrere Quantoren (›einige‹, ›alle‹) so verknüpft, daß der Schluß keiner der Schlußformen der Syllogistik entspricht.

»Sinn« und der »Bedeutung« des Inhalts von Urteilen, aber auch wichtige Klärungen hinsichtlich von Unterschieden, die zwischen den Unterordnungsverhältnissen von Begriffen und dem, wie Frege sich ausdrückt, Fallen eines Gegenstandes unter einen Begriff.[5] Innerhalb der Philosophie sind heute oft eher seine erkenntnistheoretischen und sprachphilosophischen Arbeiten Gegenstand der Debatte; seine formale Logik selbst ist weitgehend anerkannt. Hier sollen die bekannten Unterscheidungen von Argument und Funktion und von Sinn und Bedeutung erläutert werden.[6]

Argument und Funktion

Aussagesätze oder Urteile können in ihre Teile oder Teilausdrücke analysiert werden. Was ist dabei logisch relevant? Gemäß der traditionellen Auffassung muß man zwischen »Subjektbegriff« und »Prädikatbegriff« unterscheiden. Im Urteil »Wasserstoff ist leichter als Kohlendioxid« ist ›Wasserstoff‹ der Subjektbegriff, ›ist leichter als Kohlendioxid‹ der Prädikatbegriff. Von Wasserstoff wird ausgesagt bzw. es wird ihm die Eigenschaft zugeschrieben, daß er leichter als Kohlendioxid ist. Aber warum eine Orientierung an der Grammatik? Wieso sollte die Grammatik relevant für die Logik sein? Wie sollte sie helfen, korrektes logisches Folgern zu rekonstruieren? Von einem logischen Standpunkt aus betrachtet, kann man schließlich genauso gut behaupten, daß der Satz nicht nur etwas über Wasserstoff aussagt, sondern über Kohlendioxid (nämlich daß Kohlendioxid schwerer ist). Das wird deutlich daran, daß man für den Ausdruck ›Wasserstoff‹ noch manche andere Ausdrücke einsetzen kann, ohne daß die *Wahrheit* des Urteils davon berührt wird: »Stickstoff ist leichter als Kohlen-

5 Vgl. die Texte in Frege (1962) und Frege (1963).
6 Auch dies kann hier nur im Umriß geschehen. Vgl. zur Einführung in Freges Denken mit weiterführenden Literaturangaben: Patzig (1981).

dioxid« oder noch andere mehr. ›Kohlendioxid‹ ist dann ein »Subjekt«, von dem gewisse Eigenschaften ausgesagt werden können (daß Stickstoff leichter ist als dieses Subjekt, und daß Wasserstoff auch leichter ist als dieses Subjekt). Auch kann man sagen, daß der ursprüngliche Satz eigentlich ein Satz ist, in dem *zwei* Subjekte bzw. Subjektbegriffe vorkommen: Wasserstoff und Kohlendioxid, die in einer gewissen Beziehung oder *Relation* stehen, nämlich der, daß eines von beiden leichter ist als das andere. Oder sollte man sagen, daß hier zwei Prädikatbegriffe vorkommen und *kein* Subjektbegriff? Das scheint zu einer müßigen Frage zu werden. Frege schlägt statt der Analyse in Subjekt und Prädikat vor, von einem die Logik leitenden Gesichtspunkt auszugehen, der Wahrheit bzw. dem wahrheitserhaltenden Schließen. Da es in der Logik um die »Gesetze des Wahrseins« geht, um die formalen Gesetze der Beziehungen zwischen den Prämissen und der Konklusion in einem Argument, muß die logische Analyse eines Urteils – einer Prämisse oder Konklusion – davon ausgehen, daß der Inhalt eines solchen Urteils stets etwas ist, für das überhaupt in Frage kommt, daß es wahr oder falsch ist. Für die logischen Beziehungen des Urteils »Wasserstoff ist leichter als Kohlendioxid« zu anderen Urteilen ist nicht die grammatische Form entscheidend, sondern allein das, was für die Wahrheit oder Falschheit (den »Wahrheitswert«) des Urteils ausschlaggebend ist. Daran entscheidet sich, welche logische Folgerungen aus einem Satz gezogen werden können. Welche Folgerungen man auch aus »Wasserstoff ist leichter als Kohlendioxid« ziehen kann, man kann sie jedenfalls ziehen unabhängig davon, ob ›Wasserstoff‹ ein Subjektbegriff oder ein Prädikatbegriff ist.

Frege drückt seine Auffassung in einer gesonderten Terminologie aus, der Terminologie von »Argument« und »Funktion« (sie ist der Mathematik entnommen). Wir können »Wasserstoff ist leichter als Kohlendioxid« analysieren als *entweder* bestehend (1) aus dem Funktionsausdruck

›Wasserstoff ist leichter als‹ und dem Argumentsausdruck ›Kohlendioxid‹ *oder* (2) aus dem Argumentsausdruck ›Wasserstoff‹ und dem Funktionsausdruck ›ist leichter als Kohlendioxid‹ *oder* (3) aus dem Funktionsausdruck ›ist leichter als‹ und den zwei Argumentsausdrücken ›Kohlendioxid‹ und ›Wasserstoff‹.

Ein Funktionsausdruck ist in Freges Terminologie auch stets ein Ausdruck, der »ungesättigt« ist, was Frege dadurch darstellt, daß er Argumentsausdrücke stets mit Leerstellen oder Variablen versieht: ›... ist leichter als ...‹ oder auch ›... ist leichter als Kohlendioxid‹. An die Leerstelle – die man auch durch Variablen repräsentieren kann – sind »gesättigte« Ausdrücke, eben Argumentsausdrücke, zu setzen. Nur wenn beides zusammenkommt, kann man von etwas sprechen, das einen komplexen Gedanken ausdrückt, der dann wahr oder falsch sein mag. Mit anderen Worten: Das Urteil »Wasserstoff ist leichter als Kohlendioxid« ist ein *Wert* der Funktion ›... ist leichter als Kohlendioxid‹ für das Argument ›Wasserstoff‹, ein »Wahrheitswert«. Hier ist der Wahrheitswert des Satzes der, daß er wahr ist und nicht falsch. Bei anderen Argumenten für dieselbe Funktion ›... ist leichter als Kohlendioxid‹ kann es zu einem anderen Wahrheitswert kommen, nämlich dem, daß der ganze Satz falsch ist. Ebenso ist dasselbe Urteil »Wasserstoff ist leichter als Kohlendioxid« ein *Wert* der Funktion ›x ist leichter als y‹ für die Argumente ›Wasserstoff‹ und ›Kohlendioxid‹.

Sinn und Bedeutung

Ein Thema, das Freges scharfsinnige Form des Philosophierens zeigt, ist seine Theorie von Sinn und Bedeutung. Er entwickelt diese semantische Theorie in Auseinandersetzung mit seiner eigenen früheren Theorie in der *Begriffsschrift*. Ihr zufolge gibt es, wie wir auch ohne philosophische Reflexion denken mögen, sprachliche Zeichen auf der einen Seite, und das, was sie bezeichnen, auf der anderen

Seite. Warum sollte mit diesem einfachen und klaren Modell der Sprache-Welt-Beziehung irgend etwas nicht in Ordnung sein? In seinem schon klassischen Aufsatz »Über Sinn und Bedeutung« zeigt Frege nun anhand des Falls von Identitätsaussagen, was zu schlicht an dem Modell von Zeichen/Bezeichnetem ist. Sowohl eine Erklärung von Identitätsaussagen als Aussagen über Zeichen als auch als Aussagen über Bezeichnetes führt nämlich in das, was man die »Paradoxie der Identität« nennen kann. Auf der einen Seite formulieren wir ständig Identitätsaussagen, im Alltag wie in den Wissenschaften; auf der anderen Seite wäre das nicht möglich, wenn das genannte einfache Modell von Zeichen und Bezeichnetem korrekt sein sollte.[7] Doch, so Frege, im Alltag und in den Wissenschaften formulieren wir ständig solchen »Unsinn« – Identitätsaussagen der Form ›a = b‹: »Der Morgenstern ist der Abendstern.«

Man kann auch an andere Beispiele von Identitätsaussagen denken, etwa »Wasser ist H_2O« oder »Aspirin ist Acetylsalicylsäure«. Sie werfen die gleiche Paradoxie der Identität auf. Hier wird nur von den Fällen der Identität von Objekten, die durch Namen bezeichnet werden, ausgegangen, bloß aus folgendem formalen Grund: »Wasser ist H_2O« oder »Aspirin ist Acetylsalicylsäure« können nicht formal als ›a = b‹ dargestellt werden – gemäß der heute üblichen Konvention, daß die kleinen Buchstaben ›a‹, ›b‹, ›c‹ nur als für Individuenausdrücke bzw., wie Frege sich ausdrückt, für Namen stehend behandelt werden dürfen. Für den formalen Ausdruck etwa von Identitätsaussagen über Begriffe braucht es mehr. Entscheidend ist nun folgendes. Frege meint, Identitätsaussagen dieser Art seien nicht *a priori* zu begründen. Identitätsfragen sind nicht immer

7 »Von *zwei* Dingen zu sagen, sie seien identisch, ist ein Unsinn, und von *Einem* zu sagen, es sei identisch mit sich selbst, sagt gar nichts.« (Wittgenstein, 1966ff., I 62 – *Tractatus Logico-Philosophicus*, 5.5303) Die Thematik deutet sich vielleicht schon an bei Platon, *Theätet* 188a–c.

a priori zu beantworten, sondern setzen oft Erfahrung oder Beobachtung voraus. Sätze der Form ›a = b‹ drücken eine oft »wirkliche Erkenntnis« aus, anders als etwa ›a = a‹. Genau dies läßt sich aber nicht ausdrücken, wenn man von dem Modell der bloßen Unterscheidung von Zeichen und Bezeichnetem ausgeht. Denn dann bestehen nur zwei Möglichkeiten:

(1) Man sieht ›a = b‹ als Beziehung zwischen *Bezeichnetem*, also in Freges Beispiel als Relation zwischen einzelnen Gegenständen (Abendstern, Morgenstern). Dann ergibt sich folgendes Problem: Warum verwendet man zwei Zeichen, wenn doch ein identischer Gegenstand gemeint sein muß? ›a‹ und ›b‹ meinen hier nicht Zeichen, sondern Gegenstände; doch zwei einzelne Gegenstände können nie miteinander identisch sein. Jeder Gegenstand ist nur mit sich selbst identisch. So gesehen, ist ein Urteil der Form ›a = b‹ unsinnig. Urteile der Form ›a = a‹ sind wiederum stets trivial, und es gibt keine Möglichkeit, die Tatsache zu erklären, daß manche Lösungen von Identitätsfragen genuine Entdeckungen sind – etwa, daß der Morgenstern eben derselbe wie der Abendstern ist.

(2) Man sieht ›a = b‹ als Beziehung zwischen den *Zeichen*. Diese Option scheidet sofort aus: Sie führt wiederum zurück in die Paradoxie der Identität, da das Zeichen ›a‹ eben nicht das Zeichen ›b‹ ist und insofern keine Identität zwischen ihnen bestehen kann. Frege erwägt auch die Idee, es könnte sich um eine Beziehung zwischen Zeichen handeln, *sofern diese einen Gegenstand bezeichnen*. Sie scheidet aus einem anderen Grund aus. Man drückt dann nämlich keine echte Erkenntnis aus, denn man spricht bloß darüber, wie wir Dinge benennen oder benennen wollen. Die Entdeckung, daß der Morgenstern der Abendstern ist, ist jedoch keine Sache der Einführung einer sprachlichen Konvention. Es ist eine empirische Entdeckung.

Beide Wege der Deutung von Identitätsaussagen durch das Modell von Zeichen und Bezeichnetem scheiden damit aus. Sie zeigen entweder nicht, wieso Identitätsaussagen echte Erkenntnisse sein können, oder sie führen dazu, Identitätsaussagen als bloßen Unsinn zu brandmarken. Wie sieht Freges Lösung des Dilemmas aus? Die Möglichkeit von erkenntnisrelevanten Identitätssätzen wird von ihm über die Konzeption des »Sinns« oder der »Art des Gegebenseins« erklärt – die duale Zeichen/Bezeichnetes-Unterscheidung soll ersetzt werden durch die Unterscheidung der Trias von Zeichen, ihrem Sinn und ihrer Bedeutung. Wir beziehen uns auf Gegenstände wie Planeten oder Menschen nicht einfach, indem wir gleichsam Zeichen auf sie kleben; vielmehr sind uns solche Objekte immer in der einen oder anderen Art und Weise gegeben, das heißt, wir haben immer bestimmte Arten des epistemischen Zugangs zu ihnen. Bei einem Identitätsurteil wie »a = b« halten wir daher fest, daß ein und derselbe Gegenstand auf zweierlei Weisen gegeben ist, oder daß die *Bedeutung* der Zeichen ›a‹ und ›b‹ dieselbe ist, obwohl ihr *Sinn* verschieden ist.[8] Natürlich kommt es auch darauf an, wie wir rechtfertigen können, daß ein Objekt, welches uns in einer bestimmten Art gegeben ist (etwa zu bestimmter Stunde an einem bestimmten Punkt des Abendhimmels auftritt), mit einem Objekt identisch ist, von dem wir andere empirische Erkenntnisse haben (basierend darauf, daß es zu bestimmter Stunde an einem bestimmten Punkt des Morgenhimmels auftritt). Wir müssen also unsere verschiedenen Beobachtungen und Erkenntnisse in geeigneter Weise in Beziehung setzen.

Frege diskutiert die Unterscheidung von Sinn und Bedeutung für verschiedene Arten sprachlicher Ausdrücke – Namen, ganze Sätze verschiedenen Typs, und außerhalb des

8 Die Wörter »Sinn« und »Bedeutung« werden umgangssprachlich und in der Terminologie vor und nach Frege häufig bedeutungsgleich oder promiscue gebraucht, und man kann den Wörtern etwa durch ihre Etymologie nicht die Bedeutungsfestlegung entnehmen, die Frege vornimmt.

Aufsatzes auch in bezug auf Begriffswörter.[9] Seine Theorie ist nicht unumstritten, obwohl sie auf richtige und wichtige Sachverhalte hinweist und diese zu erklären hilft.[10] Statt hier darauf einzugehen, sei eine der wesentlichen Pointen der Unterscheidung noch einmal besonders betont. Frege geht es nicht darum, irgendwie eine vage Unterscheidung über die Gebrauchsweise sprachlicher Ausdrücke, ihre unterschiedlichen assoziativen Verbindungen in der Alltagssprache hervorzuheben, wenn er über sprachliche Zeichen, ihren Sinn und ihre Bedeutung nachdenkt. Auch geht es ihm nicht um eine allgemeine Theorie der Bedeutung unserer Sprache. Es geht um genuin logische und epistemologische Fragen, die den Gehalt unserer Erkenntnisansprüche oder Urteile betreffen. Nicht zuletzt darum betont Frege, daß wir nicht bloß am Sinn eines Wortes wie ›Cäsar‹ interessiert sind, sondern auch an seiner Bedeutung. Wie er sich auch ausdrückt, ist der Sinn eines Behauptungssatzes der darin ausgedrückte »Gedanke«: etwa der Gedanke, daß Cäsar den Rubikon überschritt. Ein Gedanke ist etwas, bei dem wir überhaupt erst erwägen können, ob er wahr oder falsch sein kann. Die Bedeutung eines Behauptungssatzes ist hingegen sein Wahrheitswert – seine tatsächliche Wahrheit oder Falschheit. Warum begnügen wir uns nicht mit dem Sinn eines Ausdruckes wie ›Cäsar‹ als Teil des Gedankens ›Cäsar überschritt den Rubikon‹? Wir sind oft daran interessiert zu wissen, ob man solch einen Gedanken auch *behaupten* kann, oder wie Frege es ausdrückt: Wir sind oft daran interessiert, vom Sinn zur Bedeutung, vom Gedanken zum Wahrheitswert fortzuschreiten. Um zu wissen, ob es wahr ist, daß Cäsar den Rubikon überschritten hat, genügt es nicht, den Sinn von ›Cäsar‹ zu verstehen. Wir müssen auch wissen, ob es einen Gegenstand gibt, auf den dieser Name auch wirklich zutrifft – ob Cäsar gelebt hat oder er nur eine

9 Frege (1969), 209f.
10 Vgl. umfassend Carl (1994).

Erfindung war. Wenn wir nicht bloß an Asterix und Obelix interessiert sind oder im Scherz sprechen, sondern wenn wir ein wissenschaftliches Interesse oder ein Interesse an der Wahrheit haben, müssen wir nicht nur einen Gedanken erfassen oder verstehen, sondern auch ein Urteil darüber fällen.[11] Man erkennt diese Aspekte nicht an der äußeren Form sprachlicher Gebilde, an den Wörtern oder den Schriftzeichen, die einen Satz ausmachen. Man muß verstehen, was wir tun, wenn wir Erkenntnisansprüche aufstellen. Die Logik zu kennen, die »Gesetze des Wahrseins« zu begreifen, ist ein wesentlicher Teil davon.

Wir ergänzen: Es gibt Identitätsurteile, die eine (vorgebliche oder wirkliche) Erkenntnis enthalten, jedoch anderer Art sind als das Fregesche Beispiel »Der Abendstern ist der Morgenstern«. So behauptet der Physikalist in der Debatte über das Leib-Seele-Problem: »Die geistigen Phänomene sind Änderungen im Gehirn.« D. h., bei einer geeigneten (nach ihm nur heute noch nicht möglichen) Erkenntnis der Gehirnfunktionen lassen sich die Phänomene, die fälschlich als etwas Eigenständig-Seelisches aufgefaßt wurden, auf physikalische Vorgänge reduzieren (dies anzunehmen und zu äußern werden Physikalisten also – wenden sie ihre Theorie nur auf sich selbst an – von ihrem Gehirn gezwungen, ob sie wollen oder nicht). Der Abendstern ließ sich jedoch nicht auf den Morgenstern (oder umgekehrt) reduzieren. Oder Kant: Die Bewegung des ganzen Sternenheeres ist in Wahrheit nichts anderes als die tägliche Rotation der Erde: Die Bewegung der Fixsterne läßt sich, so die kopernikanische Wende, auf die Erdrotation reduzieren.[12] Witt-

11 Vgl. Frege (1962), bes. 45–50 – »Über Sinn und Bedeutung«; Frege (1966), 33–38 – »Der Gedanke«.

12 Kant (1900 ff.), III 12 – *Kritik der reinen Vernunft*, »Vorrede«, B XVI. Im Fortgang der »Vorrede« zeigt sich, daß die Erdrotation, die die Scheinbewegung des ganzen Sternenheeres verursacht, nur der erste Teil des Kopernikanischen Paradigmas ist; der andere besteht in der Heliozentrik. Dieser zweite Teil ist bei Kant der absolute (also gerade nicht subjektivistische) Standpunkt der moralisch-praktischen Vernunft.

genstein: »Der *Gedanke* ist der sinnvolle *Satz*«[13]? Wie gehen wir bei diesen Fällen mit der Fregeschen Distinktion von Sinn und Bedeutung um?

Ergänzungen und weiterführende Reflexionen

SvW: non (p *und* non p); häufig identifiziert mit: p kann nicht wahr *und* falsch sein. Oder auch: p und non p können nicht zusammen (zugleich) wahr sein. – SvaD: p *oder* (aut, nicht vel) non p; also: Tertium non datur. Identisch mit: p ist *entweder* wahr *oder* falsch. Oder auch: p und non p können nicht beide wahr und nicht beide falsch sein.

Die im 19. Jh. entwickelte *Relationenlogik*[14] befaßt sich nicht mit Dingen und ihren Eigenschaften, sondern mit den Beziehungen zwischen den Dingen bzw. mit deren logischen Korrelaten. Für diese Beziehungen gelten die drei rein formalen Prinzipien der Transitivität, Symmetrie und Reflexivität. Transitiv ist eine Relation R, wenn für alle a, b, c gilt, daß, wenn aRb und bRc, auch aRc gilt (z. B. die Strecke a zu b ist parallel, b zu c ist parallel, dann ist a zu c parallel). Symmetrisch ist eine Relation, wenn die Relata vertauscht werden können, also aRb auch bRa ermöglicht (z. B. a ist verwandt mit b, dann ist b verwandt mit a). Reflexiv ist eine Relation dann, wenn die Relata dieselben sein können (z. B. im Fall der Selbstbetrachtung ist der Betrachter der Betrachtete).

Es wurde Gebrauch gemacht von unterschiedlichen Bedingungsverhältnissen. In wissenschaftlichen Auseinandersetzungen, aber auch im alltäglichen Gespräch wird gesagt, etwas sei zwar eine hinreichende, aber keine notwendige,

13 Wittgenstein (1960ff.), I 25 – *Tractatus* 4.
14 Die Problematik der formalen Struktur von Relationen ist auch in der antiken Logik bekannt, vgl. u. a. Müller (1969), 178.

oder eine notwendige, aber nicht hinreichende Bedingung, und zuweilen, es sei beides zugleich, notwendig *und* hinreichend. Um sicher mit diesen Bedingungsverhältnissen umgehen zu können, vergegenwärtige man sich folgenden logischen Sachverhalt:

- *a ist hinreichende Bedingung von b*: wenn a, dann b (womit nicht ausgeschlossen ist: auch wenn c, dann b; oder wenn d, … , dann b). Beispiel: Wenn ich den vom Vertragspartner unterschriebenen Vertrag unterzeichne, tritt er in Geltung. Statt meiner können jedoch auch meine Vertreter unterzeichnen.
- *a ist notwendige Bedingung von b*: wenn nicht a, dann nicht b (womit nicht ausgeschlossen ist: a, jedoch nicht b). Beispiel: Nur wenn ich selbst den Vertrag unterschreibe, kann er in Kraft treten; es bedarf jedoch noch weiterer rechtlicher Akte (Unterschrift des anderen Vertragspartners usw.).
- *a ist notwendige und hinreichende Bedingung von b*: wenn und nur wenn a, dann b. Beispiel: Wenn ich und nur wenn ich den Vertrag unterschreibe, tritt er tatsächlich in Geltung.

»Das Gespräch glitt ab, plänkelte eine Weile unstet hin und her, berührte eine Sendung frischer Zigarren, welche, in Zink verschlossen, eigens für Herrn Aarenhold aus Habana eingetroffen waren, und zog dann Kreise um einen Punkt, eine Frage rein logischer Natur, die beiläufig von Kunz aufgeworfen war: ob nämlich, wenn a die notwendige und ausreichende Bedingung von b sei, auch b die notwendige und ausreichende Bedingung von a sein müsse. Dies umstritt man […].«[15] Wie lautet die Antwort auf diese Frage rein logischer Natur?

15 Mann (1963), 306 – »Wälsungenblut«.

Begriffe

Die Reflexion über das, was eigentlich ein Begriff ist, führt, so scheint es, in ein auswegsloses Labyrinth. Wir wagen nur einige wenige Schritte und behalten dabei den Ausgang im Auge, um ihn und uns nicht zu verlieren.

Begriffe können nicht gegeben und angeboren sein, sondern werden gemacht – dem möchte jedermann sogleich zustimmen. Wir vereinfachen die Vielfalt der Erscheinungen, indem wir sie unter Begriffen zusammenfassen. Aber woher kommen die Erkenntnisse oder Erkenntnisstrukturen, die beim Machen der Begriffe immer schon vorausgesetzt werden? In welcher Sprache machen wir diese in verschiedene Sprachen übersetzbaren Begriffe? Urteile setzen sich aus Begriffen zusammen; aber wie steht es mit diesen Begriffen selbst? Sie sind außer dem Begriff der Einheit komplexe Gebilde, müssen also in Urteile auflösbar sein, aber dazu vorher irgendwie erzeugt werden. Aber woraus, wenn nicht wiederum aus Begriffen? Im Lateinischen hieß der Begriff »conceptus« von *concipere* ›empfangen‹. Die Sinnlichkeit ist der Ort der Empfängnis, die Sinnlichkeit zeugt also die Begriffe, die den Urteilen als Elemente dienen, die dieselbe Funktion wiederum für die Vernunftschlüsse haben. Aber was heißt das alles, wenn man es nicht nur veranschaulichen, sondern verstehen oder erkennen will?

»Nominalismus« wird als Bezeichnung derjenigen Auffassung verwendet, die die Existenz oder die (von den Realisten verteidigte) Realität besonderer, von den Einzeldingen unterschiedener Entitäten als Designaten von Prädikatoren leugnet. Pferde könne man sehen, sagten schon nominalistisch gesonnene Zeitgenossen Platons, aber die »Pferdheit« weniger. Das allgemeine Wort »Pferd« bezeichne also keine gesonderte Realität; es sei nur ein »nomen«, nicht mehr, mit dem die real existierenden Einzelpferde vom Menschen imaginär zusammengepfercht würden. Die mittelalterliche Auseinandersetzung zwischen Nominalisten und Realisten wird als Universalienstreit bezeichnet.

Bei der Erörterung der Universalien oder Begriffe und deren Designat ist zu beachten, daß es drei Möglichkeiten der Auffassung von Begriffen oder von Teilklassen der Begriffe gibt. Sie können entweder dem Einzelding als Bedingung seiner Möglichkeit notwendig getrennt vorausgehen (Schlagwort: Platons Idee) oder aber das Ding konstituieren, also in ihm sein (Schlagwort: Aristoteles' Idee), oder aber als bloßer Sammelbegriff auf die Einzeldinge folgen und somit bloße nomina sein. Platon und Aristoteles kennen alle drei Begriffsklassen und ordnen sie unterschiedlichen Begriffstypen zu. Sie sind Nominalisten im Hinblick auf die dritte Klasse von Allgemeinbegriffen.

Während John Locke dem Prädikat »Dreieck« als Designat noch eine allgemeine Dreiecksvorstellung (die also kurioserweise weder schief- noch rechtwinklig, weder gleich- noch ungleichseitig ist, sondern dies alles nicht und doch zugleich sein soll) einräumt,[16] nehmen sprachanalytische Philosophen häufig an, daß wir die Bedeutung eines Prädikators wie »rot« oder »Dreieck« dann und nur dann kennen, wenn wir seinen Gebrauch kennen. So können wir das Wort »blau« für einen bestimmten, an den Gegenständen örtlich zu markierenden Bereich im Farbspektrum gebrauchen.[17] Man sieht: Hiermit brauche ich weder auf ein Farbeidos (das identische Rot des Sehaktes) zu rekurrieren noch auf eine intersubjektive psychologische identische Farbvorstellung, sondern benötige nur einen identischen Wortgebrauch angesichts desselben räumlichen Phänomens. Ob

16 Locke (1975), 596 – *An Essay Concerning Human Understanding* IV 7, 9. Hierzu ist nur ein – platonisch oder aristotelisch – konzipierter Begriff des Dreiecks in der Lage, der jeder spezifizierenden Instantiierung in der Vorstellung oder räumlichen Wirklichkeit vorausgeht.

17 Vgl. Schneider (1971 ff.), Sp. 885. Zum »invertierten Spektrum« vgl. im vorliegenden Band S. 140.

wir also tatsächlich angesichts dieses einfarbigen Schals dieselbe Farbempfindung haben, ist für eine Verständigung tatsächlich gleichgültig – wir gebrauchen das Wort »rot«, wobei meine Rotempfindung vielleicht deine Blauempfindung ist. Wir haben zwar eine gemeinsame Welt im Wortgebrauch, aber wir leben gleichzeitig in Privatwelten unserer je eigenen Farbvorstellungen. Ob die gemeinsame Welt der Empfindungen jedoch zu einem Sprachphänomen regredieren kann, ist ein Problem, das wir Experten überlassen.

Neben den bisher betrachteten Eigentümlichkeiten gibt es einen Typ der Verbindung von Begriffen, der selten explizit beachtet wird. Es ist eine Konstellation, zu der sich Begriffe ordnen, und zwar so, daß sie den Anspruch der Vollständigkeit erheben und häufig auch den einer festgelegten Abfolge. Dem »Aufgang« ist der »Niedergang« und eventuell der »Höhepunkt« zugeordnet, bezogen auf den Sonnenlauf, den Lebenszyklus, häufig auch menschliche Unternehmungen. Mit dem Begriff »Osten« ist eine bestimmte Konstellation von vier und nur vier koordinierten Himmelsrichtungen mit einer internen Ordnung aufgerufen. Ähnliche Ordnungen finden sich bei den Elementen Erde, Wasser, Luft und Feuer, bei den Temperamenten entstammt z. B. der Phlegmatiker einer Konstellation, zu der auch der Sanguiniker, Choleriker und Melancholiker gehört. Mit der Nennung des einen Begriffs sind auch die anderen wohlgeordnet auf die Bühne getreten. Wenn Faust sagt: »Habe nun ach! Philosophie, / Juristerei und Medizin, / Und leider auch Theologie / Durchaus studiert, mit heißem Bemühn,« dann wird die Konstellation der vier Fakultäten angeführt, zuerst die untere und dann die drei oberen, und die letzteren in einer häufig umstrittenen Reihenfolge. Der eine Begriff evoziert also die drei übrigen.[18] Die Trias »Antike, Mittelalter, Neuzeit« wird um eine vierte, bewegliche Position »Gegenwart« ergänzt. Das duale

18 Vgl. Brandt (1998).

System von Antike und Moderne (»modern« von *modus* ›jetzt‹; also: früher und jetzt) wird um eine dritte Dimension, die Postmoderne, ergänzt, die sich stark prospektivisch versteht. Wir folgen im Aufbau ungefähr der Dreierstruktur von Denken, Fühlen und Wollen. In der aristotelischen Logik fanden wir die Konfiguration »Begriff/Urteil/Schluß«, mit der wir uns gerade befassen. Welches ist die Logik oder das gemeinsame Prinzip dieser geregelten Zuordnungen?

Im Umgang mit philosophischen Begriffen ist es zur besseren Orientierung ratsam, sogleich einen zugehörigen Gegenbegriff zu benennen. »Idealismus« – und nicht? Hier können in unterschiedlichen Zusammenhängen »Realismus« oder »Naturalismus« oder »Empirismus« einschlägig sein. »Ethik« – und nicht? »Moral« oder »Erkenntnislehre« oder »Recht«. »Erhaben« – und nicht »schön« oder »lächerlich« oder »vulgär«. »Subjectum« – und nicht »König«; oder aber nicht »Objekt« oder nicht »Prädikat«. Die Gegenbegriffe können auch, wie eben gezeigt wurde, in einer wohlgeordneten Begriffskonstellation bestehen. Gegenbegriffe sind häufig auch als Komplementärbegriffe zu fassen; sie zeichnen sich durch eine assoziative Nähe aus und fordern dazu heraus, Identität und Differenz genau zu bestimmen. Worin liegt z. B. die partielle Identität und die partielle Differenz von »Begriff« und »Wort«, von »Metaphysik« und »Ontologie«, von »Logik« und »Logistik«?

Urteile

Der Geschmackssinn bezieht sich z. B. auf das Bittere und Süße, und zwar derart, daß er das eine vom anderen unterscheidet; der Hörsinn hört Töne und Geräusche, und zwar so, daß er das eine Geräusch vom anderen unterscheidet; der Sehsinn sieht Farben und unterscheidet die Farbnuancen. Die Erkenntnisleistung der Sinne ist identisch mit einem bestimmten Empfinden oder Wahrnehmen und diesen

Unterscheidungen. Algen empfinden und unterscheiden das Warme vom Kalten. Diese Empfindungen und Unterscheidungen werden unvermittelt und so vollzogen, daß nur die Andersheit registriert wird, ohne daß eine explizite Negation in Kraft tritt. Daß das Süße *nicht* bitter ist, wird erst in der Reflexion über die Sinnesunterscheidungen formuliert. Erst mit dieser Überlegung wird erkannt, daß es widersprüchlich wäre, das Bittere für süß zu halten.

Tiere verfügen über raffinierte Systeme der Kommunikation; sie können ihre Artgenossen warnen und umwerben, sie können Futterplätze bezeichnen und Gefühle ausdrükken, sie können andere Lebewesen täuschen, sie können sich irren und ihren Irrtum zu verbergen suchen. Sie beziehen geistige Leistungen anderer Wesen in die Bestimmung ihres Verhaltens ein. Sie können zu erkennen geben, daß etwas nicht der Fall ist, daß eine Erwartung nicht erfüllt wurde. Aber sie können nicht urteilen, weil ihnen die Fähigkeit der Verneinung und damit auch die der Bejahung abgeht. Die Tiere sind ein wechselnder Bestand der Natur, nur der Mensch entdeckte die Freiheit des Ja- oder Nein-Sagens und begann damit, seine eigenen Wege zu gehen. Erst das verneinungs- und bejahungsfähige Urteil ermöglicht die freie, distanzierte Referenz auf etwas, über das bejahend oder verneinend geurteilt wird; erst hiermit treten wahr und falsch auf den Schöpfungsplan – den Tieren blieb diese Freiheit verneinender und bejahender und damit auch wahrer oder falscher Urteile verschlossen. Tiere können sich im Spiegel erkennen, ohne zu wissen, was ein Bild ist, also ohne zu wissen, daß ein Bild etwas darstellt, was es nicht ist. Sie sind weder urteils- noch bildkompetent.

Jedes beliebige Urteil also ist bejahend oder verneinend und hat damit allererst die Möglichkeit, wahr oder falsch zu sein. Der Mensch kann wiederum seine Freiheit und seine Last von Wahrheit und Falschheit nicht dankend zurückweisen; wir sind, wie Sartre es (mit anderer Intention) ausdrückte, zur Freiheit verdammt, weil wir über ein Zeichensystem verfügen, das Urteile ermöglicht und uns zwingt, zu bejahen und zu verneinen und uns der Frage von Wahrheit oder Falschheit zu stellen – das alles, weil in dem Kommunikationssystem der Primaten an einer Stelle plötzlich ein Fanal der Menschwerdung auftauchte, das freie »Nein« oder »Ja« mit all seinen Derivaten.

Mit der Fähigkeit, in bejahenden oder verneinenden Urteilen zu denken und zu sprechen, ist auch die implizite, praktische Kenntnis des Widerspruchsprinzips gegeben. Mit jeder Bejahung wird die zugeordnete Verneinung ausgeschlossen, mit jeder Verneinung wird die entsprechende Bejahung ausgeschlossen; wer dies nicht beherrscht, hat die paradoxe Struktur des Urteils nicht verstanden und kann höchstens wie ein Papagei oder ein Automat menschliches Urteilen imitieren. Das bloße Zeichen »p« für »Urteil« verrät hiervon nichts mehr.

Hier wird deutlich, daß die Reduktion der Denkakte auf die Assoziationsprinzipien zu kurz greift. Die Verknüpfung von Vorstellungen nach der örtlichen und zeitlichen Nähe, der Ähnlichkeit und der Kausalität[19] mag uns immer mit den Tieren gemeinsam sein, diese Verknüpfungen mögen unsere Träume beherrschen und die Gesprächsthemen der Gesellschaft verbinden, zur Bildung eines Urteils jedoch sind sie nicht in der Lage, weil ihnen die Kraft der Negation fehlt. Das Urteil überwindet gerade, was assoziativ zusammengehört, und verknüpft etwas mit etwas anderem, was mit ihm nichts zu tun hat: »x liegt y nicht nahe«, »x sieht y nicht ähnlich«, »x hat keine Tochter«. Gestützt nur auf die Assoziationsgesetze hatte Hume keinerlei Chance, den *Treatise of Human Nature* zu verfassen, denn die Schrift enthält Urteile. Hume, der Assoziationspsychologe, stand bei jedem einzelnen Urteil vor der Wahl, die in ihm gedachte Verknüpfung von Subjekt und Prädikat zu bejahen oder zu verneinen, und hierbei ließen ihn die Prä-

19 Hume (1967), 14–15 – *A Treatise of Human Nature* I 1, 6.

missen seiner Theorie im Stich. So enthält das bahnbrechende Buch schon im ersten Satz seine eigene undurchschaute Widerlegung.

Schlüsse

Wir müssen annehmen, daß es eine mentale Tätigkeit des Schließens gibt, die sich nicht in einer der Schlußformen der aristotelischen oder stoischen Logik entfaltet, aber wohl in ihnen rekonstruierbar ist. Wenn wir etwas Grünes von einer bestimmten Gestalt, vielleicht auch von einem bestimmten Geruch wahrnehmen, dann urteilen wir: Dort steht ein Baum. Das Urteil beruht auf einem Schluß, der folgendermaßen rekonstruierbar ist: »Immer wenn diese sinnlich spürbaren Eigenschaften zusammentreffen, haben wir es mit einem Baum zu tun; nun treffen sie hier zusammen; folglich stehen wir vor einem Baum.« Der Baum ist ein Gegenstand der Erkenntnis, nicht der sinnlichen Empfindung, denn zur Bestimmung eines Baumes gehören Funktionen, die man per se nicht sehen, hören, riechen oder ertasten kann. Man frage nur den Gärtner.

Diesem Problem werden wir im folgenden Kapitel noch einmal begegnen.

Die Notwendigkeit der Konklusion nach den zwei vorhergehenden Prämissen ist immer als erstaunlich betrachtet worden. Es ist eine Notwendigkeit, die derjenige, der die beiden Prämissen für sich anerkennt, nicht macht oder erzeugt, die er vielleicht nicht erwartet hat und die u. U. in einem klaren Gegensatz zu seiner Überzeugung steht. Unabhängig vom Willen der Beteiligten und unabhängig vom besonderen Inhalt der Prämissen stellt sich die Konklusion zwanghaft ein. Dieser formale gesetzliche Zwang[20] unterscheidet sich von einem psychologischen Zwang, etwa der

20 Es braucht uns hier nicht zu interessieren, daß Aristoteles selbst nicht von einer formalen Gesetzlichkeit des Syllogismus spricht (vgl. Frede, 1974, bes. 6–15).

Assoziation von Vorstellungen: »Jedesmal, wenn ich x sehe, muß ich an y denken«. In beiden Fällen tritt ein Denkzwang auf, dem sich die Personen ausgeliefert sehen und den sie nicht erzeugen, sondern den sie erfahren. Der Unterschied der beiden Notwendigkeiten ist jedoch erheblich. Der Zwang des Schlusses ist *formal* und von allgemeiner Notwendigkeit, er gilt gewissermaßen demokratisch für jedermann; der *inhaltliche* Assoziationszwang dagegen hängt vom persönlichen Erleben ab, er ist individuell, er beruht zwar auf allgemeineren Assoziationsgesetzen, aber daß ich bei x gerade an y und nicht an irgend etwas anderes denken muß, ist meine Privatsache. Als Dichter und Rhetor kann ich mit dieser Assoziation spielen, als Denker bleibe ich frei und sehe mich nur dem formalen Schluß unterworfen. Der Assoziationszwang gilt auch für wache und träumende Tiere; erblickt der häufig geschlagene Hund den Stock, so läuft er fort, weil er mit dem Anblick Schmerzen assoziiert. Hört der Hund dagegen das Glockenzeichen, dem regelmäßig das Futter folgte, dann erwartet er auch dann zwanghaft das Futter, wenn dieses ausbleibt. In der aristotelischen Logik oder auch der Fregeschen Logik sind die Tiere weniger bewandert.

Die explizite syllogistische Notwendigkeit erfährt nur der Mensch, denn sie operiert mit dem Ausschluß der Negation, und an dieser Hürde scheitert das versammelte Tierreich. Die gültigen Figuren der Schlüsse werden von Aristoteles auf das »Dictum de omni et nullo« zurückgeführt und damit im SvW begründet. Die Notwendigkeit des Syllogismus entspringt also dem Faktum, daß die Negation der Behauptung widersprüchlich wäre.

Epilog

Gott wartete nicht auf Aristoteles, auf Chrysipp oder gar, gottlob, auf Frege, damit die Menschen richtig denken lernten, sondern stattete sie gleich selber mit den Denkstrukturen der natürlichen Logik aus (hier füge, wer will, die Phylogenese ein, aber welches sind deren notwendige *und* hinreichende Bedingungen?). Die natürliche Logik ist weder mit dem psychologischen Ablauf der Denkereignisse bei den einzelnen Personen unterschiedlicher Kulturen noch mit der Sprache und ihrer Grammatik identisch. Auf diese kultur- und sprachinvarianten logischen Denkformen der »logica naturalis« setzen wir bei jeder Auseinandersetzung mit anderen urteilsfähigen Menschen. Die »logica artificialis« macht dagegen die Denkstrukturen zu ihrem expliziten Thema, wobei sie sie zwar expliziert, aber auch immer schon voraussetzt. Die irrtumsanfällige Kunstlogik entstand nach dem Auftreten der Sophisten, die den Gesprächspartnern künstliche Fallen, meist Sprachfallen, stellten und eine systematische Erfassung sowohl der Trugschlüsse wie nun auch der Schlüsse selbst und der Logik im ganzen provozierten.

KAPITEL 3

Wahrnehmung, Dinge

I. Wahrnehmung

PHILIP G. ZIMBARDO / RICHARD J. GERRIG, *Psychologie*: »Wahrnehmung«

Das Wahrnehmungssystem beim Menschen – grundlegende Merkmale.

Vgl. Tabelle auf der folgenden Seite.

Erläuterung

Das auf der folgenden Seite abgedruckte Schaubild ist dem 3. Kapitel des bekannten Handbuches *Psychologie* von Zimbardo und Gerrig entnommen. Dieses enthält insgesamt 16 Kapitel; es wird am Anfang von den »Zielen, Ansätzen und Methoden der modernen Psychologie« gehandelt, im 2. Kapitel werden die »Biologischen Grundlagen« vorgestellt. Auf das 3. Kapitel, »Wahrnehmung«, folgen Darstellungen der Erkenntnis (»Bewußtsein«, »Lernen und Gedächtnis«, »Kognitive Prozesse«), des Willens (»Motivation«) und des Gefühls (»Emotion, Streß und Gesundheit«). Dieser Teil endet mit den beiden Kapiteln über »Entwicklung« und »Persönlichkeit«. Der zweite Teil handelt von Leistungsformen und Anwendungsbereichen der Psychologie. – Den üblichen fünf Sinnen sind im angeführten Text zwei weitere Sinne hinzugefügt, der des Gleichgewichts und der Kinästhesie. Ob dem Sexualsinn hier nicht auch ein Platz einzuräumen ist? Er scheint mit den beiden letzteren nicht ganz identisch zu sein und doch in den Bereich der Sinne zu gehören. Es ist erstaunlich, daß

Sinne	*Reiz*	*Sinnesorgan*	*Rezeptor*	*Empfindung*
Sehen	*Lichtwellen*	*Auge*	*Stäbchen und Zapfen der Retina*	*Farben, Muster, Oberflächeneigenschaften*
Hören	*Schallwellen*	*Ohr*	*Haarzellen der Basilarmembran*	*Geräusche, Töne*
Empfindungen der Haut	*Äußerer Kontakt*	*Haut*	*Nervenendigungen der Haut*	*Berührung, Schmerz, Wärme, Kälte*
Geruch	*Geruchstragende Substanzen*	*Nase*	*Haarzellen des olfaktorischen Epitheis*	*Düfte (moschusartig, blumig, verbrannt, pfefferminzartig)*
Geschmack	*Lösliche Substanzen*	*Zunge*	*Geschmacksknospen der Zunge*	*Geschmacksempfindungen (süß, sauer, salzig, bitter)*
Gleichgewicht	*Mechanische Kraft und Schwerkraft*	*Innenohr*	*Haarzellen in den Bogengängen und im Vestibulum*	*Bewegung im Raum, »Zug« der Schwerkraft*
Kinästhesie (Bewegung)	*Bewegung*	*Muskeln, Sehnen und Gelenke*	*Nervenfasern in Muskeln, Sehnen und Gelenken*	*Bewegung und Orientierung von Körperteilen im Raum*

wir unseren Sinnen so nahe sind und nicht einmal wissen, wie viele es nun genau sind und welche Beschaffenheit dazu gehört. Über die Türen in unserer Wohnung sind wir genau informiert, über die Sinnespforten unseres eigenen Körpers wissen wir wenig Bescheid.

Weiterführende Reflexionen

Was sehen wir? Folgen wir der Alltagssprache, dann sehen wir die Lahn, den bestirnten Himmel und die Verleihung der Doktorwürde. Aber wie können die Augen den einen Fluß vom anderen unterscheiden? Was wissen sie von Sternen und akademischen Graden? Was hören wir? »Die Nachrichten«; »Die Ankunft des Zuges«. Aber was weiß unser Hörsinn von den neuesten Ereignissen? Wie kann das Ohr zwischen Zug und Flugzeug unterscheiden? Die Umgangssprache bedient sich einer Abbreviatur und folgt damit einer unabweislichen Überzeugung oder Meinung, denn wir meinen tatsächlich, eben dies alles mit unseren Sinnen unmittelbar wahrzunehmen. Beginnt man jedoch, über die Empfindung und Wahrnehmung nachzudenken, sollte man sich von den sprachlichen Überlastungen der Sinne und von den Alltagsmeinungen befreien und prüfen, was denn die Sinnesorgane und Sinne wirklich können.

In der *Psychologie* von Zimbardo und Gerrig wird eine Tafel von sieben Sinnen angeführt und den jeweiligen Sinnen der Reiz, das Sinnesorgan, der Rezeptor und die Empfindung zugeordnet. Wie jedermann leicht erraten kann, lautet die Zuordnung beim Sehen der Menschen (wir ergänzen: mindestens auch der Primaten): Lichtwellen, Auge, Stäbchen und Zapfen der Retina, und unter dem Stichwort »Empfindung« steht: »Farben, Muster, Oberflächeneigenschaften«. Zu dem Stichwort »Oberflächeneigenschaften« ist zu beachten, daß es Farben ohne Oberflächen im üblichen Sinn gibt: Wir können die Farben des Himmels und des Regenbogens unterscheiden und mit den Farben zugleich die Formen, die sie bilden.

Wir wollen folgende Punkte festhalten:

Den psychischen Phänomenen des Sehens von Farben und Formen, des Hörens von Tönen und Geräuschen usw. korrespondieren *relativ konstante* physikalische und physiologische Gegebenheiten, so daß wir der Meinung sein können, die Sinnesqualitäten kämen als solche den Dingen selbst zu. Was diese Farbe mit dieser Oberflächenstruktur zu tun hat, wird sich vielleicht nicht ausmachen lassen; daß sie dem Ding jedoch unter gleichen Randbedingungen konstant zukommt, ist eine Erfahrungstatsache.[1] Um mehr kann es hier nicht gehen.

Es gibt keine »äußere *Welt*«, die einer »inneren *Welt*« gegenübersteht, sondern ein physikalisch-physiologisch-psychologisches Kontinuum in einer einzigen Welt mit erforschbaren Strukturen. Dadurch ist eine grundsätzlich natürliche Beziehung zwischen Eigenschaften der Dinge und unseren Vorstellungen von ihnen gewährleistet, wie sie analog zwischen den gefilmten Dingen und der Wiedergabe, nach einer langen Wanderung durch elektronische Medien, auf dem Bildschirm vorliegt. Was ich durch das Medium der Schallplatte höre, muß durch *konstante* Strukturen von dem ersten Orchesterklang her übermittelt werden, d. h. vom ersten Klang, denn das Orchester wird sich nicht in die Schallwellen pressen lassen. Nimmt man eine derartige natürliche Korrespondenz von Tonerregung durch die Schwingung des Instruments auf der einen Seite und den Klangdifferenzen auf der anderen Seite nicht an, muß alle Wahrnehmung ein Wunder sein; es muß z. B. aus einem anonymen Mannigfaltigen, das die Sinne rezipieren, eine Welt auf eigene Faust im (doch wohl nur menschli-

1 Hardin (1988), 81: »[...] colors are not in fact qualities of physical objects, they certainly seem to be such.« Siehe im übrigen das gesamte 2. Kapitel »The Ontology of Color« (59–112).

chen) sogenannten Subjekt entstehen. Das glaubt man ungern.

Die Sinnesrezeption ist eine Aktivität der animalischen Sinne; sie setzen in den angesprochenen Domänen die Strukturen, die auf sie treffen, aktiv in ihrem jeweiligen Medium fort. Die Aktivierung geschieht in einem Wahrnehmungsprozeß, in dem etwas (etwa Lichtwellen) rezipiert und von etwas (anderen Lichtwellen) unterschieden wird. Unsere animalischen Sinne sind Organe der aktiven Perzeption und der Unterscheidung der einen Farbe von der anderen, des einen Tones oder Geräusches vom anderen, des Nichtgeruchs vom intensiven Geruch eines Parfums, des Warmen vom Kalten. Die wahrgenommenen Differenzen korrespondieren in kontrollierbarer Weise bestimmten Differenzen der Dinge, wenn das Wahrnehmungsorgan gesund ist; ohne diese Einpassung könnten animalische Wesen nicht überleben. Das bedeutet, daß meine Wärme-Kälte-Empfindung beim Schwimmen einer Zustandsdifferenz des Wassers entspricht. Man wird die Beobachtung bestätigen können, daß bei Temperaturen um Null die Badestrände auffällig weniger belebt sind als bei Temperaturen um 23 Grad.

Die Sinne nehmen aktiv wahr und vollziehen dadurch wahre Erkenntnisleistungen, die mit der Sprache und mit Begriffen nichts zu tun haben. Es ist nicht einsichtig, wieso wir uns in diesen psychischen Sinnesleistungen von den entsprechenden Leistungen von Tieren unterscheiden sollten, natürlich mutatis mutandis. Wir leben mit ihnen in einer gemeinsamen Welt der sinnlichen Empfindungen oder Wahrnehmungen, mehr oder weniger. Beim Echolot können wir den Fledermäusen nicht mehr folgen, wir wissen nur noch, wie es funktioniert; umgekehrt meiden die Fledermäuse unsere Konzerte.

Es ist wichtig, den Sinnen die aktive Rezeption bestimmter Strukturen und die Unterscheidungsleistung zu belassen, sie aber andererseits in ihrer Kompetenz nicht zu überfordern und ihnen die Erkenntnis von Gegenständen zu vindizieren. Alles, was die Kompetenz eines Empfindungs- und Wahrnehmungssektors überschreitet, kann entsprechend nicht allein dem jeweiligen Sinnesakt entstammen, sondern verdankt sich weiteren Informationen und Leistungen.

»Das Auge ist häufig mit einer Kamera verglichen worden. Diese Metapher ist geeignet uns zu täuschen, denn sie stellt das Auge vor als einen passiven Lieferanten von Bildern für ein aktiveres Organ, das sie betrachtet, um Informationen über die Welt zu sammeln.«[2] Hiermit ist die neben der Überlastung häufig praktizierte Unterbestimmung des Sinnenanteils noch einmal genau bezeichnet.

Dazu eine Erläuterung. Jay Rosenberg schreibt in seiner Einführung in die Philosophie: »Astronomen sagen, Licht brauche vier Jahre, um vom nächstgelegenen Stern bis zu uns zu gelangen. Doch in diesen vier Jahren könnte der Stern aufgehört haben zu existieren, und wir können nichts sehen, was nicht existiert. Sehen wir also jemals einen Stern?«[3] Rosenberg gelangt zu einer zwischen Ja und Nein vermittelnden Auffassung, jedoch mit der festen, vom irrenden common sense gestützten Überzeugung, wir könnten tatsächlich Sterne sehen. Nun wissen wir aus antiken Sternbeschreibungen, auch aus den baulichen Anlagen anderer Kulturen, daß die Menschen anderer Epochen ungefähr dieselben Figurationen am Nachthimmel sahen wie wir. Was sie *sahen*, wurde jedoch als etwas anderes von ihnen diskursiv *erkannt*; so lassen sich die Lichtpunkte am Himmel als Löcher einer großen Schale auffassen, die uns die hinter der Schale liegende Kristallsphäre in bestimmten Konstellationen erblicken läßt. Sie sahen dasselbe, aber sie erkannten keine isolierten Sterne, die vielleicht seit über

2 Hardin (1988), 7. Vgl. meine Analyse der aus der Stoa tradierten »Fensterphilosophie« in Brandt (2000), 428–440.
3 Rosenberg (1989), 140.

drei Jahren oder drei Milliarden Jahren nicht mehr existieren. Was wir *sehen*, muß also indifferent sein gegenüber dem, was wir begrifflich zu erkennen meinen. Das letztere ist die dem Irrtum ausgesetzte, sich historisch wandelnde theoretische Erkenntnis oder Meinung über das, was sich am Himmel erblicken läßt. Unsere astronomische Erkenntnis mangelte früheren Generationen, die jedoch dasselbe sahen. Rosenberg verheddert sich in der üblichen Meinung, wir könnten prinzipiell bestimmte Gegenstände als solche sehen. Wir brauchen nur an den Blitz zu denken, »den« wir sehen, und kurz darauf folgt der Donner, »den« wir hören. Nach Rosenberg müßte hier ein tiefes Problem liegen. Wir wissen jedoch: Wir sehen einen Lichtstrahl, wir hören ein Geräusch, und wir haben als Mitglieder einer bestimmten Kultur gelernt, wie beides zustande kommt und zusammenhängt.

Als Odysseus, der Leidengeübte, Listenreiche, nach Ithaka zurückkehrte, erkannte ihn niemand außer Argos, sein alter Jagdhund – »enoese«, schreibt Homer.[4] Der Hund *sah* vermutlich ungefähr dasselbe, was die anderen auch sahen, Eumaios, der Hirt der Schweine, und Telemachos, der Sohn des Odysseus. Aber Eumaios und Telemach konnten in dem, was sie sahen, nur die ziemlich abstrakte Figur eines Bettlers erkennen, nicht mehr; sie konnten nicht erkennen, wen sie wirklich vor sich hatten. Argos hatte einen schärferen Geruchssinn und ein feineres Gehör, aber auch diese Sinne konnten nur Riechbares und Hörbares besser unterscheiden. Daß es Odysseus war, mußte der Jagdhund aufgrund der Sinneswahrnehmungen erkennen, d. h. assoziativ erinnern (wobei auch er irren konnte). War es ein philosophisch belesener Hund, dann meinte er vielleicht fälschlich, er könnte Odysseus riechen; aber dann irrte er wie seine menschlichen epistemischen Lebensgenossen, die arglos meinen und sagen, sie könnten einen Hund *sehen*. – Iphige-

4 Homer, *Odyssee* 17,301. Siehe dazu Schmitt (1990), 133.

nie erkannte plötzlich, daß der Fremde vor ihr Orest war; was sie dagegen sah, änderte sich nicht. Wenn wir flüchtig formulieren und sagen: »Iphigenie sieht Orest«, dann bleibt offen, was wir meinen: Erkennt sie den vor ihr Stehenden schon *als* ihren Bruder, oder sagen wir, die Berichtenden: Sie sah Orest, aber sie erkannte ihn nicht? Wir kehren hiermit zu dem Thema zurück, das unter dem Titel »Schlüsse« im vorigen Kapitel angesprochen wurde. Das Vorhandensein bestimmter Dinge oder Gegenstände kann nicht sinnlich aufgespürt, sondern nur unter Beihilfe der Sinne erkannt werden.

»Ich habe einen Hauptmann gesehen.« – »Aber es war kein Hauptmann. Es war der Hauptmann von Köpenick.« – »Ach so.«

Kant schreibt in der *Anthropologie in pragmatischer Hinsicht* (1798): »Wenn ich weit von mir auf einer Wiese einen Menschen zu sehen mir bewußt bin, ob ich gleich seine Augen, Nase, Mund u.s.w. zu sehen mir nicht bewußt bin, so *schließe* ich eigentlich nur, daß dies Ding ein Mensch sei; denn wollte ich darum, weil ich mir nicht bewußt bin, diese Theile des Kopfs (und so auch die übrigen Theile dieses Menschen) wahrzunehmen, die Vorstellung derselben in meiner Anschauung gar nicht zu haben behaupten, so würde ich auch nicht sagen können, daß ich einen Menschen sehe; denn aus diesen Theilvorstellungen ist die ganze (des Kopfs oder des Menschen) zusammengesetzt.«[5] Hiermit wird gesagt, daß wir im schlichten Hinsehen auf irgendwelche Phänomene diese in ihrer völligen Bestimmtheit und in ihrem Reichtum rezipieren, auch wenn wir uns dessen nicht »bewußt« sind. Und so folgt konsequent: »Daß das Feld unserer Sinnenanschauungen und Empfindungen, deren wir uns nicht bewußt sind, ob wir gleich unbezweifelt schließen können, daß wir sie haben, d. i. *dunkeler* Vorstellungen im Menschen (und so auch in Thieren), unermeßlich

5 Kant (1900ff.), VII 135 – *Anthropologie* I 1, § 5.

sei, die klaren dagegen nur unendlich wenige Punkte derselben enthalten, die dem Bewußtsein offen liegen; daß gleichsam auf der großen *Karte* des menschlichen Gemüths nur wenig Stellen *illuminirt* sind: kann uns Bewunderung über unser eigenes Wesen einflößen; denn eine höhere Macht dürfte nur rufen: es werde Licht! So würde auch ohne Zuthun des Mindesten (z. B. wenn wir einen Litterator mit allem dem nehmen, was er in seinem Gedächtniß hat) gleichsam eine halbe Welt ihm vor Augen liegen. Alles, was das bewaffnete Auge durchs Teleskop (etwa am Monde) oder durchs Mikroskop (an Infusionsthierchen) entdeckt, wird durch unsere bloßen Augen gesehen; denn diese optischen Mittel bringen ja nicht mehr Lichtstrahlen und dadurch erzeugte Bilder ins Auge, als auch ohne jene künstliche Werkzeuge sich auf der Netzhaut gemalt haben würden, sondern breiten sie nur mehr aus, um uns ihrer bewußt zu werden.«[6] Diese Auffassung besagt, daß die Gegenstände der sinnlichen Wahrnehmung nicht die spezifischen Qualitäten sind, sondern die Dinge oder Erscheinungen selbst; sie besagt, daß wir nicht z. B. einen Farbkomplex in bestimmten Formen sehen, sondern ein Haus, einen Baum, einen Menschen. Wir haben zu zeigen versucht, daß eben dies ein Schein ist, eine Überlastung der Sinne, die inkompetent sind, etwas *als etwas* zu erkennen.

»Wir wissen nicht, wie die Griechen ihre Skulpturen gesehen haben.« Wir sind sogleich geneigt, dieser Aussage zuzustimmen. Aber wer sind »wir«? Weiß ich, wie mein Nachbar antike Skulpturen »sieht«? Bei der hermeneutischen Expertise wird vorausgesetzt, daß man nicht auf das Schloß in Heidelberg oder die Ägäis, nicht auf eine altgermanische oder ägyptische Mumie, sondern just auf eine griechische Skulptur blickt und der Leser in einer gemeinsamen Welt bei dieser Identifikation folgen kann: Dies hier ist eine griechische Skulptur, das nicht. So unterschieden

6 Kant (1900 ff.), VII 135–136 – *Anthropologie* I 1, § 5.

die Griechen selbst ihre Skulpturen von ihren Marktplätzen und ihren Häusern, so taten es die Römer, so der japanische Tourist, jetzt und, falls es ihn und die Skulpturen dann noch gibt, in tausend Jahren. Was so selbstverständlich klingt und so tiefsinnig-verständnisvoll und so hermeneutisch gemeint ist, löst sich auf in nichts, sobald wir es mit den Voraussetzungen konfrontieren, die jemand braucht, um dem Leser seine Einsicht mitzuteilen. Tatsächlich können wir keine Skulpturen sehen, sondern etwas, was wir sehen, als eine Skulptur erkennen; diese Erkenntnisformen sind partiell identisch, partiell verschieden bei den Menschen, bei uns und unserem Nachbarn, bei Cicero und bei Thukydides, bei den Sklaven im Hafen von Athen und dem Schiffseigentümer aus Thrakien. Ungefähr identisch ist das, was wir optisch unterscheiden; verschieden ist unser Wissen und die Assoziations- und Gefühlspalette, in die unser Sehen und Erkennen eintaucht.

II. Dinge

Schlägt man ein Wörterbuch wie den »Brockhaus« oder »Meyer« auf, so findet man hauptsächlich zwei Klassen von Wörtern und beigefügten Illustrationen. Es gibt (deutsche, eingedeutschte oder auch fremdsprachliche) Eigennamen von einzelnen Sachen, Ereignissen und Personen; sie werden mit Abbildern illustriert, die das jeweilige singuläre Objekt wiedergeben, so daß man es in einer Reihe gleichartiger Objekte als dieses eine wiedererkennen könnte: Die Pyrenäen, den Prager Fenstersturz, Diego Velázquez. Die zweite Klasse enthält dagegen die deutschen Wörter für Begriffe von Ereignis- oder Dingklassen; die Illustration ist hier exemplarisch, und der beigegebene Text gibt keine Merkmale der Wiedererkennung von Einzelnem, sondern er bestimmt ein Ding oder einen Sachverhalt, der allgemein etwas zu etwas macht: Was macht etwas zu einem Berg (im Unterschied etwa zu einer Landebene), was macht ein Ereignis zu einem Beispiel der Wirksamkeit der Fallgesetze (im Unterschied zur Schwerelosigkeit in einer Astronautenkapsel), was macht eine Person zu einem Kunstmaler (im Gegensatz zum Anstreicher), ein Etwas zu einem Atom oder einer Welle. Der Leser soll begreifen, worum es sich handelt; dieses sein Begreifen richtet sich auf den Begriff der Sache, der macht, daß das Ding etwas Bestimmtes und als solches in einzelnen Exemplaren Erkennbares ist – »Was so und so beschaffen ist, das ist ein bzw. nennt man einen Baum, einen Vukanausbruch usw.« Herr Brockhaus, Larousse, Garanti werden bescheiden der Meinung gewesen sein, daß ein Etwas nicht deswegen ein bestimmtes Etwas ist, weil es so in ihren Lexika steht, sondern umgekehrt: Die Lexika geben in den verschiedenen Sprachen wieder, was die Sache selbst in unserer Welt zu einer bestimmten macht.

Der *Materialist* sagt: Es gibt nichts, was etwas zu etwas macht außer den Atomen, deren Bewegung und dem Raum; wir können streng genommen nur die Bewegungsgesetze der Materieteile im Raum erkennen, alles weitere ist jedoch keine Erkenntnis, sondern Folklore. Der *Nominalist*, der sich dem Materialisten gern anschließen möchte, sagt: »Recht so, die Bestimmungen, die in den Lexika genannt wurden, sind kein jeweiliges Wesen der Dinge, sondern unsere subjektiven Weisen des Sortierens: Dies Phänomen sortieren wir als Berg, jenes als Hügel, dies als Unkraut, jenes als Gift; mit den vermeintlichen Dingen selbst und an sich hat diese Tätigkeit jedoch nichts zu tun. Es gibt nichts, was von seinem Wesen her ein Tisch oder ein Schnabeltier wäre; jeden Tisch kann ich als Stuhl, als Schutzdach, Versteck und so ins Unendliche benutzen und so seine vorgebliche Tischheit als nicht existent erweisen. Die Einordnung des um 1790 neu entdeckten Schnabeltiers war eine Frage der Ökonomie und Konvention; man tut es dahin, wo es am bequemsten in die subjektive Verwaltung des Tierreichs paßt. Die australischen Ureinwohner verfuhren dabei etwas anders als die Biologen in London.«

So sind die Dinge von zwei Seiten jener Bestimmung beraubt, die wir ihnen im Vertrauen auf die Lexika und unseren Alltags- aber auch Wissenschaftsumgang zuschrieben und weiterhin gern zuschreiben möchten, objektiv, ihnen selbst. Einerseits, wendet der Materialist ein, weist der Seinsbestand der Welt die besagten Bestimmungen nicht auf, es gibt sie also nicht, und andererseits reduziert der Nominalist hilfreich alle vorgeblichen Begriffe auf Sprachzeichen. Das Ding als ein bestimmtes Solches geht im Zusammenspiel von Materialismus und Nominalismus verloren.

Das Lexikon vermittelt uns den Begriff einer Sache in einer bestimmten Sprache, unterstützt durch eine sprachunabhängige exemplarische Illustration, soweit dies letztere möglich ist. Es setzt dabei voraus, daß etwas ein bestimmtes Kraut sein kann, daneben ein Unterschlupf für Tiere, ein Störfaktor in Gärten (»Unkraut«) und vieles mehr. Die vollständigste Bestimmung liefert nicht ein Gärtner, sondern ein Biologe, der zudem erklärt, warum ein Kraut für den Gärtner ein Unkraut ist. Dies alles ist höchst pragmatisch, und mehr soll vorerst nicht unter dem Titel des Begriffs, den wir von einer Sache haben können, gesagt werden.

Was macht nun ein Etwas zu einem Atom oder vielleicht zu materieloser Energie? Was macht etwas zu einer Formel, etwas anderes zu einem Labor? Es scheint so, als entpuppten sich Materialismus und Nominalismus als Positionen, die auf den ersten Blick plausibel scheinen – die Reduktion von etwas löst leicht eine Zustimmung, gemischt mit Schadenfreude, aus: »Nicht mehr als das, wer sagt's denn.« Bei einer weiteren Reflexion schwinden jedoch die Clownerie und der schnelle Konsens. Wenn im Grunde alles aus Atomen, Bewegung und leerem Raum (und dem weiteren physischen Inventar) und nicht mehr besteht, wenn unsere Begriffe von den Sachen bloße Namen sind, wie kommt es dann zur Gegenwelt der Lexika und ihrer Belehrung nicht nur über Einzelnes, sondern sachhaltig Allgemeines? Und was macht dieses Etwas zum Atom, jenes zum Raum? Die Bastion, auf die der Materialist alles als eine notwendige und hinreichende Bedingung reduzieren möchte, erweist sich bei einiger Reflexion als immer schon übersinnlicher Hort des Idealisten und Formphilosophen, denn es bedarf einer bestimmten Funktion oder Form in einem Kontext, um etwas zu einem Atom, zu Energie oder Raum zu machen. Die in bestimmter Weise arrangierten schwarzen Striche auf weißem Untergrund sind kein Gedicht, sondern sie bilden lediglich eine vielleicht notwendige, aber nicht schon die hinreichende Bedingung für das, was das Lexikon als schriftlich fixiertes Gedicht bestimmt. So lassen sich leicht weitere Beispiele quer durch die Lexika finden, die zeigen, daß etwas zu etwas Bestimmtem nur dann wird, wenn ein materielles anonymes Substrat in bestimmter Weise geformt ist und in einem Funktionszusammenhang steht. Wenn es also bestimmte Dinge gibt, dann hat die Formbestimmung sicher den gleichen ontologischen Rang verdient wie das materielle Substrat. Die Form- oder Funktionsbestimmung kann niemals wahrgenommen werden, sondern nur als etwas Allgemeines diskursiv erkannt und dann vielleicht durch ein Exempel im Lexikon illustriert werden.

Die Identität von Dingen

In Athen wurde, so erzählt Plutarch, das Schiff aufbewahrt, mit dem Theseus nach Kreta gesegelt war und heil zurückkam. »Die Athener erhielten es dadurch, daß sie alte Planken durch neue starke ersetzten, so daß das Schiff für die Philosophen ein Beispiel für das umstrittene Problem des

Wachsens wurde, wobei einige meinten, es bleibe identisch, andere dies bestritten.«[7]

Das unverändert selbe Schiff? (Wir benutzen hier wie andere neuzeitliche Philosophen *dasselbe* Beispiel wie die antiken Philosophen; glücklicherweise brauchen wir hierfür keine neuen Holzplanken, sondern nur die Reproduktion des identischen Plutarchtextes). Dieselbe Oper? Dieselbe Kirche? Ein echter Rembrandt? Derselbe Film? Dieselbe Pflanze? Derselbe Mensch? Hier läßt sich nichts am Reißbrett entscheiden, denn die Identitätsfrage bezieht sich in jedem der genannten Fälle auf eine Kombination von Sachkenntnis, empirischer Psychologie und praktischer Dezision. Im strikten Sinn ist das Matterhorn von heute nicht mit dem von gestern identisch, wenn auch nur ein Sandkorn fehlt oder verlegt oder versehentlich vertauscht wurde; von heute nachmittag mit dem Matterhorn von heute morgen, weil seine Temperatur sich geändert hat, und so weiter bis zur kleinsten Differenz der Atome: Die wirkliche Identität ist, so scheint es, nur für den Zeitpunkt t gewährleistet; aber dieses t gibt es nicht, weil sich jede Zeiteinheit wie das Kontinuum der Wärmegrade ins Unendliche teilen läßt. Mit diesen wenigen Schachzügen haben wir die Identität selbst des Matterhorns matt gesetzt und den Granitberg widerstandslos hinabgetaucht in den heraklitischen Fluß, in dem nichts dasselbe bleibt und in den auch Berge nicht zwei Mal als dieselben steigen. Trotzdem brauchen wir für unsere Lebenspraxis relative Stabilitäten und nennen großzügig den einen Berg »Matterhorn«, was immer ihm im Lauf der Zeit widerfährt und wie weit er auch zur Bequemlichkeit der Touristen abgeflacht und eingeebnet wird; erst bei einer – sehr unwahrscheinlichen – völligen Planierung endet, tautologisch, sein bergmäßiges Dasein. Würde man

7 Plutarch, *Vitae parallelae* I 23, 1 – »Theseus«. Wie informiert man sich über Plutarch und seine Werke und wie über Theseus? – Vgl. Rosenberg (1986), 64–77 (»›Das Schiff des Theseus‹ – Eine Fallstudie«).

ihn dann nach alten Bildern gänzlich nachbauen, wären die Menschen sicher geneigt, das Nachgebilde als legitim anzuerkennen und es »Matterhorn« zu nennen.

Die Dresdner Frauenkirche wurde im Februar 1945 zu Schutt und Asche verbrannt; sie, eben diese Kirche, wird jetzt an derselben Stelle wieder aufgebaut, wobei auch einige Steine der alten Kirche verwendet werden sollen. Dasselbe Schicksal wie die Frauenkirche erlitt die Frankfurter Oper. Sie, d. h. sie selbst, wurde bereits als Alte Oper wieder aufgebaut. Die Menschen tendieren dazu, die Identität der Kirche und der Oper und Alten Oper großzügig anzuerkennen und die ganze Geschichte der zwischenzeitlichen Zerstörung und Nichtexistenz allmählich zu vergessen. Nun kommt bei den Kirchen ein identitätsstiftendes Element hinzu, das den Bergen und Schiffen und Kunstwerken als solchen fehlt: Sie sind geweiht, und die ursprüngliche Weihe kann vom Nachbau übernommen werden, so daß der Kirchenbau zwar materialiter ein anderer ist, er als geweihtes Gotteshaus jedoch seine Identität bewahrt. Nicht die Maurer und Materialisten entscheiden dann, ob ihr neues Bauwerk das alte ist, sondern der Bischof.

Farben unterliegen chemischen Prozessen; das grelle Gelb etwa der Bilder Willem Kalfs mutierte durch die Lichteinwirkung zu einer weißlichen Farbe, erzeugt durch das aus der ursprünglichen Verbindung zurückgebliebene Arsenik. Die eingedunkelten, fast unkenntlich gewordenen Farben der Sixtinischen Kapelle, die Michelangelo selbst auftrug und die noch (wenn auch verwandelt) vor einigen Jahren vorhanden und zu sehen waren, sind (außer in kleinen Demonstrationsecken) verschwunden, d. h. es sind entschieden nicht mehr die (wenn auch chemisch veränderten) *materialen* Farbstoffe Michelangelos vorhanden. Aber vielleicht *sehen* wir dieselben Farben, vermittelt durch das neue materiale Substrat einer japanischen Firma, ununterscheidbar für ein menschliches Auge: just dieses Blau im Gewand der Maria? Der Materialist wird geneigt sein, dasjenige Gemälde mit dem ursprünglichen zu identifizieren, das ein Maximum ursprünglicher materieller Farbträger aufweist. Folgt man dagegen unserer Wahrnehmungstheorie, wird man das Gemälde mit seiner Sichtbarkeit identifizieren, also in diesen und keinen anderen Farben *gesehen* zu werden; der chemisch-materielle Träger ist dann austauschbar, denn identitätsstiftend ist einzig die Form der Lichtwellen, die in uns dieselben Farbunterscheidungen auslösen.

Wir befinden uns im Park von Herrenhausen bei Hannover und halten zwei Ahornblätter in der Hand, die uns zu unserer gegen Leibniz[8] gerichteten Überraschung völlig gleich scheinen. Nehmen wir an, daß auch eine genaueste Laboruntersuchung keine Differenz feststellen kann. Sind die Blätter identisch? Numerisch natürlich nicht, denn es bleiben ja *zwei* Blätter. Und, so denken wir, irgendwann wird sich auch ein inhaltlicher Unterschied finden, wenn man die Analyse immer mehr verfeinert.

Alle Gegenstände, auf die wir uns in dieser Welt beziehen, sind (ungefähr) von der Art dieser beiden Ahornblätter. Wir unterscheiden jeden Gegenstand *numerisch* von jedem anderen, und wir nehmen an, daß die numerische Verschiedenheit von einer sachlichen begleitet ist. Wir haben den Verdacht, daß bei einer immer genaueren Untersuchung doch endlich eine Sachdifferenz zu Tage kommt und daß es weder in Herrenhausen noch sonstwo auf dieser Welt zwei gänzlich identische Gegenstände gibt. Wir können die Möglichkeit jedoch vorerst nicht ausschließen.

Wie sieht die Untersuchung der Blätter aus, die anfangs zum Resultat einer *generischen* Identität führen sollte? Wir bemerken rasch, daß wir hier ein Gedankenphantom eingesetzt haben, denn eine derartige Untersuchung ist unmög-

8 Vgl. Leibniz (1965), VII 372: »Un gentilhomme d'esprit de mes amis, en parlant avec moy en presence de Madame Electrice dans le jardin de Herrenhausen, crut qu'il trouveroit bien deux feuilles entierement semblables.« Die Kurfürstin glaubte ihm nicht, und er suchte tatsächlich lange vergeblich nach zwei völlig gleichen Blättern.

lich, ohne die beiden Blätter an verschiedenen Orten oder zu verschiedenen Zeiten zu verändern. Aber auch jedes Blatt für sich wird bei der Untersuchung verändert, und so können wir mit völliger Gewißheit und a priori sagen: Es verändert sich auch ohne Untersuchung permanent und notwendig anders als sein vermeintliches Double, einfach durch die unterschiedene Position im dynamischen Kräftetotum der Welt. Im übrigen wäre die völlige Zeitgleichheit der beiden Untersuchungsoperationen nicht empirisch zu gewährleisten, so daß man nicht feststellen kann, ob man die beiden Blätter im Hinblick auf ihre Eigenschaften wirklich synchron kontrolliert hat.

Das Ergebnis: Es gibt weder eine nachweisbare generische Identität zweier Blätter oder anderer Gegenstände noch eine numerische, denn das vorgebliche *eine* Blatt ist ein fließendes Gesamtgebilde, das uns nur aus einer gewissen Ferne und mit anthropologisch bedingter Großzügigkeit als identisch im Verlauf einer Zeitspanne vorkommt.

Der heraklitische Fluß, in dem alle Dinge sind, ist nicht widersprüchlich, auch die Rede von Gegenständen ist nicht widersprüchlich; wir müssen nur wissen, daß unsere festgefügten Dinge eher einem Vogelschwarm gleichen als dem, wofür wir sie im Alltag gern nehmen. Ihr Schwarmcharakter hat jedoch auch für den Alltag und unser Existenzgefühl Auswirkungen; wir merken immer wieder, daß wir mit Fiktionen operieren, gleichsam gefrorenen Aggregatzuständen dessen, was in seiner Mikrostruktur im Fluß bleibt.

Aber wie steht es mit dem Blatt, dem einen und dem anderen? Es ist in keinem Moment seines Daseins in seiner materialen Identität fixierbar; der Heraklitismus ist auch unter arktischen Bedingungen festgefrorener Flüsse unumstößlich gewiß. Das Blatt: ein wechselnder Atomenwirbel. Was aber macht das Blatt zum Blatt? Eine nach den vorhergehenden Ausführungen naheliegende Antwort lautet: Das Blatt am Baum (nicht das abgerissene Blatt in meiner Hand) ist durch seine Funktion bestimmt, die zwar im Medium wechselnder Materieteile realisiert ist, aber mit ihnen nicht identisch ist – die bestimmten materiellen Elemente sind eine conditio sine qua non für das Blatt-Sein, aber keine hinreichende Bedingung. Diese ist erst mit der speziellen Funktion gegeben, die das Blatt im Gesamtkomplex des Baumes zu realisieren hat. Auch der Baum ist ein Funktionszusammenhang, in dem jedes Teil sich selbst verwirklicht durch seine eigentümliche Tätigkeit, durch das, was es funktional kann, nicht durch das, was es materialiter ist. Wir erkennen in dem Ding, das vor uns steht, eine Instantiierung dessen, was ein Baum ist; das Ding präsentiert sich durch seine Farbe, Form, Dichte usw. den Sinnen, es wird als Baum erkannt, wobei diese Erkenntnis nur die allgemeinen Funktionsprädikate zur Verfügung hat, die ein Dies-da zum Baum machen. Das Ding wahrt seine Identität so lange, wie es seine identische Funktion (oder auch vielfachen Funktionen) gut oder schlecht erfüllt.

Ein abgerissenes Blatt hat dagegen seine Funktionsfähigkeit verloren und ist so wenig ein Blatt wie ein gemalter Dom ein geweihter Dom ist, in dem eine Messe zelebriert werden kann. Das nur vorgestellte oder gemalte Feuer erwärmt uns nicht, auch wenn wir in der Umgangssprache vor einem Gemälde (oder auch vor einem Spiegel) sagen: »Das da ist ein Feuer«. Weil sein Leichnam kein Mensch sei, interessierte sich Sokrates nicht weiter für dessen Verbleib. Wer ihn tot neben anderen Toten sieht, wird trotzdem sagen: »Das da ist Sokrates«.

Der tote Sokrates ist so wenig ein Mensch wie das zerbrochene Glas ein Glas, das in Energie verwandelte Stück Wachs noch Wachs und der Schutthaufen eine Kirche ist. Zum Mensch-, Glas-, Wachs- und Kirchesein gehört die Qualität, bestimmte Funktionen erfüllen zu können; ist diese Form- und Funktionsbestimmtheit noch nicht oder nicht mehr vorhanden, haben wir es mit Vorprägungen und Relikten zu tun, denen wir eine kulturbedingte Ehrung zukommen lassen. So wird man den Leichnam des Sokrates gewissermaßen im Namen seines ehemaligen Besitzers und Belebers ehrenvoll begraben.

Was ist ein Ding? Ist ein Ding nichts anderes als ein objectum, also etwas für ein gegenstehendes menschliches Subjekt? Zeigt sich uns das Ding nur als Erscheinung, wiederum: als Erscheinung für den Menschen? Ist der Stuhl ein Objekt auch des Haushundes? Aber Dinge wie Gläser und Bäume und Menschen sind etwas anderes als Objekte und Erscheinungen.

Primäre und sekundäre Qualitäten

Die Welt Demokrits und Epikurs und ihrer neuzeitlichen physikalistischen Nachfolger besteht aus zwei Stücken: der atomaren Substruktur, die zunehmend genau erforscht wird, und der rätselhaften Tünche der sekundären mentalen Qualitäten, mit der uns die kahle Atomwelt sinnlich schmackhaft und angenehm gemacht wird. Kein Neutron hat Farben, und kein atomares Geschehen ist laut und geräuschvoll, und doch leben wir auf unseren Bewußtseinsinseln im Weltenmeer so, als sei das Atomengewühle selbst angemalt und lärmend. Joseph Addison hat 1712 ein Bild der Doppelwelt entworfen, in der wir angeblich leben: »Zuletzt sorgte Gott dafür, [...] daß so viele Dinge uns schön erscheinen, um die ganze Schöpfung fröhlicher und angenehmer zu machen. Er hat fast jeder Sache unserer Lebenswelt die Kraft verliehen, eine angenehme Vorstellung [an agreeable Idea] in der Einbildungskraft hervorzurufen: So daß es uns unmöglich ist, seine Werke mit Kälte und Gleichgültigkeit anzuschauen und so viel Schönheit ohne eine geheime Zufriedenheit zu spüren und Gefallen zu empfinden. Die Dinge würden sich dem Auge als armselige Erscheinung präsentieren, wenn wir sie nur in ihren eigenen Gestalten und Bewegungen sehen würden. Und welchen Grund können wir dafür anführen, daß sie viele dieser Vorstellungen in uns erregen, die nichts mit den Dingen selbst zu tun haben (denn darum handelt es sich beim Licht und den Farben), außer diesem: dem Universum unendliche Schmuckstücke hinzuzufügen und es der Einbildungskraft angenehmer zu machen? Überall werden wir unterhalten mit gefälligen Ausblicken und Erscheinungen, wir entdecken imaginäre Ruhmesstücke im Himmel und auf Erden, und wir sehen, wie etliches von dieser visionären Schönheit sich über die ganze Schöpfung ergießt. Aber welch rauher und unansehnlicher Naturabriß würde sich uns darbieten, würden alle ihre bunten Farben und die vielen Differenzen von Licht und Schatten verschwinden? Kurz, unsere Seelen sind jetzt wunderbar verloren in einer gefälligen Illusion, und wir wandern umher wie der Verzauberte Held in einem Roman, der schöne Schlösser erblickt, Wälder und Wiesen, und der zugleich das Zwitschern der Vögel hört und das Plätschern des fließenden Wassers – wenn jedoch der geheime Zauber erlischt, zerfällt die phantastische Szene, und der verzweifelte Held findet sich auf dürrer Heide oder in einsamer Wüste. Es ist nicht unwahrscheinlich, daß die Seele sich nach der ersten Trennung vom Körper bezüglich der von der Materie erhaltenen Bilder in einem ähnlichen Zustand befindet, obwohl tatsächlich die Vorstellungen der Farben so bezaubernd und schön für die Einbildungskraft sind, daß die Seele sie vielleicht doch nicht verliert, sondern sie durch eine andere Gelegenheitsursache erregt werden, wie jetzt durch die unterschiedlichen Eindrücke der subtilen Materieteile auf das Sehorgan. – Ich habe hier unterstellt, daß der Leser mit der großen modernen Entdeckung[9] vertraut ist, die gegenwärtig von allen Naturforschern anerkannt wird: Daß Licht und Farben, wie sie von der Einbildungskraft ausgemalt werden, nur Vorstellungen im Bewußtsein [Mind] sind und keine Qualitäten, die in der Materie selbst existieren. Das

9 Tatsächlich wendet sich schon Theophrast gegen diese auf Demokrit zurückgehende Lehre in seiner Schrift *De sensibus*.

ist eine Wahrheit, die unbestreitbar durch die moderne Forschung erwiesen ist und in der Tat eine der schönsten Entdeckungen in dieser Wissenschaft darstellt. Will sich der englische Leser ausführlich über diesen Sachverhalt informieren, kann er ihn im Achten Kapitel des zweiten Buches von Herrn Lockes Essay on Human Understanding finden.«[10]

Zwei getrennte Welten – auf der einen Seite die trostlos grauen Atome und, so ergänzen wir, in unserem Gehirn die farblos-stillen neuronalen Netze, und dann auf der anderen Seite, durch einen Abgrund getrennt, die menschliche Seele (»Bewußtsein«) mit dem bunten und lauten Spiel der Sinnen- und Vorstellungswelt. Was haben unsere farbigen, geräuschvollen und duftenden Vorstellungen von der sogenannten »Außenwelt« mit deren materieller, atomar tristen Wirklichkeit zu tun? Wie passen die körperlichen harten Fakten zu der mentalen Phantasiewelt? Locke und Addison hatten eine alte, märchenhaft einfache Lösung, die das Problem des inneren Zusammenhangs von ausgedehnter Atomwelt und psychischem Innenleben aus der Welt schaffen konnte: Der große Manitu sollte vermitteln und das Körperliche mit dem Geistigen in einer uns angenehmen Weise verbinden. Aber hier muß etwas grundsätzlich falsch eingefädelt sein, wenn eine derartige Hilfe nötig wird.

Epilog

»Was ist dein Ziel in der Philosophie? – Der Fliege den Ausweg aus dem Fliegenglas zeigen.«[11]

»[Wittgenstein] und G. E. Moore philosophierten im Park des Trinity College in Cambridge über die Möglich-

10 Addison/Steele (1964), III 283–284 – *The Spectator* Nr. 413 vom Dienstag, dem 24. Juni 1712 (Übers. von R. B.).

11 Wittgenstein (1960), 407 – *Philosophische Untersuchungen* Nr. 309.

keit eines Beweises für die Existenz der Außenwelt. Moore äußerte gerade einen seiner berühmten Sätze, die im Rahmen seines eigenen Beweises eine so grundlegende Rolle spielen. Er sagte nämlich: ›Ich weiß, daß dort ein Baum steht‹, wobei er mit der Hand eine entsprechende hinweisende Geste vollführte. Während beide dabei unverwandt auf den so ausgezeichneten, vor ihnen stehenden Baum starrten, kam der Gärtner vorbei, worauf Wittgenstein diesem erläuternd beteuerte: ›Wir sind nicht verrückt, wir philosophieren nur.‹«[12]

Platon hatte schon im Dialog *Phaidros* geschrieben, zur Vorwarnung von George Edward Moore und Ludwig Wittgenstein: »Die Bäume wollen mich nichts lehren«[13], wir ergänzen für unsere Zwecke: »weder ob sie sind noch ob sie nicht sind«. Hilfreicher als das Zeigen auf Bäume ist die Lektüre von Stoikertexten, um die Kosmogonie der Außenwelt mit allen Bäumen und Colleges insgesamt zu verfolgen. Wittgensteins philosophisches Unternehmen, der Fliege den Ausweg aus dem Fliegenglas zu zeigen, ist zum Scheitern verurteilt, weil es aus diesem Glas keinen Ausweg gibt. Zum Glück ist der Mensch jedoch keine Fliege; seine eigene Reflexion kann ihm klar machen, daß das ausweglose Fliegenglas eine Fiktion ist, aus der wir entsprechend auch keinen Ausweg brauchen. Wir durchschauen das Glas, und damit ist es verschwunden.

12 Nach Gabriel (1998), 88–89.
13 Platon, *Phaidros* 230d.

KAPITEL 4

Das Ich und sein (Selbst-) Bewußtsein

RENÉ DESCARTES, *Meditationen*

ERSTE MEDITATION

Woran man zweifeln kann

1. Schon vor einer Reihe von Jahren habe ich bemerkt, wieviel Falsches ich in meiner Jugend habe gelten lassen und wie zweifelhaft alles ist, was ich hernach darauf aufgebaut, daß ich daher einmal im Leben alles von Grund aus umstoßen und von den ersten Grundlagen an neu beginnen müsse, wenn ich jemals für etwas Unerschütterliches und Bleibendes in den Wissenschaften festen Halt schaffen wollte. Indessen schien mir dies ein gewaltiges Unternehmen zu sein, und ich wartete daher dasjenige reifere Alter ab, dem keines mehr folgen würde, das geeigneter wäre, sich der Wissenschaften gründlich anzunehmen. Daher habe ich so lange gezögert, daß ich mich fernerhin schuldig machte, wenn ich die zur Ausführung noch übrige Zeit mit weiteren Bedenken vergeuden wollte. So habe ich denn heute zur rechten Zeit meine Gedanken aller Sorgen entledigt, mir ungestörte Muße in einsamer Zurückgezogenheit verschafft und werde endlich ernsthaft und unbeschwert zu diesem allgemeinen Umsturz meiner Meinungen [opiniones] *schreiten.*

2. Dazu wird es indessen nicht nötig sein zu zeigen, daß sie alle falsch sind, denn das würde ich wohl niemals erreichen können; da es jedoch nur vernünftig ist, bei dem nicht ganz Gewissen und Unzweifelhaften ebenso sorgsam seine Zustimmung zurückzuhalten wie bei offenbar Falschem, so wird es, sie alle zurückzuweisen, genügen, wenn ich in einer jeden irgendeinen Grund zu zweifeln antreffe. Auch brauche ich sie deswegen nicht alle einzeln durchzugehen, was eine endlose Arbeit wäre; ich werde vielmehr, da bei untergrabenen Fundamenten alles darauf Gebaute von selbst zusammenstürzt, den Angriff sogleich auf eben die Prinzipien richten, auf die sich alle meine früheren Meinungen stützten.

3. Alles nämlich, was ich bisher am ehesten für wahr gehalten habe, verdanke ich den Sinnen oder der Vermittlung der Sinne. Nun aber bin ich dahintergekommen, daß diese uns bisweilen täuschen, und es ist ein Gebot der Klugheit, denen niemals ganz zu trauen, die uns auch nur einmal getäuscht haben.

4. Indessen – mögen uns auch die Sinne mit Bezug auf zu kleine und entfernte Gegenstände bisweilen täuschen, so gibt es doch am Ende sehr vieles andere, woran man gar nicht zweifeln kann, wenngleich es aus denselben Quellen geschöpft ist; so z. B. daß ich jetzt hier bin, daß ich, mit meinem Winterrock angetan, am Kamin sitze, daß ich dieses Papier mit den Händen betaste und ähnliches; vollends daß diese Hände selbst, daß überhaupt mein ganzer Körper da ist, wie könnte man mir das abstreiten? Ich müßte mich denn mit ich weiß nicht welchen Wahnsinnigen vergleichen, deren ohnehin kleines Gehirn durch widerliche Dünste aus ihrer schwarzen Galle so geschwächt ist, daß sie hartnäckig behaupten, sie seien Könige, während sie bettelarm sind, oder in Purpur gekleidet, während sie nackt sind, oder sie hätten einen tönernen Kopf, oder sie seien gar Kürbisse oder aus Glas; – aber das sind eben Wahnsinnige, und ich würde ebenso wie sie von Sinnen zu sein scheinen, wenn ich mir sie zum Beispiel nehmen wollte.

5. Vortrefflich! – Als ob ich nicht ein Mensch wäre, der des Nachts zu schlafen pflegt, und dem dann genau dieselben, ja bisweilen noch weniger wahrscheinliche Dinge im Traume begegnen, als jenen im Wachen! Wie oft doch kommt es vor, daß ich mir all diese gewöhnlichen Umstände während der Nachtruhe einbilde, etwa daß ich hier bin, daß ich, mit meinem Rocke bekleidet, am Kamin sitze, während ich doch entkleidet im Bette liege! Jetzt aber schaue ich doch sicher mit wachen Augen auf dieses Papier, dies Haupt, das ich hin und her bewege, schläft doch nicht, mit Vorbedacht und Bewußtsein strecke ich meine Hand aus und fühle sie. So deutlich geschieht mir dies doch nicht im Schlaf. – Als wenn ich mich nicht entsänne, daß ich sonst auch schon im Traume durch ähnliche Gedankengänge genarrt worden bin! Denke ich einmal aufmerksamer hierüber nach, so sehe ich ganz klar, daß Wachsein und Träumen niemals durch sichere Kennzeichen unterschieden werden können, so daß ich ganz betroffen bin und gerade diese Betroffenheit mich beinahe in der Meinung bestärkt, ich träumte.

6. Meinetwegen: wir träumen. Mögen wirklich alle jene Einzelheiten nicht wahr sein, daß wir die Augen öffnen, den Kopf bewegen, die Hände ausstrecken; ja, mögen wir vielleicht gar keine solchen Hände, noch überhaupt solch einen Körper haben: so muß man in der Tat doch zugeben, das im Schlafe Gesehene seien gleichsam Bilder, die nur nach dem Muster wahrer Dinge sich abmalen konnten, daß also wenigstens dies Allgemeine: Augen, Haupt, Hände und überhaupt der ganze Körper nicht bloß eingebildet ist, sondern wirklich existiert. Sind doch auch die Maler, selbst wenn sie Sirenen und Satyre in den fremdartigsten Gestalten zu bilden versuchen, nicht imstande, ihnen in jeder Hinsicht neue Eigenschaften zuzuteilen, sondern sie mischen nur die Glieder von verschiedenen lebenden Wesen durcheinander; oder wenn sie vielleicht etwas so unerhört Neues sich ausdenken, wie man ähnliches überhaupt nie gesehen hat, das also ganz und gar erfunden und unwahr ist, so müssen doch mindestens die Farben wahr sein, aus denen sie es zusammensetzen. Aus demselben Grunde muß man, auch wenn sogar dies Allgemeine: Augen, Haupt, Hände und dergleichen nur eingebildet sein könnte, doch notwendig gestehen, daß wenigstens gewisse andere, noch einfachere und allgemeinere Dinge wahr sind, mit denen als den wahren Farben alle jenen wahren oder falschen Bilder von Dingen in unserem Bewußtsein gemalt sind.

7. Von dieser Art scheinen die Natur der Körper im allgemeinen und ihre Ausdehnung zu sein, ferner die Gestalten der ausgedehnten Dinge, ebenso die Quantität, d. i. ihre Größe und

Zahl, ebenso der Ort, an dem sie existieren, die Zeit, während der sie dauern, und dergleichen.

8. Man darf wohl mit Recht hieraus schließen, daß zwar die Physik, die Astronomie, die Medizin und alle anderen Wissenschaften, die von der Betrachtung der zusammengesetzten Dinge ausgehen, zweifelhaft sind, daß dagegen die Arithmetik, die Geometrie und andere Wissenschaften dieser Art, die nur von den allereinfachsten und allgemeinsten Gegenständen handeln und sich wenig darum kümmern, ob diese in der Wirklichkeit vorhanden sind oder nicht, etwas von zweifelloser Gewißheit enthalten. Denn ich mag wachen oder schlafen, so sind doch stets 2 + 3 = 5, das Quadrat hat nie mehr als vier Seiten, und es scheint unmöglich, daß so augenscheinliche Wahrheiten in den Verdacht der Falschheit geraten können.

9. Es ist indessen in meinem Denken eine alte Überzeugung verwurzelt, daß es einen Gott gebe, der alles vermag, und von dem ich so, wie ich bin, geschaffen wurde. Woher weiß ich aber, ob er nicht bewirkt hat, daß es überhaupt keine Erde, keinen Himmel, kein ausgedehntes Ding, keine Gestalt, keine Größe, keinen Ort gibt und daß dennoch dies alles genau so, wie es mir jetzt vorkommt, bloß da zu sein scheint; ja sogar auch so, wie ich überzeugt bin, daß andere sich bisweilen in dem irren, was sie vollkommen zu wissen meinen, ebenso könnte auch ich mich täuschen, sooft ich 2 und 3 addiere oder die Seiten des Quadrats zähle, oder was man sich noch leichteres denken mag. Aber vielleicht hat Gott nicht gewollt, daß ich mich täusche, heißt er doch der Allgütige. […]

ZWEITE MEDITATION

Über die Natur des menschlichen Geistes; daß seine Erkenntnis ursprünglicher ist als die des Körpers

1. Die gestrige Betrachtung hat mich in so gewaltige Zweifel gestürzt, daß ich sie nicht mehr vergessen kann, und doch sehe ich nicht, wie sie zu lösen sind; sondern ich bin wie bei einem unvorhergesehenen Sturz in einen tiefen Strudel so verwirrt, daß ich weder auf dem Grunde festen Fuß fassen, noch zur Oberfläche emporschwimmen kann. Dennoch will ich mich heraus arbeiten und von neuem eben den Weg versuchen, den ich gestern eingeschlagen hatte: nämlich alles von mir fernhalten, was auch nur den geringsten Zweifel zuläßt, genau so, als hätte ich sicher in Erfahrung gebracht, daß es durchaus falsch sei. Und ich will so lange weiter vordringen, bis ich irgend etwas Gewisses, oder, wenn nichts anderes, so doch wenigstens das für gewiß erkenne, daß es nichts Gewisses gibt. Nichts als einen festen und unbeweglichen Punkt verlangte Archimedes, um die ganze Erde von ihrer Stelle zu bewegen, und so darf auch ich Großes hoffen, wenn ich nur das geringste finde, das sicher und unerschütterlich ist.

2. Ich setze also voraus, daß alles, was ich sehe, falsch ist, ich glaube, daß nichts jemals existiert hat, was das trügerische Gedächtnis mir darstellt: ich habe überhaupt keine Sinne; Körper, Gestalt, Ausdehnung, Bewegung und Ort sind nichts als Chimären. Was also bleibt Wahres übrig? Vielleicht nur dies eine, daß nichts gewiß ist.

3. Aber woher weiß ich denn, daß es nichts anderes als alles bereits Aufgezählte gibt, an dem zu zweifeln auch nicht der geringste Anlaß vorliegt? Gibt es etwa einen Gott, oder wie ich den sonst nennen mag, der mir diese Vorstellungen einflößt? Weshalb aber sollte ich das annehmen, da ich doch am Ende selbst ihr Urheber sein könnte? Also wäre doch wenigstens ich irgend etwas? – Aber ich habe bereits geleugnet, daß ich irgendeinen Sinn, irgendeinen Körper habe. Doch hier stutze ich: was soll daraus folgen? Bin ich etwa so an den Körper und die Sinne gefesselt, daß ich ohne sie nicht sein kann? Indessen, ich habe mir eingeredet, daß es schlechterdings nichts in der Welt gibt: keinen Himmel, keine Erde, keine denkenden Wesen, keine Körper, also doch auch wohl mich selbst nicht? Keineswegs; sicherlich war ich, wenn ich mir etwas eingeredet habe. – Aber es gibt einen, ich weiß nicht welchen, allmächtigen und höchst verschlagenen Betrüger, der mich geflissentlich stets täuscht. –

Nun, wenn er mich täuscht, so ist es also unzweifelhaft, daß ich bin. Er täusche mich, soviel er kann, niemals wird er doch fertigbringen, daß ich nichts bin, solange ich denke, daß ich etwas sei. Und so komme ich, nachdem ich nun alles mehr als genug hin und her erwogen habe, schließlich zu der Feststellung, daß dieser Satz: »Ich bin, ich existiere«, sooft ich ihn ausspreche oder in Gedanken fasse, notwendig wahr ist.

4. Noch verstehe ich aber nicht zur Genüge, wer ich denn bin, der ich jetzt notwendig bin, und ich muß mich fernerhin hüten, daß ich nicht etwa unvorsichtigerweise etwas anderes für mich selbst ansehe und auf diese Weise sogar in der Erkenntnis abirre, von der ich behaupte, sie sei die gewisseste und einleuchtendste von allen. Ich will deshalb jetzt von neuem erwägen, was ich denn früher zu sein geglaubt habe, bevor ich auf diese Gedanken verfallen war. Davon will ich dann alles abziehen, was durch die oben beigebrachten Gründe auch nur im geringsten hat erschüttert werden können, so daß schließlich genau nur das übrigbleibt, was gewiß und unerschütterlich ist. [...].

6. Wie verhält es sich aber jetzt, wo ich annehme, daß irgendein allmächtiger und, wenn man so sagen darf, boshafter Betrüger [deceptor ... potentissimus ... malignus] *sich bemüht hat, mich in allem, soweit er vermochte, zu täuschen? Kann ich noch behaupten, auch nur das geringste von alledem zu besitzen, wovon ich oben gesagt habe, es gehöre zur Natur des Körpers? Mit gespannter Aufmerksamkeit denke ich immer wieder darüber nach, – nichts fällt mir ein, und ich werde es müde, fruchtlos immer dasselbe zu wiederholen. Wie verhält es sich aber mit dem, was ich der Seele zuschrieb, mit dem Sich-ernähren und dem Gehen? Nun, da ich jetzt überhaupt keinen Körper habe, so sind auch das nichts als Erfindungen. Empfinden? Aber auch das kommt ohne Körper nicht zustande, auch glaubte ich sehr vieles während des Traumes zu empfinden, von dem ich hernach bemerkte, daß ich es nicht empfunden hatte. Denken? Hier liegt es: Das Denken ist's, es allein kann von mir nicht getrennt werden. Ich bin, ich existiere, das ist gewiß. Wie lange aber? Nun, solange ich denke. Denn vielleicht könnte es sogar geschehen, daß ich, wenn ich ganz aufhörte zu denken, alsbald auch aufhörte zu sein. Für jetzt lasse ich aber nichts zu, als was notwendig wahr ist! Ich bin also genau nur ein denkendes Wesen, d. h. Geist, Seele, Verstand, Vernunft – lauter Ausdrücke, deren Bedeutung mir früher unbekannt war. Ich bin aber ein wahres und wahrhaft existierendes Ding, doch was für ein Ding? Nun, ich sagte es bereits – ein denkendes.*

7. Was weiter? Nun, – ich will einmal meine Einbildungskraft anstrengen! Ich bin nicht jenes Gefüge von Gliedern, das man den menschlichen Körper nennt, ich bin auch nicht die feine Luft, die diese Glieder durchdringt, nicht ein Wind, Feuer, Dunst oder Hauch oder was ich mir sonst noch ausdenken mag, habe ich doch vorausgesetzt, daß dies alles nichts ist. Diese Voraussetzung bleibt bestehen, und doch bin ich irgend etwas. Aber vielleicht fügt es sich, daß ebendieses, von dem ich voraussetze, es sei nichts, da es mir ja unbekannt ist, dennoch in Wahrheit nicht von dem Ich verschieden ist, welches ich kenne? Ich weiß es nicht, darüber streite ich jetzt noch nicht, ich kann nur urteilen über das, was ich weiß. Ich weiß, daß ich existiere, ich frage, wer jenes Ich ist, von dem ich dies weiß. Da ist es nun durchaus gewiß, daß die Kenntnis dieses genau nur so verstandenen Ich nicht von dem abhängt, von dessen Existenz ich noch nichts weiß, nicht also von irgend etwas, das ich mir in der Einbildung ausmale. Und dieses Wort: »ich male mir etwas aus«, macht mich schon auf meinen Irrtum aufmerksam; denn es wäre in der Tat nur ein Ausmalen, wenn ich mir einbildete, etwas zu sein, besagt doch »sich etwas einbilden« nichts anderes, als die Gestalt oder das Bild eines körperlichen Dinges betrachten. Nun weiß ich aber bereits gewiß, daß ich bin, und zugleich, daß möglicherweise alle diese Bilder und ganz allgemein alles, was sich nur auf die Natur des Körpers bezieht, nichts sind als Träume. Habe ich das aber einmal bemerkt, so scheint es ebenso töricht zu sagen: »ich will meine Einbildungskraft anstrengen, um deutlicher zu erkennen, wer ich bin«, wie wenn ich sagte: »zwar bin ich bereits aufgewacht und sehe schon etwas Wahres, doch da ich es noch nicht deutlich genug sehe, so will ich mir Mühe geben, wieder einzuschlafen, damit es mir meine Träume wahrer und einleuchtender darstellen«. Ich erkenne also, daß nichts von dem, was ich mit Hilfe der Einbildungskraft erfassen kann, zu der Kenntnis gehört, die ich von mir habe, daß ich vielmehr meinen Geist sehr sorgfältig davon abwenden muß, wenn ich seine Natur recht deutlich begreifen will.

8. Was aber bin ich demnach? Ein denkendes Wesen [res cogitans]*! Was heißt das? Nun, – ein Wesen, das zweifelt, einsieht, bejaht, verneint, will, nicht will und das sich auch etwas bildlich vorstellt und empfindet.*

9. In der Tat, das ist nicht wenig, wenn dies alles zu mir gehören soll! Doch wie sollte es nicht? Bin nicht ich selbst es, der jetzt fast an allem zweifelt, der dennoch manches einsieht, der behauptet, dies eine sei wahr, der das übrige leugnet, der mehr wissen möchte, der sich nicht täuschen lassen will, der sich vieles, selbst gegen seinen Willen einbildet, vieles auch, als komme es von den Sinnen her, bemerkt? Ist nicht all dies, mag ich nun stets schlafen, mag auch mein Schöpfer, soviel an ihm liegt, mich täuschen, ist nicht all dies trotzdem ebenso wahr wie mein Dasein? Was davon ist von meinem Bewußtsein [cogitatio][1] *unterscheidbar? Wovon läßt sich behaupten, daß es von mir selbst getrennt sei? Denn daß ich es bin, der zweifelt, der einsieht, der will, das ist so offenbar, daß es durch nichts noch augenscheinlicher erklärt werden kann. Ich bin aber doch auch derselbe, der ich mir etwas bildlich vorstelle; denn wenngleich etwa, wie ich angenommen habe, überhaupt nichts bildlich Vorgestellte wahr ist, so ist doch die Einbildungskraft selbst wirklich da und macht einen Teil meines Denkens aus. Schließlich bin ich derselbe, welcher wahrnimmt, d. h. der die körperlichen Dinge gleichsam mit den Sinnen bemerkt. Ich sehe doch offenbar jetzt das Licht, ich höre das Geräusch, fühle die Wärme; aber nein – das ist falsch, denn ich schlafe ja. Aber es scheint mir doch, als ob ich sähe, hörte, Wärme fühlte, das kann nicht falsch sein, das*

1 D. i. »Denken«; Gäbe übersetzt hier und an einigen weiteren einschlägigen Stellen »cogitatio« mit »Bewußtsein«; das ist sinngemäß sicher korrekt, unterstellt jedoch eine andere Terminologie bei Descartes.

eigentlich ist es, was an mir Empfinden genannt wird, und dies, genau so verstanden, ist nichts anderes als Bewußtsein.

10. Hieraus beginne ich in der Tat schon erheblich besser zu erkennen, wer ich bin. Aber doch scheint es bisher immer noch, und ich kann mich dieser Meinung gar nicht erwehren, als ob die körperlichen Dinge, deren Bilder sich in meinem Bewußtsein gestalten, und die mit den Sinnen selbst ermittelt werden, viel deutlicher erkannt würden, als dieses, ich weiß nicht was, an mir [nescio quid mei], das nicht Gegenstand der Einbildung ist, obschon es wahrhaftig wunderlich wäre, wenn ich die Dinge, die sich mir als zweifelhaft, unbekannt, mir fremd ergeben, deutlicher erfaßte als das Wahre, das mir Bekannte, kurz als mich selbst. Aber ich sehe schon, wie es sich hiermit verhält: meinem Denken [mens] macht es Freude abzuirren, er verträgt es noch nicht, sich in den Schranken der Wahrheit zu halten. Sei es also! Lassen wir ihm noch einmal die Zügel locker, um sie dann zur rechten Zeit wieder anzuziehen und ihn umso leichter lenken zu können.

11. Betrachten wir diejenigen Gegenstände, von denen man für gewöhnlich annimmt, sie von allen würden am deutlichsten begriffen, d. h. Körper, die wir betasten und sehen, und zwar nicht Körper im allgemeinen, denn diese allgemeinen Begriffe pflegen bedeutend verworrener zu sein, nehmen wir vielmehr irgendeinen Körper im besonderen, z. B. dieses Stück Wachs. Vor kurzem erst hat man es aus der Wachsscheibe gewonnen, noch verlor es nicht ganz den Geschmack des Honigs, noch blieb ein wenig zurück von dem Dufte der Blumen, aus denen es gesammelt worden; seine Farbe, Gestalt, Größe liegen offen zutage, es ist hart, auch kalt, man kann es leicht anfassen, und schlägt man mit dem Knöchel darauf, so gibt es einen Ton von sich, kurz, es besitzt alles, was erforderlich scheint, um irgendeinen Körper ganz deutlich erkennbar zu machen. Doch sieh! Während ich noch so rede, nähert man es dem Feuer, – was an Geschmack da war, geht verloren, der Geruch entschwindet, die Farbe ändert sich, es wird unförmig, wird größer, wird flüssig, wird warm, kaum mehr läßt es sich anfassen, und wenn man

darauf klopft, so wird es keinen Ton mehr von sich geben. Bleibt es denn noch dasselbe Wachs? Man muß zugeben – es bleibt, keiner leugnet es, niemand ist darüber anderer Meinung. Was an ihm also war es, das man so deutlich erkannte? Sicherlich nichts von dem, was im Bereich der Sinne lag; denn alles, was unter den Geschmack, den Geruch, das Gesicht, das Gefühl oder das Gehör fiel, ist ja jetzt verändert, und doch es bleibt – das Wachs.

12. Vielleicht war es das, was ich jetzt denke, nämlich daß das Wachs selbst zwar nicht die Süße des Honigs, nicht der Duft der Blumen, nicht die weiße Farbe, nicht die Gestalt oder der Ton war, sondern ein Körper, der mir kurz zuvor mit jenen Eigenschaften ausgezeichnet erschien, jetzt mit anderen? Was ist aber genau das, was ich mir so bildlich vorstelle? Betrachten wir es aufmerksam, entfernen wir alles, was nicht dem Wachse zugehört, und sehen wir zu, was übrigbleibt! Nun – nichts anderes, als etwas Ausgedehntes, Biegsames und Veränderliches. Was aber ist dieses Biegsame, Veränderliche? Etwa, daß ich mir bildlich ausmale, wie dieses Wachs aus der runden Gestalt in die quadratische oder aus dieser in die dreieckige übergehen kann? Keineswegs! denn ich begreife wohl, daß es unzähliger derartiger Veränderungen fähig ist, und dennoch kann ich diese unzähligen Veränderungen nicht bildlich durchlaufen, es wird also dieser Begriff von der Einbildungskraft nicht zustande gebracht. Und was ist das Ausgedehnte? Ist etwa auch seine Ausdehnung mir unbekannt? Denn im schmelzenden Wachs wird sie größer, noch größer im siedenden, und sie wächst weiter, wenn die Hitze weiter zunimmt. Auch werde ich, was das Wachs ist, nur richtig beurteilen, wenn ich annehme, daß es auch der Ausdehnung nach noch mehr Verschiedenheiten zuläßt, als ich jemals in einer bildlichen Vorstellung umfaßt habe. Es bleibt mir also nichts übrig als zuzugeben, daß ich, was das Wachs ist, mir gar nicht bildlich ausmalen, sondern nur denkend begreifen kann. Und dies sage ich von dem einzelnen Stücke Wachs: denn vom Wachs überhaupt ist es noch klarer. Was aber ist dieses Wachs, das sich nur denkend begreifen läßt? Nun, das-

selbe, das ich sehe, das ich betaste, das ich mir bildlich vorstelle, kurz, dasselbe was ich von Anfang an gemeint habe; aber – wohlgemerkt – seine Erkenntnis ist nicht Sehen, nicht Berühren, nicht Einbilden und ist es auch nie gewesen, wenngleich es früher so schien, sondern sie ist eine Einsicht einzig und allein des Verstandes, die entweder, wie früher, unvollkommen und verworren, oder, wie jetzt, klar und deutlich sein kann, je nachdem ich mit größerer oder geringerer Aufmerksamkeit auf ihre Bestandteile achte.

13. Indessen wundere ich mich, wie sehr doch mein Denken zu Irrtümern neigt; denn wenngleich ich das Obige schweigend und ohne zu reden bei mir erwäge, bleibe ich doch an den Worten hängen und lasse mich beinahe durch den Sprachgebrauch beirren. Sagen wir doch: wir sehen das Wachs selbst, wenn es da ist, und nicht: wir urteilen nach der Farbe und der Gestalt, daß es da sei. Und daraus möchte ich am liebsten gleich schließen, daß man also das Wachs mit der Sehkraft der Augen und nicht mit Verstandeseinsicht allein [solius mentis inspectione][2] *erkennt. Doch da sehe ich zufällig vom Fenster aus Menschen auf der Straße vorübergehen, von denen ich ebenfalls, genau wie vom Wachse, gewohnt bin zu sagen: ich sehe sie, und doch sehe ich nichts als die Hüte und Kleider, unter denen sich ja Automaten verbergen könnten! Ich urteile aber, daß es Menschen sind. Und so erkenne ich das, was ich mit meinen Augen zu sehen vermeinte, einzig und allein durch die meinem Denken innewohnende Fähigkeit zu urteilen.*

14. Doch will man klüger als die Menge sein, so sollte man sich schämen, in Redensarten, die doch die Menge erfunden hat, Zweifelsgründe zu suchen. Fahren wir also fort und geben wir acht, ob ich damals vollkommener und einleuchtender erkannte, was das Wachs sei, als ich es zuerst erblickte und glaubte, es mit den äußeren Sinnen oder doch mit dem sogenannten Ge-

2 Die Erkenntnis des Verstandes führt nicht zum Wesen des Wachses im aristotelischen Sinn, sondern zur Erkenntnis des Wachses als einer res extensa – aber damit ist das, was das Wachs als solches ausmacht, gerade verloren gegangen.

meinsinn, d. h. mit der Einbildungskraft zu erkennen oder vielmehr jetzt, nachdem ich sorgfältig untersucht habe, was es ist und wie es erkannt wird. Sicher wäre es töricht, darüber Zweifel zu hegen. Denn was war in der ersten Auffassung überhaupt deutlich? Was hätte nicht ebenso gut jedes Tier? Wenn ich nun aber das Wachs von seinen äußeren Formen unterscheide, ihm gleichsam seine Kleider ausziehe und es nackt betrachte, so kann ich es, wenngleich immer noch ein Irrtum in meinem Urteile nicht ausgeschlossen ist, doch wirklich nicht ohne den menschlichen Geist begreifen.

15. Was aber soll ich von diesem Geiste selbst oder von meinem Ich [de me ipso] *sagen, denn bis jetzt rechne ich nichts anderes zu mir selbst als den Geist? Ich, der ich dieses Wachs so deutlich zu erkennen meine, sollte ich mich selbst nicht nur viel wahrer, viel gewisser, aber auch viel deutlicher und einleuchtender erkennen? Denn wenn ich urteile, daß das Wachs existiert, weil ich es sehe, so folgt doch eben daraus, daß ich es sehe, weit augenscheinlicher, daß ich selbst existiere. Denn es kann sehr wohl sein, daß das, was ich sehe, nicht wirklich Wachs ist, es kann sogar sein, daß ich überhaupt keine Augen habe, etwas zu sehen, aber es ist ganz unmöglich, daß, während ich sehe, oder – was ich für jetzt nicht unterscheide – während ich das Bewußtsein habe* [cum cogitem] *zu sehen, ich selbst, der ich dieses Bewußtsein* [cogitans] *habe, nicht irgend etwas bin. In ähnlicher Weise, wenn ich urteile, daß das Wachs existiere, weil ich es betaste, so folgt daraus wiederum dasselbe, nämlich daß ich bin, wenn deswegen, weil ich es mir bildlich vorstelle, oder aus sonst irgendeinem Grunde, so folgt wieder ganz dasselbe. Ich darf aber eben das, was ich hier vom Wachs bemerke, auch auf alles übrige, was außer mir ist, anwenden. Ferner aber: Wenn die Erkenntnis des Wachses deutlicher schien, nachdem es mir nicht nur durch das Gesicht, oder durch den Tastsinn, sondern aus einer Reihe von Gründen bekannt geworden ist, um wieviel deutlicher muß, wie man zugeben wird, ich jetzt mich selbst erkennen, da ja dieselben Gründe, die zur Erkenntnis des Wachses oder irgendeines sonstigen Körpers beitragen können, alle noch besser die Natur meines Geistes kenntlich machen. Aber es gibt überdies noch so vieles andere in meinem Geist, wodurch seine Erkenntnis verdeutlicht werden kann, daß all das, was vom Körper her in sie eingeht, offenbar kaum in Betracht kommt.*

16. Und sieh da! so bin ich schließlich ganz von selbst dahin zurückgekehrt, wohin ich wollte. Denn da ich jetzt weiß, daß ja selbst die Körper nicht eigentlich durch die Sinne oder durch die Einbildungskraft, sondern einzig und allein durch den Verstand erkannt werden, nicht dadurch, daß man sie betastet oder sieht, sondern daß man sie denkt: so erkenne ich ganz offenbar, daß ich nichts leichter und augenscheinlicher erkennen kann – als meinen Geist. Aber da sich alte Meinungen, an die man sich gewöhnt hat, nicht so schnell ablegen lassen, scheint es mir gut, hier einzuhalten, damit sich diese neuerworbene Erkenntnis durch längeres Nachdenken meinem Gedächtnis tiefer einprägt.

Erläuterung

Descartes' heute bekannteste Schrift, die *Meditationes de prima philosophia, in quibus Dei existentia et animae humanae a corpore distinctio demonstrantur*[3], erschien 1641; sieben zeitgenössische Philosophen ließen Descartes (1596–1650) ihre Einwände zukommen, die dieser 1649 mit seinen Antworten herausgab. In den Überblicken über die Geschichte der Philosophie wird Descartes' Schrift als das bahnbrechende Werk der neuzeitlichen Subjekt- und Bewußtseinsphilosophie angesehen. Nur das denkende Ego

3 *Meditationen, in denen Gottes Existenz und die Unterschiedenheit der menschlichen Seele vom Körper bewiesen werden.* In einer anderen Variante: »Renati Descartes, *Meditationes de Prima Philosophia, in quibus Dei existentia et Animae Immortalitas demonstra[n]tur*«. Statt »immortalitas« auch »immaterialitas«. Die Immaterialität der Seele läßt sich nach Descartes philosophisch demonstrieren, die Unsterblichkeit dagegen hängt von der Willkür Gottes ab, der auch eine immaterielle Substanz vernichten kann.

selbst, so versucht unser Text zu zeigen, rettet sich als klar und distinkt erkannte Wirklichkeit aus dem Zweifelsstrudel, in den alle Überzeugungen gezogen werden können. Das »cogito« soll als der archimedische Punkt aller weiteren Erkenntnis dienen. Aber dann folgt in der dritten Meditation (die wir hier nicht mehr bringen konnten) ein irritierender Rückzug von der selbstreferentiellen Gewißheit des »Ich denke, ich bin«. Selbst diese Ich-Gewißheit *scheint* noch bezweifelbar angesichts der denkbaren Erkenntnisstörung durch einen »genius malignus«, eines fingierbaren Täuscherdämons. Erst wenn wir, so zeigt die dritte Meditation, erst wenn wir eine klare und distinkte Erkenntnis Gottes als eines allmächtigen und gütigen Wesens gewinnen, ist auch dieser letzte Zweifels*schein* beseitigt. Gott kann uns weder im Hinblick auf unsere Ich- noch unsere Außenweltüberzeugung täuschen wollen; es gibt also, so schließt Descartes, außer der »res cogitans« auch die »res extensa«, die wir in der Geometrie erkennen (als solche interessiert sich ja die Geometrie nicht dafür, ob ihre Annahmen und Konstrukte auch welthaft real sind). So sind wir zur klaren und distinkten und also zweifelsimmunen Erkenntnis der metaphysischen Trias Gott, Ich, Welt gelangt. Am Ende dürfen auch die meisten Alltagsüberzeugungen wieder hereinspazieren, sie können nur keinen Anspruch auf den Status einer wissenschaftlichen Erkenntnis erheben. – Eine Kurzfassung der *Meditationen* bringt Descartes schon im *Discours de la méthode* von 1637.

Zur ersten Meditation: Der Autor hat in seinem bisherigen Leben vielerlei Falschem die Zustimmung (»assensio«) gegeben und ist so nicht nur zu wahren, sondern auch zu falschen Überzeugungen oder Meinungen (»opiniones«) gelangt. Erstrebt wird ein gegen Irrtümer immunes Wissensfundament. Die Erforschung der subjektiven Überzeugungen, die wahr, aber auch falsch sein können und daher untauglich für das Projekt sind, führt zuerst zu den äußeren Sinnen, denen wir aus lebenspraktischen Gründen besonders vertrauen. Sie präsentieren jedoch bei sehr undeutlichen fernen oder bei kleinen Gegenständen häufig kontrollierbar Falsches. Auch bei dem Gegenstand optimaler Wahrnehmung, nämlich beim eigenen Körper, kommt es in zwei Fällen zu einer »assensio« und Meinung, die nicht gut wahr sein kann, nämlich im Wahn, der wenige betrifft, und im Traum, den alle kennen. Die Überzeugung, man habe z. B. einen ganz anderen Körper (Wahn) oder liege jetzt nicht im Bett, sondern sitze am Feuer (Traum), diese Meinung disqualifiziert das gesamte Verfahren, nach dem der Selbsterfahrung des eigenen Körpers zugestimmt wird. Aber auch in der Arithmetik und Geometrie (»und anderen ähnlichen Wissenschaften«) entstehen falsche Überzeugungen, wiewohl ihre Strukturen gegen jede Außen-, auch gegen eine Eigen-Körpertäuschung immun sind; sie gleichen hierin den Farben, die immer »veri colores« sind, ob wir sie nun auf Bildern oder wirklichen Gegenständen sehen.[4] Der Zweifelsprozeß hebt also mit fernen äußeren Gegenständen an, geht dann zum eigenen Körper und endet bei rein geistigen Operationen. Gegen die zweifelsfreie Gewißheit der letztgenannten Strukturen wird einmal angeführt, es komme auch hier zu Irrtümern (»[...] judico interdum alios errare circa ea quae se perfectissime scire arbitrantur«[5]), sodann wird in einem letzten Schritt ein »genius malignus« zitiert, dessen hypothetische Annahme den Philosophen zum endgültigen Zweifel selbst an den Überzeugungen im Hinblick auf diese außenweltindifferenten Gegenstände bringt, auch wenn dies aufgrund der Lebensgewohnheit faktisch kaum möglich ist.

Zur zweiten Meditation: Bei allem Zweifel, auch bei der imaginierten Täuschung durch einen »genius malignus«, bleibt doch unbezweifelbar das »ego sum« während des

4 Die »veri colores« werden also nur als Vergleichspunkt genannt; Descartes verteidigt hier keine bestimmte Sehtheorie.
5 Descartes (1964 ff.), VII 21,8–9 – Erste Meditation, Abs. 9.

Zweifels und der Täuschung. Alles Körperliche konnte fortgedacht werden, die »cogitatio« selbst jedoch nicht und mit ihr die vielerlei mentalen Formen in uns – alle unsere Meinungen, Gefühle, Sinnesvorstellungen als solche. Wie nun bei einem Stück Wachs bei allem Wechsel nur die reine Ausdehnung mit ihren geometrischen Bestimmungen übrig bleibt und somit dessen eigentliches Wesen ausmacht, dessen ich mir als eines im Wechsel Identischen völlig gewiß sein kann, so finde ich mit noch größerer Gewißheit in mir die pure Bestimmung der reinen »mens«, des reinen Geistes. Ich kann also erschließen, daß ich die bei allem Wechsel identische »sola mens« bin.

Noch eine Bemerkung zu der schon erwähnten Einklammerung selbst noch der Ich-Gewißheit in der dritten Meditation, die den »genius malignus« und die durch ihn drohende Erkenntniszerrüttung als eine zwar abwegige, aber doch noch irgendwie denkbare »opinio« erneut ins Spiel bringt und erst mit dem Beweis der Existenz eines allmächtigen und gütigen Gottes endgültig eliminiert. Es muß erstens wahr sein, daß ich etwas bin, wann immer ich denke; daß es zweitens auch in Zukunft niemals falsch werden kann, daß ich jetzt bin; daß es drittens nicht sein kann, daß 2 + 3 = 5 falsch ist und desgleichen ähnliche Sachverhalte, in deren Negation ich einen Widerspruch erkenne (»[...] in quibus scilicet repugnantiam agnosco manifestam«[6]). Aber könnte ich nicht jedesmal einer Täuschung unterliegen, selbst in den Sachverhalten, deren Leugnung mir widersprüchlich erscheint? Eben: Nicht widersprüchlich *ist*, sondern für *mich* ist, *mir* scheint, also vielleicht wiederum nur subjektiv, nur psychologisch ist. Der Gottesbeweis hat die Funktion, diese letzte Bastion eines möglichen subjektiven Scheins zu schleifen und durch eine für jede Wahrheitserkenntnis konstitutive göttliche Halterung zu ersetzen. Was das moderne Ohr herausfiltert (die Selbstreferenz des Ego

6 Descartes (1964 ff.), VII 36,15–21 – Dritte Meditation, Abs. 4.

und das wahrheitsautonome »ego cogito«), ist für Descartes also eine doch noch prekäre, einem letzten Zweifel nicht gewachsene, vielleicht bloß subjektive Überzeugung. Die unmittelbare psychologische Gewißheit des Sich-selbst-Denkens bedarf der Vermittlung durch eine Autorität.

Außer dem (höchst problematischen) zweifelstechnischen Aspekt sieht man hier eine Weltanschauung, gemäß der sich das Ich weder des eigenen Ich noch der Welt wirklich bemächtigen kann, wenn es sich der Zustimmung Gottes nicht gewiß ist. Aber zugleich wird hier ein zentrales Motiv der *Meditationen* deutlich: Die (nicht abgeschlossene, erst postum veröffentlichte) Frühschrift der *Regulae ad directionem ingenii* (vor Ende 1628) sah die klare und distinkte intuitive Erkenntnis, deren Leugnung (für mich) widersprüchlich ist (z. B. 2 + 3 = 5), als die unübertreffbare Fundierung menschlichen Wissens an; jetzt will Descartes zeigen, daß auch an dem, was uns klar und distinkt scheint, noch ein Zweifel (wenn auch nur in Form einer Meinung) möglich ist und daß der Mensch, ohne in Gott aufgehoben zu sein, einem letzten skeptischen Verdacht ausgeliefert ist. Die Skepsis ist nur dann wirklich zu überwinden, wenn die Wahrheit unter der Bedingung der Wahrhaftigkeit Gottes erkannt wird.

Weiterführende Reflexionen

Descartes' *Meditationen* faszinieren bis heute. Mit kurzen, scharf umrissenen Gedankenzügen werden wir in einen alles erfassenden Zweifel hineingezogen und dann durch eben diesen Zweifel selbst gerettet. Die cartesische Philosophie setzte sich als neuer Denkstil gegen zwei andere Richtungen durch, gegen die Scholastik mit ihren Wälzern voller Spitzfindigkeiten, Zitaten und Wortklaubereien, und gegen die neue Skepsis, die die Möglichkeit menschlicher Erkenntnis überhaupt in Frage stellte. Descartes will beide überwinden, den (spät)scholastischen Dogmatismus und den neuen Skeptizismus. Ist ihm diese Überwindung gelungen?

Wir bemerken zunächst, daß der meditierende Philosoph problemlos einen Normalzustand der Meinungen von Typen pathologischer Abweichung unterscheidet; er kann daher von »wahr« und »falsch« im Hinblick auf Meinungsinhalte reden. Er erzeugt jedoch in seiner Meditation ein Gleichgewicht der je subjektiven wahren oder falschen Überzeugungen in den drei Gegenstandsklassen und gelangt am Ende zu dem Ergebnis, daß *alle* Überzeugungen im Hinblick auf ihre Inhalte täuschungsanfällig sind. Dies sei noch einmal näher erläutert:

Äußere Gegenstände, eigener Körper, formale Wissenschaften; diese drei Zweifelsstufen fanden wir in der ersten Meditation:

1. Sinneswahrnehmung äußerer Gegenstände; Fehlerquelle: zu große Ferne oder Nähe und dgl.
2. Evidenz des eigenen Körpers; Fehlerquelle: Wahn (Qualität meines Körpers) oder Traum (momentaner Ort meines Körpers).
3. Rein mentale Strukturen; Fehlerquelle: Unachtsamkeit oder genius malignus.

Descartes bedient sich hiermit der alten Gliederung von äußeren Dingen, meinem eigenen Körper und meiner Seele, die zuerst in ethischen Fragen verwendet wurde. (Worum soll ich mich eigentlich kümmern?)[7] Diese Dreiheit soll gewährleisten, daß die bezweifelten Bereiche vollständig sind.[8]

Auf allen drei Gebieten gelangen wir, so meint Descartes, der meditierende Philosoph, zu kontrollierbar richtigen oder falschen Meinungen. Die raffinierte Anlage des Zwei-

7 Vgl. Brandt (1998), 41 ff.

8 Vgl. die Ausführungen zur Konstellation von Begriffen im vorliegenden Buch S. 70 f.

fels hebt nun diese Wahr-Falsch-Unterscheidung aus den Angeln, denn ihre Grundlage kann prinzipiell nur die subjektive Überzeugung sein, und die ist bei jedem, der sich täuscht oder der getäuscht wird, die gleiche wie auch bei dem, der aus der Betrachterperspektive das Sortieren nach wahr und falsch vornimmt: Im Hinblick auf die subjektive Evidenz sind beide Seiten gleichberechtigt, damit aber zeigt sich, daß auch der Betrachter über kein wirkliches Kriterium seiner Zuordnung verfügt – alles verfällt also dem potentiellen Falschsein.

Die subjektive *Evidenz* ist, so lernen wir, kein hinreichender Grund für die *Wahrheit* dessen, wovon jemand überzeugt ist, denn es gibt viele Evidenzen, die sich gegenseitig ausschließen. Luther, Calvin, Zwingli, der Papst: Jeder appelliert an seine Evidenz, aber dieses Kriterium reicht bei aller Beteuerung prinzipiell nicht zum Erweis der Wahrheit aus. Der eine Gläubige ist hiervon felsenfest überzeugt, der andere just vom Gegenteil – wie kommen wir aus dem Dilemma der immer bloß subjektiven Evidenzen und ehernen Überzeugungen heraus? (Ein Thema der neueren, nicht der antiken Skepsis.)

Descartes' drei Zweifelsstufen von äußeren Gegenständen über den eigenen Körper zu bloß mentalen Strukturen sind so angelegt, daß die je folgende Stufe die spezifische Wahr-Falsch-Unterscheidung der vorhergehenden obsolet macht. Aber schon auf jeder Stufe selbst paralysiert die Kontrastierung der subjektiven Überzeugungen eine wirkliche Wahrheitsfindung, denn die pathologische Deformation, die der meditierende Descartes der jeweils gesunden und wahrheitsfähigen Seite entgegenstellt, ist in der Ebene der subjektiven Meinung als solche nicht erkennbar und bringt damit notwendig, so argumentiert der Autor, auch die Überzeugung der Gegenseite in Verruf. Unter dem Aspekt der subjektiven Überzeugung gelangen wir also zu einer Isosthenie (Gleichgewichtigkeit) der gegenläufigen Meinungen.

Wir sind somit zur Einsicht gelangt, daß wir bisher gewissermaßen im »status naturalis« der bloß subjektiven gegenstrebigen Meinungen lebten. Wie bei Thomas Hobbes im Naturzustand jeder ein subjektives Recht auf alles haben soll, so ist bei Descartes jeder von seiner jeweiligen Meinung als einer wahren überzeugt. Damit fällt dort jedes wirkliche Recht, hier jede fundierte Wahrheit fort, denn was mir gehört, gehört auch allen anderen, und wovon ich überzeugt bin, widerspricht wirklich oder potentiell den Überzeugungen anderer, sogar meinen eigenen in anderen Zuständen oder anderer Aufmerksamkeit. Wie kommen wir zum »status civilis« einer gesicherten Wissenschaft und damit zu einer gemeinsamen Welt mit (gesicherten exklusiven Rechten und) unbezweifelbaren, also von allen notwendig teilbaren Erkenntnissen?

Wo also finden wir einen festen Punkt für die geplante Wissenschaft? Im Aufdecken der Meinungsmisere selbst soll er liegen, denn das Subjekt, das den Zweifel zweifellos durchführt, dieses Subjekt entgehe selbst notwendig dem Prozeß, den es führe. Der Zweifelnde sei zweifelsimmun existent: »Ego sum«, das sei gewiß.

Der Leser, der sich durch keine Autoritäten einschüchtern läßt, kann an wenigstens zwei Stellen Einspruch gegen Descartes erheben. Einerseits ist zur Durchführung des Zweifels vieles Nichtgenannte als unbezweifelbar implizit vorausgesetzt, und andererseits ist die Freude über das gerettete Ego doch getrübt, denn Descartes hat sich seiner selbst nur mit zweifelhaft-dubiosen Mitteln vergewissert, und das Ego, das klar und distinkt erkennbar sein soll, erweist sich, so schon das Urteil von Zeitgenossen, als wahrhafte Chimäre, vorne Ich selbst, in der Mitte purer Geist, der ich nicht bin, und hinten ein Ichweißnichtwas.

Zu dem vielen Nichtgenannten, das der Zweifel oder der Zweifelnde nicht zu bezweifeln vermag oder in seiner Zweifelsinszenierung nicht bezweifeln will, gehört einmal, wie wir wissen, der SvW und die von ihm ausgesagte allgemeinste Seinsbestimmtheit. An keiner Stelle zieht Descartes den SvW in Zweifel![9] Implizit gilt: Jeder Traum, jede noch so extravagante Meinung kann nicht eben dieses sein und zugleich nicht sein. Gegen Parmenides ist auch der schlaue »genius malignus«, will er sich nicht in Nichts auflösen, machtlos: »Dies aber wirst du mir nicht bezwingen, daß das Sein nicht das ist, was es ist.« Ohne den SvW können grundsätzlich Wahrheit nicht von Falschheit und die Meinung nicht vom gesuchten Wissen und nicht vom Zweifel selbst *unterschieden* werden, ohne ihn ist also kein Zweifel denkbar oder formulierbar. Ohne ihn wäre das finale »Ego cogito« nicht unterscheidbar vom »Ego non cogito«. Aber es ist nicht nur der SvW, der sich hier glorreich hervortut, sondern die gesamte vom Zweifel beanspruchte formale Logik. Descartes holt sie aus guten Gründen nicht auf seine Zweifels-Bühne, denn der Zweifel an ihnen würde sich selbst und damit die ganze Aufführung aufheben. Man könnte gegen diesen Einwand sagen, daß der SvW als Denkbestimmung des »cogito« mitgeführt und gerettet wird; dies widerspricht jedoch der cartesischen Argumentation, denn einmal sollte der Satz als zweifelsimmun *genannt* werden (wodurch die *Meditationen* einen anderen Verlauf nehmen würden), zum anderen ist Descartes nicht der Meinung, der SvW sei lediglich eine Denkbestimmung. Der Gott, den er in der dritten Meditation als eine von unserem Denken oder Bewußtsein unabhängige Entität erkennt, darf nicht widersprüchlich sein; Gott kann gewiß nicht bonus und malignus usw. zugleich sein. Der SvW als ein logisch-ontologisches Prinzip, das allen Zweifel, jede

9 Dies gilt auch für die dritte Meditation, in der noch an der Gewißheit bestimmter Relationen, deren Leugnung als widersprüchlich erkannt wird (»[…] in quibus scilicet repugnantiam agnosco manifestam«, VII 36,20–21), gezweifelt wird; unter den Zweifel fällt natürlich nicht das allgemeine Widerspruchsprinzip. Zur Anerkennung des Prinzips als eines unbezweifelbaren Axioms vgl. auch Descartes (1964 ff.), VIII 1,1 – *Principia philosophiae* I 49.

Gewißheit und alles Seiende erst ermöglicht und das gegen jeden Zweifel immun ist, wird vorausgesetzt und verschwiegen. Was bleibt von den *Meditationen*, wenn diese Voraussetzung aufgedeckt ist?

Sodann ist natürlich kein Zweifel an der Wirklichkeit der wahren oder falschen Überzeugungen als solcher möglich. Da ist der zugewehte Traum, ich sei tot und würde gerade jammervoll beerdigt; die feste Überzeugung, daß es nur einen Fluß von Meinungen gibt und daß das vorgebliche Ich, das diese Meinungen meinen soll, ein bloßes Phantom, also der Inhalt einer falschen Meinung ist. Was dabei über allen Zweifel erhaben ist und auch von Descartes nicht explizit bezweifelt wird, sind die Meinungsereignisse selbst. Wir gelangen also zu einer weiteren mit den cartesischen Mitteln nicht bezweifelbaren Gewißheit vor oder neben dem Ich, der Realität von wahren oder falschen Meinungen, die vorbeiziehen, vielleicht wie ichlose Wolken am Nordpol, aber immerhin.

Wie steht es mit der *Zeit* des Meditierens? Die Meditationen vollziehen sich während einer bestimmten Dauer, denn der Zweifel ist diskursiver Natur. Descartes setzt sich morgens an den Kamin, er beginnt zu denken, er denkt und denkt bis zum Abend. Wir können diese vergehende Zeit jedoch nicht nur an der explizit genannten Dauer des tagelangen Meditierens sehen, sondern auch an folgender Alternative. Der Zweifel ist entweder ein zeitloser Gedanke oder ein real vollzogenes Denken. Im ersten Fall wäre er die Entität, die subjektinvariant all den Denkvollzügen zugrunde liegt, die diesen Gedanken zu einer bestimmten Zeit nachvollziehen. Bei Descartes nun kann nur dieser Vollzug des realen Denkens selbst gemeint sein, denn der Gedanke als solcher wird nicht von einem bestimmten Ich gedacht, dieses Ich aber will Descartes gerade dingfest machen. Im datierbaren Zweifel wird also die Gegebenheit der ihm inhärenten Zeit mitgeführt, daher entzieht sie sich jedem möglichen Zweifel und gehört nicht, wie Descartes es möchte, nur zur bezweifelbaren Außenwelt.[10]

Soll auch die *Sprache* zum unbezweifelbaren Mitgeführten zählen? Die Zeit der Meditationen ist keine leere Zeit, sondern wird von der diskursiven Überlegung erfüllt, die Descartes im inneren Sinn vollzieht, und diese Überlegung ist zweifellos in irgendeiner (hier: der französischen oder lateinischen) Sprache realisiert. – Wir können in einem Nebengedanken zur Zeit und zur Sprache zwei Argumente von Kant und Wittgenstein anführen, die den Solipsismus der res cogitans ohne göttliche Beihilfe sprengen. Kants »Widerlegung des Idealismus« in der *Kritik der reinen Vernunft* beginnt so: »Ich bin mir meines Daseins als in der Zeit bestimmt bewußt. Alle Zeitbestimmung setzt etwas *Beharrliches* in der Wahrnehmung voraus. Dieses Beharrliche aber kann nicht etwas in mir sein«,[11] also könne es nur etwas Beharrliches im Raum sein, das unabhängig von meiner Vorstellung existiert. Damit ist nach Kant bewiesen, daß die Zeitbestimmung des inneren Sinnes etwas unabhängig Beharrliches im Raum – Descartes' res extensa – voraussetzt. Eine parallele Überlegung bezüglich der Sprache läßt sich dem sogenannten Privatsprachenargument Wittgensteins entnehmen.[12] Es besagt, daß eine Sprache aus semantischen Gründen öffentlich sein muß; da nun Descartes' Denken sprachlich mitteilbar artikuliert ist, setzt er in seinen Zweifelsakten die Öffentlichkeit immer schon voraus.

Von besonderem Gewicht ist unser erster Punkt. Der Zweifel, aber auch der Wahn und der Traum, sind angewie-

10 Descartes nennt sie VII 20,18–19 als zur Außenwelt gehörig. Vermutlich legt Descartes die Zeitdefinition von Aristoteles zugrunde, gemäß der die Zeit die Zahl der Bewegung im Hinblick auf das Früher und Später ist (*Physik* 219b [u. ö.]); sie gehört also nach der cartesischen Trennung von res cogitans und res extensa auf die Seite der res extensa.

11 Kant (1998), 321 – *Kritik der reinen Vernunft* B 275.

12 Wittgenstein (1984 ff.) – *Philosophische Untersuchungen* § 243 ff. Dazu HWPh VII, Sp. 1383–1388 – »Privatsprachenargument«.

sen auf logisch-ontologische Prinzipien, um überhaupt artikuliert zu werden oder Wahn und Traum mit ihren Chimären *sein* zu können. Descartes entgeht jedoch der Nachfrage nach diesen Prinzipien, indem er suggeriert, der Zweifel richte sich nicht auf Gewisses überhaupt, sondern nur auf *Seins*gewißheiten wie die Beschaffenheit sinnlich wahrnehmbarer Dinge bis hin zum eigenen Körper; auch die Zahlen könne man diesen seienden Dingen noch zurechnen. Ist die »prima philosophia«, der sich die *Meditationen* zurechnen, nicht eine Ontologie, eine Lehre vom Sein und Seienden? Ist der gesuchte archimedische Punkt nicht ein sicher gewußtes Sein? Die drohende Gefahr ist also, so scheint es, nicht der Skeptizismus, sondern der (noch nicht so benannte) Nihilismus! Gegen das drohende *Nichts* wird die Heerschar des Seienden, das Ich, Gott und die gesamte ausgedehnte Welt als unbezweifelbar erwiesen.

Aber Descartes will an schlechthin allen Überzeugungen und Meinungen zweifeln, dazu müßte auch der Zweifel am SvW und an der weiteren Logik gehören. Wir halten schon hier fest: Da der Zweifel nicht bezweifelbare logisch-ontologische Prinzipien enthält, können diese nicht erst dem *Fall* einer vorgeblich gewissen Erkenntnis, etwa der des »Ego cogito«, entnommen werden. Es geht nur umgekehrt: Weil die logischen Prinzipien gelten, läßt sich das wahre vom falschen Urteil unterscheiden, der nahe vom fernen Gegenstand, der gläserne vom nicht gläsernen Körper und das »Ego cogito« vom »Ego non cogito«. Diese Unterscheidungsleistungen setzen voraus, daß z. B. das wahre Urteil als solches (also nicht im Einzelfall) vom falschen Urteil unterschieden ist und deswegen von uns unterschieden werden kann. Dasselbe gilt vom »Ego cogito«, das aufgrund des vorausgesetzten Prinzips vom ausgeschlossenen Widerspruch von dem, was es nicht ist, unterschieden ist und deswegen als bestimmtes überhaupt entdeckt und gedacht werden kann.

Der Zweifel

Es ist kein realer Zweifel z. B. an der Körperwelt, den Descartes hier äußert, denn er wird sich hüten, sich dem Kamin einmal wirklich zu nähern – das Feuer wird zwar in seiner Existenz bezweifelt, aber nur mit einem vorgestellten Theaterzweifel. Descartes handelt nicht vom unvorstellbaren Schmerz der Verbrennung, sondern von der nicht zweifelsimmunen *Vorstellung* des Schmerzes oder des Feuers. Genügt der Theaterzweifel der Vorstellungen für das Ziel, das Ich als unbezweifelbares Subjekt zu erweisen und zum »Ego sum« zu gelangen? Der Zweifel hat sicher nicht methodisch den Ausschluß aller körperlichen Gegebenheit aus dem Ich gezeigt und damit erwiesen, daß das spirituelle Rest-Ich, das Descartes aus dem Zweifelsregreß erschließt, noch für sich existenzfähig ist und eine »res cogitans« bilden kann.

Wahn und Traum imaginieren unterschiedliche eigene Körper, sie könnten auch den je eigenen Tod imaginieren. Daraus darf der zweifelnde Philosoph jedoch nicht die Konsequenz ziehen, daß auch das »cogito«, weil ja bezweifelbar, nicht zu dem gesuchten Wissensfundament gehört. Er unterläuft die geträumte Ich-Abschaffung und den damit möglichen Zweifel, ob das Ich nicht mit den übrigen Meinungs*inhalten* als ungewiß beiseite gestellt werden muß. Es wird rational erschlossen, daß es hinter den Ich- und Nicht-ich-Überzeugungen ein zweifelsresistentes Ich geben *muß*. Dieser Schluß findet jedoch noch auf dem Territorium des Naturzustandes statt und ist nicht gesichert.

»Propria libertate utens« – der cartesische Zweifel ist ein Akt der Freiheit, wie er selbst betont.[13] Zwei Fragen dazu: Nutzt Platon nicht dieselbe Freiheit beim Abfassen seiner Dialoge? Und Aristoteles? Bringt die Freiheitsdeklaration des Autors einen Erkenntnisgewinn, der etwa die *Meditationen* gegenüber dem *Leviathan* des Erzdeterministen

13 Vgl. Descartes (1964 ff.), VII 12 – »Synopsis«, Abs. 2.

Thomas Hobbes auszeichnet? Philosophiert nach Descartes jeder »propria libertate utens« oder, wie Francis Bacon sagt, »ex libertate judicii«[14]; auch der Determinist? Sodann: In den *Meditationen* selbst lesen wir, unser Urteil, d.h. unser Wille, sei frei nur in der Zustimmung zu dem klar und deutlich Erkannten.[15] Ist damit der Zweifelsregreß frei, oder gehört er wie sein Gegenstand in den Bereich der unfreien Meinungen? Hier öffnet sich das weite Feld der cartesischen Urteils- und Willenslehre, das wir den Experten überlassen.

Ego sum, nemo sum?

Das »cogito« soll inhaltsindifferent allen wahren und falschen Meinungen und auch dem Zweifel zugrunde liegen, den Wahnvorstellungen des Schizophrenen, unseren nächtlichen vielleicht nie erinnerten Träumen und dem störenden Einfall des »genius malignus«. In der zweiten Meditation wird bestimmt, was diese in allem identische »cogitatio« des Näheren ist. Es ist die »res cogitans«, die Grundlage des Ensembles der mentalen Akte und Zustände. Wir können schnell erkennen, daß diese »res cogitans«, die der meditierende Philosoph – noch irrtumsanfällig! – als erste Wahrheit erschließt, in den subjektiven Überzeugungen nie auftauchte. Wir behaupten jedoch gegen Descartes: Keinem Menschen ist das cartesische Ego je in seinen Vorstellungen begegnet. Eben dies hat schon David Hume 1739 festgehalten; Hume hatte auf der Suche nach der cartesischen »res cogitans« in sich selbst herumgeblickt und keine entsprechende Vorstellung entdecken können: »Ich meines Teils kann, wenn ich mir das, was ich als *ich* [*myself*] bezeichne, so unmittelbar als irgendmöglich vergegenwärtige, nicht umhin, jedesmal über die eine oder andere bestimmte Per-

14 Bacon (1962–63), I 185 – *Novum Organum* I, LXXVII.
15 Descartes (1964 ff.), VII 57–58 – Vierte Meditation, Abs. 8.

zeption zu stolpern, die Perzeption der Wärme oder Kälte, des Lichtes oder Schattens, der Liebe oder des Hasses, der Lust oder Unlust. Niemals treffe ich *mich* ohne eine Perzeption an, und niemals kann ich etwas anderes beobachten als eine Perzeption. [...] Wenn jemand nach ernstlichem und vorurteilslosem Nachdenken eine andere Vorstellung von *sich selbst* [notion of *himself*] zu haben meint, so bekenne ich, daß ich mit ihm nicht länger zu streiten weiß. [...] Er nimmt vielleicht etwas Einfaches und Dauerndes in sich wahr, was er ›*sich selbst*‹ nennt; darum bin ich doch gewiß, daß sich in mir kein derartiges Prinzip [principle] findet.«[16] Wir glauben etwas, fühlen, wollen, träumen, aber unter diesen Denk- oder Vorstellungsinhalten begegnet uns nie unser »Ich«, und wir fassen dies alles auch nicht in einer vom Körper separierten, vorstellbaren oder auch nur wirklich denkbaren »cogitatio« zusammen. Es ist eine vom Autor *erschlossene*, postulierte Entität, die sich nun an die Stelle dessen setzt, was ich, Ich, tatsächlich für mich und für andere bin: Ich, als der wir in der Natur und Gesellschaft auftreten und dabei nur ungern auf unseren Körper verzichten. Descartes enteignet den Menschen auf der Grundlage eines problematischen Zweifels und setzt an die Stelle des jeweiligen Ich-Ensembles, auf das sich jeder jeweils bezieht (»Wer läutet?« – »Ich«), eine rein mentale res cogitans, die nicht denkbar und, so weit wir wissen, nicht denkfähig ist. (Descartes wird in der sechsten Meditation vom »me totum, quatenus ex corpore et mente sum compositus« [»mich ganz, so weit ich aus dem Körper und dem Geist zusammengesetzt bin«[17]] sprechen, aber diesem Komposit-Ich geht die *substantielle* Trennung voraus, und sie bleibt in ihm erhalten.)

Descartes sucht in Parallele zur rein mentalen »res cogitans«, die in allem Wechsel identisch sei, das Identische am

16 Hume (1989), I 326–327 – *A Treatise of Human Nature* I 4, 6, Abs. 3.
17 Descartes (1964 ff.), VII 81 – Sechste Meditation, Abs. 14.

Stück Wachs; dies sei die rein intelligibel erkennbare bloße Ausdehnung.[18] Wir können mit aller Sicherheit sagen, daß das Wachssein des Stückes Wachs bei dieser Identitätsbestimmung verloren gegangen ist, denn aus bloßer Ausdehnung werde ich keine Kerzen machen können, ich kann mit ihr keinen Fußboden bohnern und kann sie auch sonst nicht brauchen; will ich auf dem Markt wenigstens einen Tauschwert erzielen, werde ich finden, daß mir niemand die bloße Ausdehnung mit dem Warenschild »Wachs« oder »Wachsessenz« abzunehmen geneigt ist. Selbst ein Geometer wird an meinem Stand vorbeigehen, weil er über differenzlose Ausdehnung schon im Überfluß verfügt. Und wo bleibt die Ausdehnung bei der Überführung des Wachses in Energie beim Verbrennen? Was Wachs ist, läßt sich weder sinnlich wahrnehmen noch auf die Ausdehnung reduzieren, sondern nur an einem Ensemble von Eigenschaften und Vermögen erkennen; eben diese Erkenntnis eliminiert Descartes jedoch. Dasselbe gilt mutatis mutandis bezüglich des rein mentalen Ich: Beim analytischen Rückgang auf die »sola mens« geht verloren, was mich selbst ausmacht, und es bleibt übrig ein Gedankending, das nur in der cartesischen Theorie zu Hause ist.

Die Ich-Gewißheit soll nach Descartes nicht ein *Fall* von klarer und deutlicher Erkenntnis sein, sondern soll umgekehrt selbst als unüberholbares Muster und als Kriterium einer solchen Erkenntnis dienen. Damit gibt Descartes der Erkenntnis eine empiristische Grundlage. Er verschwieg, wie wir sahen, daß schon zur Durchführung des Zweifels und selbst zur Ermöglichung subjektiver Wahn- und Traumüberzeugungen bestimmte Prinzipien vorausgesetzt werden. Diese Prinzipien können nicht subjektiv bedingt sein und werden bei jedem wahnhaften oder nicht wahnhaften Meinen und Zweifeln und Erkennen ebenso vorausgesetzt wie bei jedem bestimmten Seienden. Die empiristi-

18 Descartes (1964ff.), VII 30–32 – Zweite Meditation, Abs. 11–13.

sche Geistesvolte bei Descartes soll jedoch erweisen, daß die Prinzipien des Erkennens allererst aus der evident klaren und distinkten Icherkenntnis und ihrer endgültigen Absicherung durch Gott gewonnen werden. Was aber heißt »clare et distincte« für sich? Ich muß die Begriffe kennen, um sie im Fall der Ich-Erkenntnis verwenden zu können.

Ich, Bewußtsein, Selbstbewußtsein

»Ich« – der Sprecher, der sich mit diesem Wort aktual auf sich selbst bezieht, wird bei der Nachfrage, was er genau mit diesem Wort oder Begriff gemeint hat, verdutzt sein, denn niemand, der sprachkompetent ist, fragt, wenn jemand »Ich« sagt, *was* mit diesem »Ich« exakt gemeint ist, sondern allenfalls, *wer* »ich« gesagt oder geschrieben hat. Wer sich mit dem Problem nicht ausführlicher befaßt hat, kann auf die abwegige Frage, *was* nun des näheren dieses Ich ist, nicht antworten, sondern nur den Kopf schütteln über die Extravaganz dieser Nachfrage. Und doch ist es relativ einfach, zu zeigen, daß die Frage nach der näheren Bedeutung des »Ich« ihre Berechtigung haben kann, auch in der Geschäftsabwicklung des Alltags, so wie bei der Antwort: »Hier« und »Jetzt« zwar nicht nach der Bedeutung des »Hier« und »Jetzt« gefragt wird, wohl aber nach der Extension: »Hier ist es warm« – in der Stube? Im Land? Auf der nördlichen Hemisphäre? »In Gedanken ging ich die Treppe hinauf, und ich wollte doch [...].« Ging *ich*, oder sollten wir sagen, daß hier ein gewohnheitsmäßiges Steuersystem die Bewegungslenkung übernommen hat, an der *ich* gerade nicht teilhatte, denn ich wollte etwas anderes tun? Descartes sagt: »Ich träumte«. Nein, mir träumte; ich war Opfer des Traums; aber: »Ich erzählte von meinem Traum«.

Ich mit abtrünnigen Provinzen, mit Neubauten in Sumpflandschaften, mittendrin ein Ich-Behaupter, der über wenig Kenntnisse und weniger Macht verfügt, aber sich einbildet, alles geschehe durch seinen Willen, der bei jeder unpassenden Gelegenheit sofort »Ich!« ruft, »C'est moi! Moi!« Er weiß so viel und so wenig von sich selbst, wie er die Geographie und die Geschichte, Gegenwart und Zukunft des Landes kennt, von dem er meint, er sei und beherrsche das alles selbst.

Einige Jäger unterhalten sich über ihre Jagdzüge, einer von ihnen erwähnt den Hund, der unter dem Tisch liegt – der Hund hört seinen Namen und steht auf: Er ist gemeint – »Ich bin gemeint«. Verfügt er über eine Vorstellung vom Ich, von sich? Ist er seiner selbst bewußt? Jemand hebt einen Stock, um den Hund zu schlagen; dieser flieht sofort, weil er *sich* bedroht sieht.

Kant bezieht sich am Anfang der *Anthropologie in pragmatischer Hinsicht* nicht auf das »Ich«-Sagen, sondern auf die Vorstellung vom Ich, die eine Grenze zwischen Mensch und Tier markieren soll: »Daß der Mensch in seiner Vorstellung das Ich haben kann, erhebt ihn unendlich über alle andere auf Erden lebende Wesen. Dadurch ist er eine *Person* und vermöge der Einheit des Bewußtseins bei allen Veränderungen, die ihm zustoßen mögen, eine und dieselbe Person. d. i. ein von *Sachen*, dergleichen die vernunftlosen Thiere sind, mit denen man nach Belieben schalten und walten kann, durch Rang und Würde ganz unterschiedenes Wesen, selbst wenn er das Ich noch nicht sprechen kann [...].«[19] – »Wenn ein Pferd den Gedanken Ich fassen könnte, so würde ich heruntersteigen und es als meine Gesellschaft betrachten müssen.«[20] – »[...] in seiner Vorstellung das Ich haben« und »den Gedanken Ich fassen« – was heißt das genau? Sind wir tatsächlich dazu in der Lage, des Wolkenwortes »Ich« habhaft zu werden? Kann umgekehrt ein Tier dezidiert keine der vielen möglichen Ich-Vorstellungen haben?

19 Kant (1900ff.), VII 127 – *Anthropologie in pragmatischer Hinsicht* I 1, § 1.
20 Kant (1900ff.), XXV 859 – *Menschenkunde*.

Ich. Auf einer altgriechischen Vase steht: »Ich wurde von Pheidippos gemacht.« Ich: Sagen kann es auch der Papagei: »Ich«; aber, so wissen wir, er weiß nicht, was er sagt, er kennt die Bedeutung des Wortes nicht. Aber er weiß offenbar, daß er gemeint ist, wenn sein Name genannt wird. Er muß, wenn er sich putzt und wenn er beim Fliegen durch das Geäst der Tropenbäume die Spanne seiner Flügel einschätzt, ein Selbstgefühl haben. Nicht wenig: Er kann »Ich« sagen und hat ein Bewußtsein seiner selbst. Wie verhält sich das unleugbare tierische Selbstgefühl oder Selbstbewußtsein zu dem Analogon beim Menschen? Was steckt hinter dem Menschen-Ich?

»Bewußt«, »unbewußt« und »selbstbewußt« sind Wörter der Umgangssprache und der empirischen Psychologie; zugleich sind sie Termini philosophischer Theorien geworden; man kann seit Descartes von einer »Bewußtseinsphilosophie« sprechen. Das philosophisch relevante Bewußtsein scheint ein geschlossener (aber irgendwo auch offener, ausdehnungsloser) teils beleuchteter, teils dunkler[21] Container zu sein, in dem bestimmte Inhalte aufgestapelt sind: Zweifel, Erkennen, Bejahung, Verneinung, Wollen, Nichtwollen, Vorstellen, Fühlen usw.[22] Beim Vorstellen werden auch die Vorstellungen der sogenannten Außenwelt aufgestapelt, Philosophen fragen sich, ob es eine wirkliche Außenwelt außerhalb des Bewußtseins gibt.

Wir wissen schon: Es gibt keine Außenwelt, weil der Container eine Chimäre ist, Chimären aber kennen notorisch keine Außenwelt. Das identische Tier unterscheidet Lust- von Schmerzerregung und oben und unten, auch rechts und links, kalt und warm; Menschen besitzen dieselbe Kompetenz, steigern sie jedoch bis zur Urteilsbildung mit ihrem Unterscheiden des Unterscheidens vom Unter-

21 Vgl. Kant (1900 ff.), VII 135 – *Anthropologie in pragmatischer Hinsicht* I 1, § 5. Vgl. im vorliegenden Band S. 84 f.

22 Vgl. die Aufzählung Descartes (1964 ff.), VII 28 – Zweite Meditation, Abs. 8.

schiedenen und, voller Selbstbewußtsein, der Chimären von den Nichtchimären. – Kann der Begriff des Bewußtseins und des Selbstbewußtsein aus der Philosophie verbannt werden?

Das Rollen-Ich. Zwischenspiel

»Ut comoedi [...] personam induunt: sic ego, hoc mundi theatrum conscensurus, [...] larvatus prodeo« (»Wie die Schauspieler sich mit einer Maske verkleiden, so trete auch ich, der ich dieses Theater der Welt betreten will, [...] maskiert hervor«). Mit diesem Satz beginnt Descartes seine »Cogitationes privatae« im Januar 1619.[23] In den privaten Notizen wird die öffentliche Welt als Schauspiel, als theatrum mundi, angesehen; Descartes reflektiert über sein Rollenspiel, in dem er nicht derjenige ist, der er ist.

»Larvatus prodeo.« Kaiser Augustus fragte die um sein Sterbebett Versammelten: »Habe ich die Komödie des Lebens gut gespielt?«[24] Die Maske, von der Descartes spricht, ist nicht nur die, die er sich aufsetzt und von innen über seinem wahren eigenen Gesicht spürt, sie ist vornehmlich die Maske, die andere sehen und die sie sagen läßt: »Das da ist Descartes!« Der Maskierte imaginiert sich als Gesehenen und macht sich so zurecht, wie er gesehen werden möchte, nicht wie er ist, d.h. wie er glaubt zu sein. Aber was ist das maskenlose Ich? »Ego cogito, ego sum«, aber welches Ich bin ich? Mehr und anderes als die immer neuen Vorstellungen im Fluß der »cogitationes«, unter denen das reine Ich nie vorkommt? Ist das Ich unabhängig vom Ensemble seiner Vorstellungen erkennbar? Augustus ist der Akteur und ist es zugleich nicht, denn er trennt sich von seiner Lebensrolle. Ich bin dieses Ich und bin es nicht. Wir meinen, wir

23 Descartes (1964ff.), X 213. Die Metapher des »theatrum mundi« ist seit der Antike vertraut, vgl. Curtius (1961), 148–154.
24 Vgl. Sueton (1993), 175 – »Divus Augustus« 99.

könnten uns in bestimmten Schnittstellen des Lebens vom formierten Maskenspiel verabsentieren – aber wer sind wir dann? Auch der letzte Vorhang vor dem Totenbett des Kaisers gehört noch zur Staffage der Bühne, es ist sein letzter Auftritt, er, Schauspieler und Kaiser, erwartet Applaus für sein Lebens-Schauspiel-Werk. Mit dem Schauspiel endet sein Leben, denn ohne die Bühne und ihre Masken ist er nichts.

Das forensische »Ich selbst«

Der Ort des »Ich selbst« liege, so meinte John Locke, nicht in der theoretischen, sondern in der praktischen Philosophie. In diesem Sinn sprach er vom Begriff des identischen Ich als einem »forensick term«: »Der Name für dieses *Selbst* ist so, wie ich das Wort fasse, *Person*. Überall, wo jemand das findet, was er sein *Ich-Selbst* nennt, kann jemand anders meines Erachtens sagen, es sei dieselbe *Person*. Es ist ein juristischer Ausdruck [Forensick Term], mit dem sich jemand Handlungen und das, was sie verdienen [their Merit], zueignet; er findet also nur bei vernunftbegabten Akteuren [intelligent Agents] Anwendung, für die es ein Gesetz und Glück und Unglück geben kann. Diese Persönlichkeit [personality] erstreckt ihr *Selbst* [it *self*] vom gegenwärtigen Dasein in die Vergangenheit [to what is past] nur durch das Bewußtsein [consciousness], wodurch sie besorgt [concerned] und verantwortlich [accountable] wird und sich *selbst* [it *self*] vergangene Handlungen mit derselben Begründung [ground] und aus derselben Ursache zueignet und zurechnet wie die gegenwärtigen.«[25] Als wesentlich forensische Größe ist der Begriff des Ich in einen rechtlich geordneten gesellschaftlichen oder auch theologischen Zusammenhang gestellt; es ist die politische oder reli-

25 Locke (1968), I 435–436 – *An Essay Concerning Human Understanding* II 27,26.

giöse Organisation mit Gesetzgebung und Rechtsprechung, die das Ich der Person auf Erden und vor dem Jüngsten Gericht erfordert. Man könnte fortfahren und annehmen, daß die politisch strukturierte Gesellschaft die notwendigen und hinreichenden Kriterien festlegt, gemäß denen die »Ich«-Rede sachhaltig wird. Über eine persönliche Identität verfügen Menschen, die nach einer eigenen Vorstellung handeln (sc. Handlungen ausführen oder unterlassen) können, die überzeugt sind, Autor der Handlung zu sein[26] und die sich an dieses ihr Handeln zu erinnern vermögen, auch wenn sie sie zu einem späteren Zeitpunkt gern unterlassen hätten, d. h. wünschen, sie nicht begangen zu haben und sich selbst als eine andere Person fühlen. Sie können in der Gesellschaft (und vor Gott) ihr eigenes Selbst nicht nach Wunsch und Überzeugung wechseln. Wesen, die die genannten Fähigkeiten nicht haben, verfügen über keine persönliche Identität (Kinder, Tiere, geistig Verwirrte).

Dieser Ich-Selbst-Gedanke ist unentbehrlich beim menschlichen, verantwortlichen Handeln und, wir ergänzen, zu diesem Handeln gehört auch das Erkennen. Wir müssen wissen, daß wir selbst etwas mit Vorsatz tun, also auch die Möglichkeit haben, es nicht zu tun. In diesem Unterscheiden und Tun und Unterlassen, Bejahen und Verneinen konstituiert sich das praktische und theoretische Ich-Selbst als unverzichtbarer Grund des Handelns und Erkennens. Wir können uns dadurch als Täter und Erkennende identifizieren, und andere Menschen können im Rekurs auf dieses Ich-Selbst-Wissen mit uns als den verantwortlichen Akteuren verfahren: Du hast diese Handlung begangen, an die du dich als deine eigene erinnern kannst.

Für philosophiegeschichtlich Interessierte: Lockes Idee des Sich-Selbst-Zueignens von Handlungen, die man selbst in einer vergangenen Zeit begangen hat, ist fundiert in dem-

26 Diese Überzeugung kann richtig oder falsch sein; ein Determinist (der nicht zugleich Kompatibilist ist) hält sie für falsch.

selben »appropriate«, das Locke innerhalb seiner Rechtstheorie auch zur Möglichkeit des ursprünglichen Erwerbs von Sachen durch Arbeit verwendet; er geht damit in beiden Theoriestücken auf die oikeiosis-Lehre der Stoa zurück.

Subjektiv-Objektiv; Subjekt-Objekt[27]

»Die Alpen liegen südlich von München«. »Die Alpen liegen im Süden«. »Die Alpen liegen links von mir«.

Der spätantike Philosophiehistoriker Diogenes Laertius schreibt in seinem *Leben und Meinungen berühmter Philosophen*[28] im Abschnitt über die Skeptiker: »Der zehnte Tropus[29] gründet sich auf gegenseitige Vergleichung der Dinge, wie z. B. des Leichten mit dem Schweren, des Starken mit dem Schwachen, des Größeren mit dem Kleineren, des Oben mit dem Unten. Was rechts liegt, ist nicht seiner Natur nach rechts, sondern wird nur so vorgestellt in Ansehung seiner Lage zu dem Gegenstück; wird dieses also umgestellt, dann ist jenes nicht mehr das rechts Liegende. Ähnlich steht es auch mit ›Vater‹ und ›Bruder‹ als bloßen Vergleichungsvorstellungen und mit dem Tag im Verhältnis zur Sonne und mit allem im Verhältnis zum Geist [καὶ πάντα ὡς πρός τὴν διάνοιαν][30]. Das bloß Verhältnismäßige ist also unerkennbar an und für sich.«

Dieser kaum beachtete Text der skeptischen Philosophie formuliert im Grunde das Prinzip der neuzeitlichen Subjektphilosophie. »Alles« (»panta«) sei nicht als Ding an sich erkennbar, sondern nur, wie wir neuzeitlich formulieren,

27 Es folgt zu diesem Komplex ein kurzes Aperçu; eine umfangreiche Einführung geben die Artikel »Subjekt« bis »Subjektivität« in: HWPh X, Sp. 373–473.

28 Diogenes (1967), 205–206 – Buch IX, 11, »Pyrrhon«, 87–88.

29 »Tropus« bedeutet hier »Typ des Zweifels«.

30 In der Übersetzung steht fälschlich, aber typisch »im Verhältnis zu unserem Geist« (sc. dem exklusiv menschlichen).

als *Objekt* im Hinblick auf den Geist qua *Subjekt*.[31] Die Antike und das Mittelalter kennen die Korrelatbegriffe »subjektiv–objektiv« und »Subjekt–Objekt« nicht, aber in der hellenistischen oder spätantiken Skepsis wird genau das Prinzip formuliert, das diesen neuzeitlichen Begriffen zugrunde liegt.

Was heißt genau: »subjektiv«, und korrespondierend: »objektiv«? Wir machen von beiden Begriffen in der Umgangssprache Gebrauch, etwa bei der Beschreibung von Empfindungs- oder Wahrnehmungszuständen. »Mir ist kalt« – ein nur *subjektives* Empfinden, denn das Thermometer zeigt *objektiv* 25 Grad Wärme im Zimmer. Jedermann weiß, was mit »subjektiv« und »objektiv« ungefähr gemeint ist, auch wenn es schwer fällt, genau zu sagen, wie die beiden Begriffe aufeinander verweisen und eine dritte Möglichkeit ausschließen.

In antiken medizinischen und philosophischen Texten wird intensiv von Empfindungen und den empfundenen oder wahrgenommenen Dingen gehandelt, bei Demokrit, in der Sophistik, bei Platon und Aristoteles, um nur einige Bereiche zu nennen, aber von einem Begriffspaar »subjektiv« und »objektiv« wird dabei kein Gebrauch gemacht. Häufig findet sich jedoch diese skeptisch-neuzeitliche Begrifflichkeit in den Übersetzungen antiker Texte in eine neuzeitliche Sprache. Nicht der Inhalt ändert sich dann, sondern das Bezugssystem, in den dieser integriert wird. Es ist, als ob ich die Aussage »Die Alpen liegen südlich von München« in einer Übersetzung stillschweigend transformiere in die Aussage: »Die Alpen liegen rechts von dir«. Auch die angemerkte Änderung der eben zitierten Übersetzung, in der aus »im Verhältnis zum Geist« zu »im Verhältnis zu *unserem* Geist« wird, ist symptomatisch für die neu-

31 Vgl. Striker (1983), 107–108. Die beiden Präfixe »sub-« (= »unter«) und »ob-« (= »nach...hin«; »vor«; »gegen«) haben keine ursprüngliche Kontrastbeziehung zueinander.

zeitliche subjektivistische Wende. Der Mensch setzt sich in den subjektiven Schnittpunkt der Koordinaten, und weder die Götter noch die Tiere läßt er an diesem Null- und Zentralpunkt teilhaben. Diese Arroganz findet sich nicht in dem antiken skeptischen Text, wie die falsche Übersetzung des »zu *unserem* (sc. menschlichen) Geist« suggerieren möchte. In der neuzeitlichen Korrelation »subjektiv–objektiv« ist den Tieren der Eintritt verwehrt, obwohl man ihnen Empfindungen und Wahrnehmungen zugestehen möchte; aber die Dignität, Subjekt zu sein und etwas subjektiv auf sich zu beziehen, wird ihnen nicht zugestanden.

Descartes schreibt noch in den *Meditationen*: »[...] semper quidem aliquam rem ut subjectum cogitationis apprehendo«, Gäbe übersetzt: »[...] so stelle ich mir zwar stets etwas als Objekt meines Bewußtseins vor«.[32] Man sieht an dieser ganz richtigen, obwohl falschen Übersetzung, daß der eigentliche cartesische Gedanke nur dadurch wiederzugeben ist, daß das Subjekt zum Objekt wird. Diese Verkehrung gibt es schon bei Descartes selbst in einem anderen Text,[33] und sie liegt in seiner Theorieintention: Der Mensch ist das alleinige Subjekt, und was ihm in der Welt begegnet und worüber er nachdenkt, sind Objekte nach seiner, des Subjekts, Maßgabe, zwar nicht in der Form der Identität etwa von subjektiven Wärmeempfindungen mit der Temperatur selbst, doch so, daß die Fixierung dessen, was unter einer objektiven Temperatur im Gegensatz zur subjektiven zu verstehen ist, vom Menschen nicht als empfindendem, sondern erkennendem Subjekt fixiert wird.

Es gehört zu den Leistungen der Kantischen Philosophie, daß sie das (nur) Subjektive in der sogenannten Transzendentalphilosophie so faßt, daß durch das erkennende Subjekt Objekte konstituiert werden, und zwar so, daß wir

32 Descartes (1964 ff.), VII 37 – Dritte Meditation, Abs. 5.
33 Zu dieser Verkehrung vgl. schon Descartes (1964 ff.), VII 232 ff. – *Meditationes*, »Quartae Responsiones«.

Objekte als solche in der Form von Allgemeinheit und Notwendigkeit erkennen, also keineswegs »subjektiv« im üblichen Wortsinn. Die transzendentale Bestimmung des Subjekts ist geschichts- und kulturinvariant; ob also jemand Mann oder Frau, Hopi-Indianer oder Altägypter ist, soll für das transzendentale Subjekt, das Natur und Naturerkenntnis ermöglicht, völlig gleichgültig sein. Der Subjektivismus Kantischer Prägung wirkt somit der Relativierung der Naturerkenntnis gerade entgegen. Descartes brauchte noch, um dieses Ziel zu erreichen, die Einhilfe des wahrhaftigen Gottes. Kant muß jedoch die Naturerkenntnis so konzipieren, daß die Objekte oder Gegenstände unsere Erscheinungen sind; sie haben keinen Anspruch mehr, Dinge an und für sich selbst zu sein. Objekt-Sein heißt: Sich den grundsätzlichen Erkenntnisbedingungen des Subjekts unterwerfen. »Die Bedingungen a priori einer möglichen Erfahrung überhaupt sind zugleich Bedingungen der Möglichkeit der Gegenstände der Erfahrung.«[34] (Eine Alternative wäre, daß sowohl die Dinge wie auch die Erkenntnis identischen Bedingungen unterliegen, an denen sie partizipieren; diese Struktur fanden wir als zwingende beim SvW).

Wie tiefgreifend die subjektivistisch-relativistische Wende der Neuzeit auch das Alltagsdenken der Gebildeten bestimmt, wird erkennbar in Äußerungen wie: »Der Urwald ist für die Pygmäen etwas gänzlich anderes als für uns«. In der Antike würde dies nur ein Skeptiker behaupten, jetzt sagt es fast jedermann. Der philosophische Bühnenwechsel läßt sich leicht erkennen. Mit der subjektivistischen Wende verschwindet die Substanz der Dinge an sich und weicht in der Nachfolge Kants einem Bündel von Eigenschaften, die sich uns in der Lebenswelt und wechselnden Kultur jeweils anders darstellen. Das Ding ist dann ein Ensemble dieser perspektivisch selektierten Eigenschaften; der Substanz-

34 Kant (1998), 218 – *Kritik der reinen Vernunft* A 111.

begriff weicht dem Funktionsbegriff. Nun ist das Eigenschafts- oder Funktionsbündel der Pygmäen ein anderes als das des europäischen Biologen und das der Rodungsfirma, die den Urwald für immer beseitigt. Was für den Wald in den Tropen gilt, das gilt für den Berg in der Stadt, auf den wir als Kinder mühsam hinaufstiegen und der uns jetzt kaum noch ein Hügel zu sein scheint. So entstehen differente Welten je nach subjektiver Perspektive. Das Objekt ist kein substantielles Ding an sich, sondern eine Funktion des Subjekts; ändert sich dieses, so ändert sich auch das Objekt. Es heißt entsprechend: Die Griechen hätten in der ihnen eigentümlichen Anschauung gelebt; im Mittelalter habe man die Objekte wieder ganz anders gesehen; jede Kultur stifte eben ihre eigenen Perspektiven, jeder Mensch, jedes Alter des Menschen. Es gibt demnach keine reale gemeinsame Dingwelt, sondern nur perspektivisch bestimmte Ansichten. Eine gemeinsame Welt findet sich dann nicht mehr in den Dingen, sondern in der wesentlich sprachlichen Kommunikation der Menschen über etwas. Auf dieses letzte Thema der Funktion der Sprache kommen wir im nächsten Kapitel zurück.

KAPITEL 5

Sprachphilosophie

»Denken ist ein Sprechen mit sich selbst.«
»Dasselbe wollte ich gerade denken.«[1]
»Sie meinen: ›Dasselbe wollte ich gerade sagen‹.«
»Nein. Dann hätte ich Sie nicht widerlegt.«

I. Vorüberlegungen

Was Sprache ist, meint jeder – schon immer sprachlich informiert – zu wissen, und doch ist eine Vorklärung nötig, denn wir können das Wort in einem weiten und einem engen Sinn verwenden. Wählen wir den weiten Wortsinn, dann gibt es neben unserer menschlichen Satzsprache weitere Sprachen. Ich nenne einige Bereiche: Tiere kommunizieren miteinander in vielfältiger Weise mit optischen, akustischen und anderen sinnlichen Signalen (»tokens«), einige Vogelrufe klingen wie menschliche Wörter. Wir können hier von »Tiersprachen« sprechen oder aber unter Vermeidung des Sprachbegriffs von bestimmten Formen der Mitteilung oder Kommunikation. Menschen haben eine häufig raffinierte Gestik, mit der sie willkürlich oder unwillkürlich Mitteilungen aussenden; auch hier stellt sich die Frage, ob wir uns der gängigen Redeweise anschließen und von einer »Körpersprache« reden wollen oder aber von speziellen Kommunikationsformen. Die Bildkunst ist durchsetzt mit symbolischen Mitteilungen. Sollen wir, wie üblich, von einer »Bildersprache« reden? »Spricht« Gott zum Gläubigen

1 Hier kann auch stehen: »Dasselbe wollte er gerade denken«. Es kann nicht heißen: »Darüber wollte ich [er] gerade nachdenken«.

in der Natur? »Lapides loquuntur«, aber gibt es eine Sprache der hartnäckig schweigenden Steine?

Das Phänomen der Sprache in dem weiten Sinn, der die symbolischen Interaktionen im Tierreich und die nichtverbalen Mitteilungen von Menschen und Dingen in den verschiedenen Kultursystemen neben dem verbalen Diskurs umfaßt, gehört zur Sprachphilosophie im weiteren Sinn.

Die Sprache im engeren Sinn der menschlichen Urteilssprache wurde innerhalb der Philosophie in zwei grundsätzlich zu unterscheidenden Weisen thematisiert. Einmal gehört sie seit dem nachvollziehbaren Beginn philosophischer Reflexion – etwa seit Parmenides – zu einem der Bereiche, dem sich die Reflexion als einem ihrer prinzipiellen Themen zuwendet. Dazu sollen im folgenden einige wenige Beispiele benannt werden. Sodann gibt es zweitens die mit dem Terminus der »sprachphilosophischen Wende« gekennzeichnete Vorstellung, daß Philosophie überhaupt Sprachphilosophie sei. Alle vorhergehende Philosophie oder sogar alle Erkenntnis sei naiv im Hinblick auf ihr eigentliches Wesen verfahren. Nach dem »linguistic turn« haben also die sprachphilosophischen Überlegungen der Vorzeit die Rolle der Sprache unterbestimmt. Über den genauen Zeitpunkt dieser Wende herrscht Unklarheit – geschieht die Wende schon bei Wilhelm von Humboldt? Bei Gottlob Frege? Oder mit Austin oder Wittgenstein?

II. Philosophie der Sprache vor der sprachphilosophischen Wende[2]

Demokrit sagt: »Übereinstimmungsgemäß spricht man von *Farbe*, *süß* und *bitter* usw., in Wirklichkeit aber gibt es nur *Atome* und *Leeres*.«[3] Was heißt das? Einigen wir uns auf

2 Vgl. den Band *Klassiker der Sprachphilosophie* von Tilman Borsche (1996).

3 Diels/Kranz (1956), II 168 – Fragment B 125.

das Gegebensein von Farben? Soll der Geschmack des Süßen und Bitteren von einer Konvention abhängen? Die Lösung findet man, denke ich, bei dem Sokratiker Aristipp, der nachzuweisen versucht, daß wir zwar über Empfindungen verfügen, jedoch über kein Kriterium, die Identität der Empfindung des einen mit der des anderen zu erkennen. »Es gibt daher kein den Menschen gemeinsames Kriterium, die Namen der Dinge werden jedoch als gemeinsame festgelegt. Alle Menschen nennen etwas gemeinsam weiß und süß, aber sie haben kein gemeinsames weiß oder süß.«[4] Demnach würde Demokrit sagen, daß es eine Welt gibt, die aus Atomen, leerem Raum und Bewegung besteht; in den Seelen werden durch die Beschaffenheit der Atome Empfindungen ausgelöst, die wir *als solche* einander nicht mitteilen können wie die im Prinzip öffentlichen Befunde des Raumes und der bewegten Atome. Wir können jedoch sprachliche Festlegungen kreieren, gemäß denen z. B. bei der Farbe eines bestimmten Teiles der Hauswand das Wort »rot« zu verwenden ist. Das gleiche gilt für die Empfindungen des Geschmacks. Wie immer die private Geschmacksempfindung beim Genuß von Honig jeweils beschaffen ist, das einschlägige, von allen »übereinstimmungsgemäß« verwendete Wort lautet »süß«. Im Hinblick auf die öffentlichen Gegenstände, die durch bewegte Atome und das Leere formiert werden, haben wir, so können wir kommentieren, eine natürliche gemeinsame Welt; im Hinblick auf unsere Empfindungen dagegen erzeugen wir die gemeinsame Welt erst durch das Medium der Sprache. Diese Vorstellung ist einige Male neu entdeckt oder als neu ausgegeben worden, so daß vergessen wurde, daß wir hier bis zu Demokrit und Aristipp zurückgehen können. Ich schlage vor, von »Aristipp-Prädikaten« zu sprechen.[5]

4 Aristipp (1961), 51 – Fragment 217. Vgl. Nestle (1922), 163–164.
5 Die »Aristipp-Prädikate« sind ohne Kenntnis des Ursprungs durch die philosophische Literatur gewandert (vgl. u. a. Locke, 1975, 389 – *An Essay Concerning Human Understanding* II 32, 15), zuletzt unter dem Namen des »invertierten Spektrums«, Shoemaker (1982).

Philosophen sind gewöhnlich großzügig in terminologischen Fixierungen und in der Einhaltung der genauen Wortgebrauchsregulierungen, die sie selbst gelegentlich vorschlagen. Die Nonchalance hat vielleicht den Grund darin, daß der Leser auf die Gedanken achten und sich nicht an die feste Bedeutung von Wörtern klammern soll. Hält man sich an eine genaue Terminologie, ist man bei Platon und Kant und anderen bedeutenden Philosophen verloren. Der Sophist Prodikos wird im Platonischen Dialog *Protagoras* bloßgestellt, weil er meint, mit einer fixierten Terminologie ließen sich philosophische Probleme aus der Welt schaffen.[6]

Was haben Namen mit den bezeichneten Sachen zu tun? Gab es eine ursprüngliche Mimesis, so daß sich die bezeichnete Sache einmal in der Wortbezeichnung spiegelte? Sind Wörter wie »Miau« und »Kuckuck« die Urzellen der menschlichen Sprache, oder ist die Sprache gänzlich ein Produkt von Kunst und Konvention? Darüber verhandelt Sokrates mit Kratylos und Hermogenes in Platons Dialog *Kratylos*. Wie immer man Platons eigene Meinung in dieser Mischung von etymologischem Jokus und sprachphilosophischem Ernst beurteilt, am Schluß wird Sokrates dogmatisch: Erkenntnis gewinnen wir nur von den Dingen selbst, nicht von ihrer sprachlichen Bezeichnung und den sprachlichen Konstellationen:

»Sokrates: Auf welche Weise man nun Erkenntnis der Dinge erlernen oder selbst finden soll, das einzusehen übersteigt vielleicht meine und deine Kräfte; es genüge uns aber schon, darin übereinzukommen, daß nicht durch die Worte, sondern weit lieber durch sie selbst man sie erforschen und kennenlernen muß als durch die Worte. – Kratylos: Offenbar, Sokrates.«[7] Würde Platon die sprachanalytischen Philosophen mit den Höhlenbewohnern vergleichen, die

6 Platon, *Protagoras* 337a–c.
7 Platon (1957), II 180 – *Kratylos* 439 b.

sich nicht mit den Dingen und Ideen selbst, sondern den Schatten an den Wänden befassen?

Sodann hat die *Sprachstruktur* das Interesse von Philosophen erregt; Platon z. B. untersucht im *Sophistes* den formalen Bau eines elementaren Aussagesatzes »Theätet fliegt«. Der Satz kann und muß bejahen oder verneinen und wahr oder falsch sein. Aristoteles entwirft in der Schrift *De interpretatione* eine Urteilstheorie und gibt den Wörtern die Funktion, nicht die Sachen selbst zu bezeichnen, sondern unsere Denkakte oder Vorstellungen, mit denen wir uns auf die Sachen beziehen. Die bekannte Passage lautet: »Es sind nun die stimmlichen Verlautbarungen Symbole der Vorstellungen in der Seele, und das Geschriebene ist ein Symbol der stimmlichen Verlautbarungen. Und wie die Schriften nicht bei allen dieselben sind, so auch nicht die gesprochene Sprache. Wovon beide aber zuerst Zeichen sind, das sind für alle dieselben Vorstellungen der Seele. Dasjenige aber, dem diese Vorstellungen ähnlich sind, das sind auch dieselben Dinge.«[8]

Hier haben wir die Struktur, die wir bereits unter dem Namen des »semiotischen Dreiecks« kennen:[9]

Vorstellung; Denken; Gedanke

Ding, Sachverhalt   Schrift- oder Lautzeichen.

Noch Wittgensteins *Tractatus* folgt diesem Grundriß. Die ersten beiden Sätze sprechen vom Dingbereich (»1. Die *Welt* ist alles, was der *Fall* ist. / 2. Was der *Fall* ist, die Tatsache, ist das Bestehen von *Sachverhalten.*«), die beiden folgenden vom (nicht-psychologischen) Gedanken (»3. Das logische Bild der Tatsachen ist der *Gedanke.* / 4. Der *Ge-*

8 Aristoteles, *De interpretatione* 16a.
9 Vgl. Wittgenstein (1966ff.), I 11. 17. 25. 85. Ferber (1994), 35.

danke ist der sinnvolle *Satz.*«), und dann folgt drittens der Satz als gesprochenes oder niedergeschriebenes Gebilde in den Sätzen 5 und 6, während 7 abschließt mit dem Rückverweis auf das Sprechen: »7. Wovon man nicht sprechen kann, darüber muß man schweigen.«[10]

Im dritten Buch seines *Essay Concerning Human Understanding* analysiert John Locke die Funktion der Sprache und kritisiert systematisch die Vor- und Fehlurteile, die durch die Sprache lanciert werden.

III. Die sprachphilosophische Wende

Michael Dummett, *Ursprünge der analytischen Philosophie*: »Die Wende zur Sprache«

Was die analytische Philosophie in ihren mannigfaltigen Erscheinungsformen von anderen Richtungen unterscheidet, ist erstens die Überzeugung, daß eine philosophische Erklärung des Denkens durch eine philosophische Analyse der Sprache erreicht werden kann, und zweitens die Überzeugung, daß eine umfassende Erklärung nur in dieser und keiner anderen Weise zu erreichen ist.[11] *Vertreten werden diese Zwillingsgrundsätze von den logischen Positivisten wie von Wittgenstein in allen Phasen seiner Entwicklung, von der Oxforder »Philosophie der normalen Sprache« ebenso wie von der nachcarnapschen Philosophie*

10 Vgl. Gabriel (1998), 152–153. Das Ganze also in der Struktur von 1, 2, 3/4.

11 Wodurch ist diese »umfassende Erklärung« (»comprehensive account« im Original) von der vorher genannten »philosophischen Erklärung« unterschieden? Zur Differenz der beiden Sätze, die erstens die Möglichkeit eines philosophischen »account« des Denkens (»thought«; = Gedanke?) durch eine philosophische Erklärung der Sprache und zweitens die *ausschließliche* Möglichkeit einer umfassenden Erklärung durch die philosophische Erklärung der Sprache behaupten, vgl. Dummetts Ausführung S. 149ff.

in den Vereinigten Staaten, wie sie etwa von Quine und Davidson repräsentiert wird, obwohl große Unterschiede zwischen allen diesen Autoren bestehen. [...]

Nach dieser Kennzeichnung entstand also die analytische Philosophie, sobald die »Wende zur Sprache« vollzogen wurde. Dieser neue Weg wurde freilich nicht zu einem bestimmten Zeitpunkt und in einheitlicher Weise von irgendeiner Gruppe von Philosophen eingeschlagen. Das früheste klare Beispiel, das ich kenne, steht in Freges Grundlagen der Arithmetik *von 1884. An einer entscheidenden Stelle dieses Buches wirft Frege die Kantische Frage auf: »Wie soll uns denn eine Zahl gegeben sein, wenn wir keine Vorstellung oder Anschauung von ihr haben können?«*[12] *Freges Antwort beruht auf seinem bekannten Kontextprinzip, das er in der Einleitung als einen der fundamentalen methodologischen Grundsätze aufstellt, nach denen er sich in diesem Buch richten will. Das Kontextprinzip ist jedoch als bestimmender Grundsatz einer Erkundung der Sprache formuliert, nicht als Richtschnur zur Untersuchung von Denkmodi. Wäre es als solche Richtschnur formuliert worden, hätte es besagt, daß es so etwas wie das Denken an einen Gegenstand nur dann gibt, wenn man mit Bezug auf diesen Gegenstand etwas Spezifisches denkt. Freges Antwort auf seine Kantische Frage hätte dann gelautet, die Zahlen seien uns dadurch gegeben, daß wir vollständige Gedanken über sie erfassen; und in der weiteren Untersuchung wäre er darauf eingegangen, was das Erfassen solcher Gedanken beinhaltet. In dieser Weise ist das Kontextprinzip jedoch nicht formuliert, sondern als die These, wonach ein Wort nur im Zusammenhang eines Satzes Bedeutung* [meaning] *hat;*[13] *daher geht es in Freges Untersuchung um die*

12 Frege (1987), 94 – *Grundlagen der Arithmetik* § 62. – Bei Kant gibt es kein Problem, von der Vorstellung einer bestimmten Zahl zu sprechen (vgl. 55 f.); insofern kann nicht von einer »Kantischen Frage« gesprochen werden, wie Dummett es tut; die Zahl wird uns nicht gegeben, sondern von uns mittels eines Begriffs und der reinen Anschauung der Zeit erzeugt, vgl. Kant (1998), 241 – *Kritik der reinen Vernunft* A 140.

13 Dies letztere zeigt Platon im *Sophistes* 262c ff.

Frage, wie wir den Sinn von Sätzen [the senses of sentences], *die Ausdrücke für Zahlen enthalten, bestimmen können. Eine erkenntnistheoretische Frage (der eine ontologische zugrunde liegt) soll durch eine sprachbezogene Untersuchung beantwortet werden.*

Eine Rechtfertigung der Wende zur Sprache wird in den Grundlagen *nicht vorgebracht; diese Wende wird einfach vollzogen, da sie sich als der natürlichste Weg zur Durchführung der philosophischen Untersuchung anbietet. Dennoch behauptet Frege im Zuge seiner philosophischen Entwicklung mit immer stärkerem Nachdruck, sein eigentliches Thema seien nicht die Sätze, durch die Gedanken zum Ausdruck gebracht werden, sondern die Gedanken selbst. In immer höherem Maße gewinnt er den Eindruck, die natürliche Sprache sei keine Richtschnur logischer und philosophischer Untersuchungen, sondern behindere sie. Besonders eindringlich vertritt er diese Überzeugung, nachdem er zu der Einsicht gelangt ist, das Russellsche Paradox*[14] *doch nicht befriedigend lösen zu können, weshalb es ihm nicht gelungen sei, seine selbstgestellte Lebensaufgabe zu erfüllen: die Zahlentheorie und die Analysis auf unanfechtbar feststehende Grundlagen zu stellen. Zu dieser Einsicht gelangt er im August 1906, und im Anschluß daran lehnt er seine ganze frühere Auffassung der logischen Gegenstände – einschließlich der Klassen (Umfänge von Begriffen) – ab, wobei er der Sprache die Schuld daran gibt, uns die Existenz solcher Gegenstände vorzugaukeln, weil sie die Möglichkeit gestatte, augenscheinlich singuläre Termini der Form »der Umfang des Begriffs* F*« zu bilden. Dementsprechend schreibt er im November 1906 an Husserl: »Die Hauptaufgabe des Logikers besteht in einer Befreiung von der Sprache«,*[15] *und in dem in seinem letzten Lebensjahr abgeschlossenen Artikel »Erkenntnisquellen« heißt es: »So besteht denn ein großer Teil der Arbeit des Philo-*

14 Das Russellsche Paradox bezieht sich auf die Menge aller derjenigen Mengen, die sich nicht selbst enthalten; es wurde von Bertrand Russell in einem Brief an Frege formuliert, vgl. Frege (1966a), Anhang II.

15 Frege (1976), 102f.

sophen ... in einem Kampfe mit der Sprache.«[16] *Ist die in den* Grundlagen *vollzogene Wende zur Sprache demnach ein Irrweg? Wird Frege unabsichtlich zum Vorläufer der analytischen Philosophie, der dann jedoch einen anderen Weg einschlägt? Eine solche Diagnose bleibt an der Oberfläche. Schließlich sind es eben die Schriften aus Freges später Zeit (ab Mitte 1906 bis zu seinem Tod) – also die, in denen er die natürliche Sprache besonders heftig in Acht und Bann tut –, in denen er zugleich mit besonderem Nachdruck hervorhebt, daß Gedanken durch Sätze widergespiegelt werden. In seinen Aufzeichnungen für Ludwig Darmstaedter schreibt er: »Der Satz kann als Abbildung des Gedankens betrachtet werden in der Weise, daß dem Verhältnisse vom Teil zum Ganzen bei den Gedanken und Gedankenteilen im großen und ganzen dasselbe Verhältnis bei den Sätzen und Satzteilen entspricht.«*[17] *Mag sein, daß die Sprache ein Zerrspiegel ist; doch sie ist der einzige Spiegel, den wir haben.*

Daß die eben vorgeschlagene Diagnose an der Oberfläche bleibt, ergibt sich vor allem aus dem Umstand, daß Freges Philosophie Tiefenströmungen enthält, die auf die Untersuchung der Gedanken durch die Analyse der Sprache hinstreben. Dabei ist klar, daß er selbst sich der in diese Richtung gehenden Drift – die aus manchen seiner Theorien hervorgeht, von anderen dagegen gehemmt wird – nicht völlig bewußt ist. In den Grundlagen wird seine Einstellung zur Sprache noch nicht durch die ambivalenten Gefühle gestört, die er später ihr gegenüber entwickelt; aber die in diesem Buch vollzogene Wende zur Sprache gibt die allgemeine Tendenz seines Denkens zuverlässig wieder – eine Tendenz, die durch die später geäußerten Vorbehalte gegen das Vertrauen auf sprachliche Formen zwar undeutlich gemacht, aber nicht völlig ausgelöscht wird.

Im folgenden werde ich drei Merkmale von Freges Philosophie erörtern, aufgrund deren die Wende zur Sprache als natür-

16 Frege (1969), 289.
17 Frege (1969), 275.

licher Sproß dieser Philosophie erscheint, obwohl Frege selbst diese Beschaffenheit nie ausdrücklich zugestanden hat:

*(1) Die Erkenntnis von Sinnbausteinen als Bestandteilen eines Gedankens hängt davon ab, daß man die Struktur des Satzes, der den Gedanken zum Ausdruck bringt, erfaßt. Frege behauptet, die Struktur des Gedankens müsse sich in der Struktur des ihn ausdrückenden Satzes spiegeln, und das scheint in der Tat wesentlich zu sein für den Begriff des Gedanken-*Ausdrucks *(im Gegensatz zur bloßen Verschlüsselung des Gedankens). Umgekehrt ist ohne Bezugnahme auf den sprachlichen Ausdruck des Gedankens jedoch kaum zu erklären, was damit gemeint ist, wenn von der Struktur des Gedankens die Rede ist. Damit will ich nicht sagen, man könne zu der betreffenden Konzeption der Satzstruktur* [relevant notion of the structure] *gelangen, ohne den Sinn* [sense] *des Satzes in Betracht zu ziehen; im Gegenteil, bei der Ausführung der syntaktischen Analyse muß man die spätere semantische Erklärung schon im Blick haben, aus der hervorgeht, wie die Wahrheit oder Falschheit des Satzes je nach seiner Zusammensetzung bestimmt wird. Diese beiden Begriffe – der Begriff der Struktur des Satzes und der Begriff der Struktur des Gedankens – müssen zusammen entwickelt werden. Das genügt aber bereits, um die Vorstellung zunichte zu machen, man könne die Struktur der Gedanken ohne Bezugnahme auf ihren sprachlichen Ausdruck untersuchen. Umgekehrt ergibt sich daraus kein Einwand gegen die Vorstellung einer Untersuchung der Sprache, die unabhängig verfährt von einer direkten Untersuchung der – als nicht sprachlich vermittelt aufgefaßten – Gedanken. Einen Gedanken bringt der Satz dadurch zum Ausdruck, daß er semantische Eigenschaften hat, dadurch, daß er mit Hilfe bestimmter Mittel als wahr oder als falsch beurteilt werden kann. Der Gedanke wird erfaßt, indem die semantischen Eigenschaften des Satzes erfaßt werden; von der Struktur des Satzes sprechen heißt: von der semantischen Beziehung zwischen den Teilen des Satzes sprechen.*

Dies gilt besonders im Hinblick auf Freges Grundgedanken der Extrahierung eines Begriffs (im Fregeschen Sinne von »Be-

griff« vor 1890) durch Zerlegung eines vollständigen Gedankens. Zunächst wird das Verfahren in der Begriffsschrift *beschrieben und geschildert, wie man es auf einen Satz anwendet. Aber wie Frege im Juli 1902 an Russell schreibt. »Der Zerlegung des Satzes entspricht eine Zerlegung des Gedankens.«*[18] *Daraus, daß Frege von einer Zerlegung des Gedankens spricht, ist ihm kein Vorwurf zu machen; höchst fragwürdig ist jedoch, ob dieser Begriff erklärt werden kann, ohne auf den Begriff des Satzes Bezug zu nehmen. Denn wenn man dieses Verfahren auf den Satz anwendet, gehört dazu nicht nur, daß man einen darin vorkommenden Eigennamen auswählt, sondern auch, daß man spezifische Vorkommnisse dieses Namens ausfindig macht und ihn an diesen Stellen durch einen anderen Ausdruck ersetzt. Wie man das »Vorkommen« des Sinns eines Namens in einem Gedanken erklären können soll, ohne sich dabei auf die Form seines sprachlichen Ausdrucks zu stützen, ist alles andere als klar.*

(2) Frege ist der Überzeugung, es sei in erster Linie der Gedanke, den man wahr oder falsch nennt, während der Satz nur in abgeleitetem Sinne als wahr oder falsch bezeichnet werde; und da nach Frege der Wahrheitswert des Satzes der Bezug – die »Bedeutung« – des Satzes [the reference of the sentence] *ist, heißt dies, daß es in erster Linie der Sinn des Satzes* [sense of the sentence] *ist, der den Bezug hat, während er dem Satz nur in abgeleitetem Sinne zukommt. Die Verallgemeinerung dieses Prinzips im Hinblick auf sämtliche Ausdrücke hat Frege zwar kaum betont, ihre Richtigkeit jedoch hat er tatsächlich anerkannt; demnach ist es z. B. nicht der Eigenname selbst, sondern der Sinn des Eigennamens, der sich primär auf den Gegenstand bezieht.*

In der Praxis hält sich Frege allerdings nicht an diese Prioritätenfolge, wenn er die Unterscheidung zwischen Sinn und Bedeutung erläutert. Nie geht er so vor, daß er zunächst den Begriff des Sinns einführt und anschließend den Bezug als ein Merkmal des Sinns erklärt. Zuerst spricht er davon, daß der

18 Frege (1976), 224.

Ausdruck *Bezug hat, und dann macht er entweder geltend, daß der Ausdruck außerdem Sinn hat, oder er führt aus, worin sein Sinn besteht. Tatsächlich kommt Frege nicht umhin, sich bei seiner Erläuterung an diese Reihenfolge zu halten, und das liegt an seiner Auffassung, wonach der Sinn eines Ausdrucks eben die Weise ist, in der sein Bezug gegeben ist; denn aus dieser Auffassung folgt, daß sich der Begriff des Sinns nicht anders erklären läßt als durch Berufung auf den Begriff des Bezugs, und daher müssen wir zunächst den Begriff des Bezugs haben. Verfügen wir nun über den Begriff des Bezugs, ehe wir den des Sinns haben, können wir den Bezug nicht als Eigenschaft des Sinns deuten, sondern nur als Eigenschaft des Ausdrucks. Daraus ergibt sich, daß Freges These, wonach der Bezug in erster Linie dem Sinn zugeschrieben werden soll, verfehlt ist.*

Im I. Teil der Grundgesetze *wird das ganz deutlich. Dort bestimmt Frege die beabsichtigte Interpretation seines Symbolismus durch Festsetzungen, die jedem Ausdruck – sei er einfach oder zusammengesetzt – seinen jeweiligen Bezug vorschreiben; zusammengenommen bestimmen diese Festsetzungen für jede Formel, unter welchen Bedingungen sie den Wert* wahr *hat. Vom Sinn soll erst später die Rede sein. Demnach wären die Festsetzungen unverständlich, wenn der Begriff des Bezugs eines Ausdrucks abgeleitet wäre vom Begriff eines dem Sinn zukommenden entsprechenden Bezugs, so daß wir uns den Gedanken des Bezugs eines Ausdrucks nur mit Hilfe des Begriffs einer seinem Sinn zukommenden entsprechenden Eigenschaft verständlich machen könnten. Sondern Frege verfährt im Gegenteil so, daß er den Sinn eines symbolischen Ausdrucks erst erklärt, nachdem er die den Bezug solcher Ausdrücke bestimmenden Festsetzungen vorgenommen hat; und den Sinn erklärt er dadurch, daß er sich auf die Festsetzungen beruft, die den Bezug regulieren. Der Sinn eines Satzes der Symbolsprache soll der Gedanke sein, daß die durch die Festsetzungen im Hinblick auf den Bezug vorgeschriebene Bedingung, unter der dem Satz der Wert* wahr *zukommt, erfüllt ist, und der Sinn jedes seiner Teilausdrücke soll der Beitrag sein, den dieser Teilausdruck zur Be-*

stimmung dieser Bedingung leistet. Also müssen wir – im Gegensatz zu Freges offizieller Theorie – wissen, was es heißt, daß ein Satz wahr ist, ehe wir wissen können, was es heißt, daß er einen Gedanken zum Ausdruck bringt; und ehe wir wissen können, was es heißt, daß ein Ausdruck Sinn hat, müssen wir wissen, was es heißt, daß er Bezug hat.

Frege meint, grundsätzlich sei es möglich, einen Gedanken auch anders als durch seinen sprachlichen Ausdruck zu erfassen; doch seine Erklärung des Sinns läßt nicht erkennen, wie das möglich ist, d. h. wie es gelingen kann, einen Sinn nicht als Sinn eines Ausdrucks, dem ein Bezug zugeschrieben werden kann, zu erfassen, sondern auf andere Weise. Diese Schwierigkeit läßt sich nicht beseitigen, indem man sagt, der Bezug könne dem Sinn auch direkt zugeschrieben werden, denn der Sinn ist ja als die Art und Weise erklärt worden, in der der Bezug bestimmt wird; und damit diese Erklärung verständlich wird, muß es etwas geben, dem der Bezug als solcher zukommt, und das kann kaum die Art und Weise der Bezugsbestimmung sein. Dies ist eine von mehreren Stellen, an denen eine Spannung besteht zwischen Freges allgemeinen Theorien und seinen detaillierteren Erklärungen.

(3) Nach Frege verhält es sich so, daß der Ausdruck den Sinn einfach hat; *demjenigen, der den Ausdruck verwendet, braucht sein Sinn nicht während des gesamten Vorgangs seiner Verwendung vorzuschweben. Für sich genommen ist der Sinn objektiv, und daher kann er von mehr als einem Bewußtsein erfaßt werden. Hier wird gewöhnlich angemerkt, daß die Objektivität des Sinns nicht ausreicht, um die Objektivität der Verständigung zu gewährleisten. Dazu müsse überdies eine Bedingung erfüllt sein, von der bei Frege kaum die Rede ist, nämlich, daß objektiv feststehe, welcher Sinn mit welchem Ausdruck verknüpft wird. Um diese Bedingung zu erklären, benötigen wir eine Erläuterung dessen, was es heißt, ein Sinn sei mit einem Ausdruck verknüpft. Auch dieses Problem wird von Frege zwar nicht explizit erörtert, betrifft aber offensichtlich die Frage, was zur Kenntnis einer Sprache dazugehört. Falls wir uns der Fregeschen Erklärung*

des Sinns[19] *anschließen, besteht die Kenntnis des durch ein Wort oder einen komplexen Ausdruck artikulierten Sinns darin, daß man erfaßt, welchen Beitrag der Ausdruck zur Festsetzung der Bedingung leistet, unter der ein Satz, in dem dieser Ausdruck vorkommt, wahr ist.*

Frege ist der Ansicht, uns Menschen seien Gedanken nur insoweit zugänglich, als sie in einer Sprache oder in einem Symbolismus zum Ausdruck gebracht werden. Nach seiner Vorstellung gehört es zum Wesen der Gedanken, für den sprachlichen Ausdruck geeignet zu sein. Dagegen ist er nicht *der Auffassung, ein Gedanke sei wesentlich der Sinn eines Satzes einer wirklichen oder hypothetischen Sprache. Aus diesem Grund liegt für ihn kein Widerspruch in der Annahme von Wesen, die dieselben Gedanken erfassen wie wir, diese aber unverhüllt, d. h. ohne ihr sprachliches Kleid begreifen.*

Die Ansicht, wonach Gedanken unverhüllt erfaßt werden können, steht, wie wir gesehen haben, nicht in Einklang mit Freges Erklärung des Sinns eines Ausdrucks. Es ist kaum zu erkennen, wie sich eine Erklärung unverhüllter Gedanken geben ließe, welche der in den Grundgesetzen *genannten Erklärung der durch symbolsprachliche Sätze ausgedrückten Gedanken entspräche, denn in diesem Fall gäbe es außer dem Gedanken selbst nichts, was wahr oder falsch sein könnte, und außer den Sinnbausteinen gäbe es nichts, was zur Festsetzung seiner Wahrheitsbedingung beitrüge. Zwischen dem Sinn und dem Erfassen des Sinns besteht, wie es scheint, eine wechselseitige Beziehung: Ein Sinn, der nicht erfaßt werden kann, ist ein Hirngespinst. Wenn wir wissen, was es heißt, einen bestimmten Sinn zu erfassen, wissen wir auch, welcher Sinn das ist; und umgekehrt sollten wir, wenn wir wissen, um welchen Sinn es sich handelt, dadurch auch wissen, was dazugehört, ihn zu erfassen. Falls Frege in bezug auf unverhüllte Gedanken recht hat, sollten wir dem-*

19 Frege (1966a), 32: »Die einfachen oder selbst schon zusammengesetzten Namen nun, aus denen der Name eines Wahrheitswertes besteht, tragen dazu bei, den Gedanken auszudrücken, und dieser Beitrag des einzelnen ist sein *Sinn*«.

nach imstande sein anzugeben, was es hieße, einen unverhüllten Gedanken zu erfassen, obwohl wir nicht dazu in der Lage sind, ihn so zu erfassen. Wie es möglich wäre, diese Konzeption für widerspruchsfrei zu erklären, wenn wir außerstande sind, sie zu erläutern, ist allerdings schwer zu begreifen.

Doch sofern wir nur durch den sprachlichen Ausdruck der Gedanken Zugang zu den Gedanken selbst haben, sollte uns eine Erklärung dessen, was es heißt, den durch einen Satz ausgedrückten Gedanken zu erfassen, leichter fallen; und eine solche Erklärung wird ohnehin nötig sein, wenn es darum geht, zu erläutern, wie Gedanken in der Sprache zum Ausdruck gebracht und mitgeteilt werden. So gelangen wir zu folgender Position: Frege hat eine Erklärung dafür, was es heißt, daß ein Satz einen Gedanken zum Ausdruck bringt. Nun ist es entweder möglich, durch die bloße Tilgung der Bezugnahme auf Sprachliches zu einer Parallelerklärung der konstitutiven Elemente eines unverhüllten Gedankens zu gelangen, oder es ist nicht möglich. Falls es möglich ist, läßt sich aus einer Erklärung der Sprache eine sprachunabhängige Erklärung der Gedanken ohne weiteres ableiten. Falls es nicht möglich ist, können wir nur durch die Bezugnahme auf Sprachliches eine Erklärung der Gedanken geben. In jenem Fall ist der erste Grundsatz der analytischen Philosophie bestätigt, nicht aber der zweite; im anderen Fall sind beide Grundsätze bestätigt.

Eine mögliche Antwort auf die Frage »Wodurch wird einem Satz sein Sinn verliehen?« lautet: »Dadurch, daß die Sprecher ihn in diesem Sinne verstehen.« Die Anschlußfrage »Worin besteht dieses Satzverstehen der Sprecher?« läßt sich in der Art der Fregeschen Erklärung in den Grundgesetzen wie folgt beantworten: »Es besteht darin, daß sie den Wahrheitswert des Satzes als in der richtigen Weise bestimmt auffassen«, oder so: »Es besteht darin, daß sie von der richtigen Bedingung annehmen, sie müsse erfüllt sein, damit der Satz wahr wird.« Freges Erklärung des Sinns beruht also auf dem Begriff der Wahrheit. In dem Aufsatz »Der Gedanke« sagt er dementsprechend: »... das, was ich Gedanken genannt habe, steht ja im engsten Zusammen-

hange mit der Wahrheit.«[20] *Doch nun stellt sich eine weitere Frage. »Wodurch wird bestimmt, unter welchen Bedingungen ein Satz wahr ist?« Ebenso, wie der Sinn mit der Wahrheit zusammenhängt, so hängt der Wahrheitsbegriff mit dem Begriff des Behauptens zusammen – doch darüber sagt Frege nichts. Wären die Bedingungen, unter denen die Sätze einer Sprache den Wert* wahr *oder den Wert* falsch *haben, genannt, die beiden Wahrheitswerte jedoch nur durch die Bezeichnungen »A« und »B« kenntlich gemacht, dann wäre es unmöglich, anhand dieser Angaben herauszubekommen, welche der beiden Bezeichnungen »A« und »B« für den Wert* wahr *stünde. Um dies festzustellen, müßte man im Hinblick auf mindestens einen Mustersatz wissen, welche Bedeutung – welches Gewicht – Sprecher der betreffenden Sprache der assertorischen Äußerung dieses Satzes beimessen. Frege weist darauf hin, daß es keinen Grund dafür gibt, neben dem Sprechakt des Behauptens einen eigenen Akt des Verneinens zu postulieren; doch ebenso gilt – wie Wittgenstein im* Tractatus *angemerkt hat –, daß wir uns keine Sprache vorstellen können, deren Sprecher Verneinungen äußern, aber keine Behauptungen aufstellen.*[21] *Eine Äußerungsform, die verwendet wird, um Informationen mitzuteilen, kann man nur als Trägerin der assertorischen Kraft auffassen; und eine Aussage ist genau dann wahr, wenn eine Behauptung dieser Aussage richtig ist.*

Den sozialen Charakter der Sprache läßt Frege in seiner Theorie des Sinns und des Bezugs (»Bedeutung«) unberücksichtigt. Zwar betont er die Mitteilbarkeit des Sinns, doch seine Erklärung dessen, was der Sinn ist, könnte für den Sinn der Ausdrücke eines Idiolekts ebensogut gelten wie für den Sinn der Ausdrücke einer gemeinschaftlichen Sprache. Von der Kraft einer Äußerung – also ihrer assertorischen, interrogativischen, imperativischen, optativischen Kraft oder einer der zweifellos

20 Frege (1966), 50.
21 Wittgenstein (1960ff.), I 30 – *Tractatus logico-philosophicus* 4.062. (Wittgenstein handelt hier eher vom Wahr- oder Falschsein als von der Bejahung oder Verneinung.)

zahlreichen sonstigen Kräfte – kann man sich jedoch kaum vorstellen, daß sie anders existieren kann als in Verknüpfung mit Sätzen, die im Verlauf sprachlicher Mitteilungsakte geäußert werden. Nachdem Frege eine deutliche Unterscheidung getroffen hat zwischen Sinn und Kraft – zwischen dem durch einen Satz ausgedrückten Gedanken und der mit seiner Äußerung verknüpften Kraft –, gibt er sich damit zufrieden und beläßt es dabei, ohne den Versuch zu machen, eine detailliertere Erklärung einer der verschiedenen Kräfte zu geben; er läßt sich nicht einmal darüber aus, ob nach seiner Auffassung eine nichtzirkuläre Erklärung dieser Äußerungskräfte möglich ist. Dabei ist es ausgeschlossen, seine Theorie des Sinns als eine von einer Theorie der Äußerungskraft abtrennbare Theorie zu sehen. Die Sätze einer Sprache könnten ihre jeweiligen Gedanken nicht ausdrücken, wenn sie nicht mit assertorischer Kraft geäußert werden könnten; denn nur weil sie so verwendet werden, darf man von ihnen sagen, daß sie Wahrheitsbedingungen haben. Daraus ergibt sich, daß eine Untersuchung des Gebrauchs *der Sprache im Kommunikationsprozeß eine legitime Weiterbildung der Fregeschen Theorie, ja eine notwendige Ergänzung dieser Theorie darstellt.*

Damit sind einige der in Freges Werk enthaltenen Hinweise genannt, die darauf hindeuten, daß die Wende zur Sprache unumgänglich ist. Hinweise, die Frege selbst nicht immer richtig auffaßt. Diese Hinweise erklären, weshalb Freges Werk bei den Vertretern der analytischen Philosophie auf so starkes Interesse gestoßen ist, ja weshalb er als der Großvater der analytischen Philosophie zu gelten hat. In der gesamten Geschichte der Philosophie war er der erste, der einleuchtend erklärt hat, was Gedanken sind und worin die Bedeutungen der Sätze und der sie bildenden Wörter bestehen. Denjenigen, die merkten, daß sie nur durch eine Analyse der sprachlichen Bedeutung zu einer Analyse der Gedanken vorzustoßen vermochten, blieb gar nichts anderes übrig, als auf den von Frege errichteten Fundamenten weiterzubauen.

Erläuterung

Die Vorstellung einer sprachphilosophischen Wende ist eine historische Rekonstruktion. Michael Dummett (geb. 1925), ein renommierter Frege-Kenner, lokalisiert die Initialzündung in einer bestimmten Überlegung Gottlob Freges. Die Grundthese seines nicht ganz einfachen Vortrags lautet: Frege vollzieht die Wende zur Sprache durch seine Behauptung, Gedanken ließen sich tatsächlich (aber vielleicht nicht ausschließlich) durch ihren sprachlichen Ausdruck erfassen.

Der Vortrag gliedert sich in eine Einleitung und drei numerierte Abschnitte, der Sache nach wird man einen vierten Abschnitt hinzuzählen. In der Einleitung zeigt Dummett zweierlei; erstens: Frege habe tatsächlich statt des Gedankens den sprachlichen Ausdruck untersucht; zweitens: Es gebe gegenläufige Tendenzen in den Fregeschen Äußerungen, in der Grundströmung seiner Philosophie erweise er sich jedoch als sprachanalytischer Philosoph. In den folgenden Abschnitten wird von drei Merkmalen der Philosophie Freges gehandelt, »aufgrund deren die Wende zur Sprache als natürlicher Sproß dieser Philosophie erscheint«. (1) Die Struktur des Gedankens wird abgebildet in der Struktur seines sprachlichen Ausdrucks und kann (nur) im letzteren analysiert werden. Diese Analyse ist nur möglich durch Einbeziehung von semantischen Eigenschaften des sprachlichen Ausdrucks (wie man also den Satz und Teile des Satzes zu verstehen hat). (2) Der Sinn des sprachlichen Ausdrucks, also das bei ihm Gedachte oder sein Gedanke, hängt ab von dessen Bedeutung, d. h. von dessen Bezug zu Gegenständen, auf Grund dessen der Satz wahr oder falsch wird. (3) Freges Meinung, ein Gedanke lasse sich unverhüllt (wenn auch vielleicht nicht durch uns Menschen) erfassen, ist illusorisch: Der Gedanke ist *nur* durch seinen sprachlichen Ausdruck erfaßbar. – Es werden viertens Beobachtungen angefügt zur Frage des Behauptens und Verneinens und zur kommunikativen Funktion der Sprache (statt einer Privatsprache).

Weiterführende Reflexionen

Die Philosophen der Generation Freges sahen eine Gefahr in der allgemeinen Tendenz, Erkenntnisprobleme in die Psychologie zu ziehen. Frege zeigt, daß wir angewiesen sind auf Gedanken, die unabhängig vom empirischen, sprachlich artikulierten Denkvorgang der Individuen sein müssen. Die nächste Frage ist aber dann natürlich: Wie werden wir dieser nicht-privaten Gedanken habhaft? Gehören sie in das Platonische Ideenreich, zu dem wir nur durch eine intellektuelle Anschauung gelangen? Gedanken, so lautet die These, finden ihren adäquaten Ausdruck in der Sprache. Das Sprachzeichen hat einen Sinn, der in der Art des Gegebenseins oder Bezeichnetseins von etwas besteht, und hat (nicht immer) eine Bedeutung, die im Bezeichneten liegt.

Die sprachphilosophische Wende (auch »linguistic turn«) bringt, hierauf aufbauend, eine neue Qualität in die philosophische Betrachtung der Sprache. Sie besagt, daß *alle* Fragen der Philosophie (und Erkenntnis?) Fragen der Sprache und nicht der Gedanken sind. Richard Rorty schreibt in der Einleitung des von ihm herausgegebenen Sammelbandes *The Linguistic Turn* (1967): »The purpose of the present volume is to provide materials of reflection on the most recent philosophical revolution, that of linguistic philosophy. I shall mean by ›linguistic philosophy‹ the view that philosophical problems are which may be solved (or dissolved) either by reforming language, or by understanding more about the language we presently use. This view is considered by many of its proponents to be the most important philosophical discovery of our time, and, indeed, of the ages.«[22] Hier ist die Sprachphilosophie keine bescheidene Teildisziplin der Philosophie, sondern die philosophische Methode schlechthin, die an die Stelle der vermeintlich naiven Ontologie der Antike und der Bewußtseins- oder

22 Rorty (1967), 3.

Subjektphilosophie der postcartesischen Neuzeit tritt. Die Textsammlung von Rorty bietet jedoch heterogenes Material von Autoren, die in einer bestimmten Geschichtsphase wirkungsvoll zum Problem »Philosophie und Sprache« publiziert haben. Michael Dummett dagegen präzisierte in seiner Vorlesung »Die Wende zur Sprache« den Fokus, auf den sich die Wende bezieht: Daß eine philosophische Erklärung des Gedankens tatsächlich (und nur?) in einer Analyse der Sprache möglich ist.

Anders als Dummett, der Frege in eine alternative Beziehung zu Kant setzt, läßt sich auch folgendermaßen argumentieren. Das Parallelstück zur Dualität von Gedanke und Sprache lautet in der subjektivistischen Wende: Daß eine philosophische Erklärung der Natur(erkenntnis) nur und tatsächlich in einer Erklärung der Dinge als Erscheinungen möglich ist. Wie in der sprachphilosophischen Wende der (wahre oder falsche) Gedanke seinen Ausdruck im Medium der Sprache findet und einzig in ihm analysierbar ist, so wird das Ding an sich einzig im Medium der Erscheinung (in den subjektiven Anschauungsformen von Raum und Zeit) erkennbar. Wir werden hier der Welt, dort des Gedankens nur dadurch habhaft, daß wir uns an den Modus halten, in dem uns die Welt oder der Gedanke zugänglich sind, hier als Erscheinung, dort als Sprache. Weder der Gedanke noch das Ding an sich werden geleugnet; es wird nur die These einer medialen Erkenntnis aufgestellt und verteidigt. Dummett weist die Überlegung Freges ab, daß der Gedanke als solcher auch vielleicht unverhüllt, also ohne Rekurs auf die Sprache, erkannt werden könnte.

Die sprachphilosophische Wende nun vollzieht sich *gegen* die neuzeitliche Subjektphilosophie; sie besagt also, daß uns die cogitatio mit ihren Erscheinungen als solche nicht unverhüllt und unmittelbar zugänglich ist, sondern nur im sprachlichen Ausdruck. Mit Wittgenstein: »Der *Gedanke* ist der sinnvolle *Satz.*«[23]

23 Vgl. im vorliegenden Band S. 65f.

Unsere Einwände kann der Leser schon den vorhergehenden Texten entnehmen und auf dieser Grundlage selbst formulieren:

Wir hatten uns zum Prinzip gemacht, jede philosophische Aussage darauf hin zu überprüfen, ob sie auf sich selbst anwendbar ist.[24] Frege und Dummett formulieren Aussagen des Inhalts, daß Gedanken tatsächlich und – im Fall Dummetts – ausschließlich durch ihren sprachlichen Ausdruck erkannt werden. Nun handeln Frege und Dummett von der Ausdrucksfähigkeit des Gedankens durch den sprachlichen Satz; sie müssen also zwischen beidem unterscheiden und können sich nicht ausschließlich an den sprachlichen Ausdruck wenden, um von ihm zu erfahren, ob er den Gedanken ausdrückt. Sie müssen also in ihrer Philosophie einen unverhüllten Gedanken vom unverhüllten Gedanken denken und thematisieren; eben dies sollte nach Dummett (und nach ihm eigentlich auch nach Frege) nicht möglich sein. In der Kantischen Philosophie wurde zwischen Erkennen und Denken unterschieden: Wir erkennen die Erscheinungen, denken jedoch nur die Differenz von Ding an sich und Erscheinung usw. Diese duale Möglichkeit scheint die sprachanalytische Philosophie nicht zu haben.

Wenn unsere oben[25] vorgetragene Überlegung zum SvW zutrifft, ergibt sich eine weitere Schwierigkeit: Jede sprachliche Formulierung des SvW unterliegt der Kritik, der SvW selbst – wir fügen jetzt hinzu: als Gedanke – ist jedoch nicht kritisierbar. Dasselbe gilt für alle notwendig wahren logischen Prinzipien, sie können selbst nicht falsch sein, wohl aber falsch formuliert werden; ihr sprachlicher Ausdruck unterliegt also grundsätzlich der Kritik, während sie selbst eben diese Kritik ermöglichen und ihr deswegen entzogen sind. Ergo: Der sprachliche Ausdruck kann wenig-

24 Vgl. im vorliegenden Band S. 65.
25 Vgl. im vorliegenden Band S. 42f.

stens in bestimmten Fällen den Gedanken niemals adäquat wiedergeben.

Ein dritter Einwand ergibt sich dann, wenn man synthetische Urteile a priori nicht von vornherein für sinnlos erklärt. Zu diesen Urteilen gehören nach Kant die Sätze der Geometrie (und der Arithmetik, gegen Frege). Eine geometrische Vorstellung ist schon als bloßer Gedanke synthetischer Natur, er vereint Denken und Anschauen in einem Bewußtseinsakt. Die Anschauung liefert also nicht erst post festum das Bezugsfeld, in dem sich über Wahrheit und Falschheit des sprachlich formulierten Satzes entscheiden läßt. Die Fregesche Theorie und ihr folgend die streng sprachanalytische Philosophie können dem »Anschauungsgedanken« der Kantischen Theorie von vornherein keinen Platz einräumen.

Sodann ist festzuhalten, daß es Erkenntnisse und Gedanken gibt, die der sprachlichen Artikulation nicht bedürfen und ihrer z. T. auch nicht fähig sind. Wir können Farben, Töne, Gerüche unterscheiden und diese Unterscheidungsleistung anderen vermitteln, ohne beide Leistungen sprachlich artikulieren zu können oder zu müssen. Wenn diese kognitiven Leistungen nicht zu den Gedanken gezählt werden, besteht die Gefahr einer Manipulation: Es werden nur die Gedanken ausgewählt, die ihren adäquaten Ausdruck in sinnvollen Sätzen finden, und dann wird dieser Befund verallgemeinert und für Gedanken überhaupt geltend gemacht.

Michael Polanyi zeigt in seiner kurzen Schrift *Implizites Wissen*, *»daß wir mehr wissen, als wir zu sagen wissen.«*[26] Er zeigt des weiteren, daß dieses nichtverbale Wissen für weite Bereiche des verbalen Wissens konstitutiv ist. Möchte Platon das sokratische daimonion-Zeichen[27] zu der sprach-

26 Polanyi (1985), 14. Vgl. auch Brandt (1999) und im vorliegenden Band S. 42f.

27 Platon, *Apologie* 31d; *Euthydem* 272e; *Phaidros* 242b [u. ö.]

lich nicht artikulierten sittlichen Erkenntnis zählen und die Anamnese im *Menon* zu dem nicht expliziten Wissen, das das Suchen erst ermöglicht? Und Kant den »glücklichen Einfall«[28], der eine nicht-existente Wissenschaft begründet?

28 Kant (1998), 17ff. – *Kritik der reinen Vernunft* B XIff., »Vorrede zur zweiten Auflage«.

Zweiter Teil

Praktische Philosophie: Ethik und Recht

Kapitel 6

Das Gute

Aristoteles, *Nikomachische Ethik* 1094a1–1098a20

1. Jedes praktische Können und jede wissenschaftliche Untersuchung, ebenso alles Handeln und Wählen strebt nach einem Gut, wie allgemein angenommen wird. Daher die richtige Bestimmung von »Gut« als »das Ziel, zu dem alles strebt«. Dabei zeigt sich aber ein Unterschied zwischen Ziel und Ziel: das eine Mal ist es das reine Tätig-sein, das andere Mal darüber hinaus das Ergebnis des Tätig-seins: das Werk. Wo es Ziele über das Tätig-sein hinaus gibt, da ist das Ergebnis naturgemäß wertvoller als das bloße Tätig-sein. Da es aber viele Formen des Handelns, des praktischen Könnens und des Wissens gibt, ergibt sich auch eine Vielzahl von Zielen: Ziel der Heilkunst ist die Gesundheit, der Schiffsbaukunst das Schiff, das Ziel der Kriegskunst: Sieg, der Wirtschaftsführung: Wohlstand. Überall nun, wo solche »Künste« einem bestimmten Bereich untergeordnet sind – so ist z. B. der Reitkunst untergeordnet das Sattlerhandwerk und andere Handwerke, die Reitzeug herstellen, während die Reitkunst ihrerseits, wie das gesamte Kriegswesen, unter der Feldherrnkunst steht, und was dergleichen Unterordnungen mehr sind –, da ist durchweg das Ziel der übergeordneten Kunst höheren Ranges als das der untergeordneten: um des ersteren willen wird ja das letztere verfolgt.

Hierbei ist es gleichgültig, ob das Tätig-sein selber Ziel des Handelns ist oder etwas darüber hinaus wie bei den eben aufgezählten Künsten.

Wenn es nun wirklich für die verschiedenen Formen des Handelns ein Endziel gibt, das wir um seiner selbst willen erstreben, während das übrige nur in Richtung auf dieses Endziel gewollt wird, und wir nicht jede Wahl im Hinblick auf ein weiteres Ziel treffen – das gibt nämlich ein Schreiten ins Endlose, somit ein leeres und sinnloses Streben –, dann ist offenbar dieses Endziel »das Gut«, und zwar das oberste Gut.

Hat nun nicht auch für die Lebensführung die Erkenntnis dieses Gutes ein entscheidendes Gewicht und können wir dann nicht wie Bogenschützen, die ihr Ziel haben, leichter das Richtige treffen? Wenn ja, so müssen wir versuchen, wenigstens umrißhaft das Wesen des obersten Gutes zu fassen und (zwar zunächst) in welchem Bereich der Wissenschaften oder der praktischen Künste es zu finden ist.

Man wird zugeben: es gehört in den Bereich der Kunst, welche dies im eigentlichsten und souveränsten Sinne ist. Als solche aber erweist sich die Staatskunst[1]*. Sie nämlich setzt fest, welche Formen praktischen Könnens in den einzelnen Gemeinwesen unbedingt vertreten sein sollen, ferner, mit welchen und bis zu welchem Grad der einzelne Bürger sich zu beschäftigen hat. Wir sehen es ja, wie ihr selbst die angesehensten Künste untergeordnet sind, z. B. Kriegs-, Haushalts- und Redekunst. Da sie es also ist, die sich der übrigen praktischen Künste als Mittel bedient und dazu noch gesetzgeberisch bestimmt, was zu tun und was zu lassen sei, so umfaßt ihr Endziel die Ziele aller anderen und dieses ihr Ziel ist daher für den Menschen das oberste Gut.*

Wenn auch somit das Ziel für den einzelnen und für das Gemeinwesen identisch ist, so tritt es doch am Gemeinwesen bedeutender und vollständiger in Erscheinung: im Moment des Erreichens sowohl wie bei seiner Sicherung. Es ist gewiß nicht

1 Der Begriff »Staatskunst« für »politiké epistéme« ist mißlich. Gemeint ist das Wissen, das für politische Entscheidungen nötig ist.

wenig, wenn der einzelne für sich es erreicht; schöner noch und erhabener ist es, wenn Völkerschaften oder Polis-Gemeinden so weit kommen.

Das also ist der Gegenstand unserer wissenschaftlichen Untersuchung. Wir sind damit, wenn man so will, in dem Bereich der Wissenschaft vom Staate.

Die Darlegung wird dann befriedigen, wenn sie jenen Klarheitsgrad erreicht, den der gegebene Stoff gestattet. Der Exaktheitsanspruch darf nämlich nicht bei allen wissenschaftlichen Problemen in gleicher Weise erhoben werden, genausowenig wie bei handwerklich-künstlerischer Produktion. Bei den Erscheinungsformen des Edlen und Gerechten, die den Gegenstand der Staatswissenschaft bilden, gibt es so viele Unterschiede und Schwankungen, daß die Ansicht aufkommen konnte, sie beruhten nur auf Konvention, nicht aber auf natürlicher Notwendigkeit. Ähnliches Schwanken herrscht aber auch bei den Lebensgütern, weil schon so manchem Schaden daraus erwachsen ist: es ist schon vorgekommen, daß der eine durch Reichtum, der andere durch Tapferkeit zugrunde ging.

Man muß sich also damit bescheiden, bei einem solchen Thema und bei solchen Prämissen die Wahrheit nur grob und umrißhaft anzudeuten sowie bei Gegenständen und Prämissen, die nur im großen und ganzen feststehen, in der Diskussion eben auch nur zu entsprechenden Schlüssen zu kommen. Im selben Sinne nun muß auch der Hörer die Einzelheiten der Darstellung entgegennehmen: der logisch geschulte Hörer wird nur insoweit Genauigkeit auf dem einzelnen Gebiet verlangen, als es die Natur des Gegenstandes zuläßt. Es ist nämlich genauso ungereimt, vom Mathematiker Wahrscheinlichkeiten entgegenzunehmen wie vom Rhetor denknotwendige Beweise zu fordern.

Jeder beurteilt das zutreffend, wovon er ein Wissen hat, und ist hierin ein guter Richter. Auf einem begrenzten Gebiet urteilt also der darin Geschulte richtig, umfassend aber der allseitig Ausgebildete. Für Vorträge über Staatswissenschaft ist daher als Hörer nicht geeignet der Jüngling. Er hat ja noch keine Erfahrung im wirklichen Leben. Gerade von diesem aber gehen die

Vorträge aus und dieses haben sie zum Gegenstand. Da der junge Mann ferner noch ganz zu Gefühl und Leidenschaften neigt, kann er nur zweck- und nutzlos zuhören, denn das Ziel ist hier nicht Erkenntnis, sondern Handeln. Dabei ist es ganz gleichgültig, ob er an Jahren jung oder dem Charakter nach unfertig ist. Denn nicht an der Zahl der Jahre hängt das Ungenügen, sondern daran, daß die jungen Leute unter dem Einfluß der Leidenschaft leben und unter diesem Einfluß ihre jeweiligen Ziele verfolgen. Solchen bleibt, wie den haltlosen Menschen, die Erkenntnis ohne Frucht. Wer aber sein Streben und Handeln nach klarem Plan einrichtet, dem bringt das Wissen von diesen Gegenständen hohen Nutzen.

Soviel als Einleitung über Hörer, Art der Entgegennahme (des Vorgetragenen) und Thema.

2. Nachdem also jede Erkenntnis und jeder Entschluß nach einem bestimmten Gut zielt, wollen wir wieder einsetzen mit der Frage: »Was ist das Ziel der Staatskunst und welches das höchste von allen Gütern, die man durch Handeln erreichen kann?«

In seiner Benennung stimmen fast alle überein. »Das Glück« – so sagen die Leute und so sagen die feineren Geister, wobei gutes Leben und gutes Handeln in eins gesetzt werden mit Glücklichsein. Aber was das Wesen des Glückes sei, darüber ist man unsicher und die Antwort der Menge lautet anders als die des Denkers. Die Menge stellt sich etwas Handgreifliches und Augenfälliges darunter vor, z. B. Lust, Wohlstand, Ehre: jeder etwas anderes. Bisweilen wechselt sogar ein und derselbe Mensch seine Meinung – wird er krank, so sieht er das Glück in der Gesundheit, ist er arm, dann im Reichtum. Im Bewußtsein aber der eigenen Unwissenheit bestaunen die Leute jene, die etwas vortragen, was bedeutsam klingt und über ihre Fassungskraft hinausgeht.

Einige aber dachten, es gebe neben den vielen greifbaren Gütern noch ein Gut, von selbständiger Existenz, das zugleich für all die genannten Güter die Ursache dafür sei, daß sie Güter sind. Alle vorgetragenen Ansichten zu prüfen ist wohl nicht sehr sinnvoll. Wir beschränken uns daher auf solche, die besonders weit verbreitet sind oder immerhin wissenschaftlichen Charakter haben.

Wir dürfen dabei nicht den Unterschied übersehen zwischen einer Darstellung, die von Grundgegebenheiten ausgeht, und einer anderen, die an sie heranführt. So pflegte z. B. auch Platon sehr richtig die Frage zu stellen und zu forschen, ob der Weg von den Grundgegebenheiten her oder zu ihnen hin verlaufe – wie im Stadion von den Preisrichtern zur Wendemarke oder von dieser zurück. Man muß nämlich anfangen bei dem Bekannten. Dieses aber ist zweifach: bekannt für uns und bekannt schlechthin. Wir müssen wohl ausgehen von dem, was uns bekannt ist. Daher muß bereits über eine edle Grundgewöhnung verfügen, wer mit Nutzen eine Vorlesung über das Edle, das Gerechte, kurzum über die Wissenschaft vom Staate hören will. Ausgangspunkt ist nämlich das Daß, und wenn dieses in genügender Klarheit herauskommt, wird das Warum gar nicht mehr nötig sein. Ein Mensch mit sittlicher Grundhaltung kennt entweder schon Grundgegebenheiten oder er kann sie sich leicht geistig aneignen. […]

3. Doch nun zurück zu der Stelle, wo wir die Gedankenführung unterbrochen haben. Eine Meinung darüber, was oberster Wert und was Glück sei, gewinnt man wohl nicht ohne Grund aus den bekannten Lebensformen. In der Mehrzahl entscheiden sich die Leute, d. h. die besonders grobschlächtigen Naturen, für den Genuß und finden deshalb ihr Genügen an dem Leben des Genusses (a). Es gibt nämlich drei Hauptformen; erstens die soeben erwähnte (a), zweitens das Leben im Dienste des Staates (b), drittens das Leben als Hingabe an die Philosophie (c).

(a) Die Vielen also bekunden ganz und gar ihren knechtischen Sinn, da sie sich ein animalisches Dasein aussuchen. Und doch bekommen sie einen Schein von Recht, weil es unter den Hochgestellten so manchen gibt, der ähnliche Passionen hat wie Sardanapal[2].

2 Sardanapal (oder Sardanapall) ist ein legendärer assyrischer König, der den sinnlichen Genuß als einziges Lebensglück pries; vgl. u. a. Cicero, *Tusculanae disputationes* V 35, 101.

(b) Edle und aktive Naturen entscheiden sich für die Ehre. Denn das ist im ganzen gesehen das Ziel eines Lebens für den Staat. Doch ist dieses Ziel wohl etwas äußerlich und kann nicht als das gelten, was wir suchen. Hier liegt nämlich der Schwerpunkt mehr in dem, der die Ehre spendet, als in dem der sie empfängt. Den obersten Wert aber erahnen wir als etwas, was uns zu innerst zugeordnet und nicht leicht ablösbar ist. Außerdem ist anzunehmen, daß man nach Ehre strebt, um sich des eigenen Wertes zu vergewissern. Deshalb sucht man von Urteilsfähigen geehrt zu werden, von Menschen, die uns kennen, und zwar auf Grund der Tüchtigkeit. Jedenfalls ergibt sich aus diesem Verhalten ganz klar, daß die Tüchtigkeit der höhere Wert ist, und man darf dann vielleicht eher in ihr das Ziel des Lebens für den Staat erkennen. Und doch ist auch sie noch nicht ganz Ziel im vollen Sinn. Denn man kann sich die Möglichkeit vorstellen, daß jemand die Tüchtigkeit zwar hat, aber dabei schläft oder ein Leben lang untätig, ja darüber hinaus mit größtem Leid und Unglück beladen ist. Wer aber ein solches Leben führt, den wird niemand als glücklich bezeichnen, außer er möchte eine paradoxe Behauptung unter allen Umständen retten. Doch genug hiervon: auch in den Schriften für weitere Kreise ist das ausreichend behandelt.

(c) Die dritte Lebensform ist die Hingabe an die Philosophie. Darüber wird die Untersuchung später zu führen sein.

Das Leben des Geldmenschen hat etwas Forciertes an sich, und der Reichtum ist gewiß nicht das gesuchte oberste Gut. Er ist nur ein Nutzwert: Mittel für andere Zwecke. Daher kann man eher die vorher genannten Dinge (Lust und Ehre) als Endziele auffassen, denn sie werden um ihrer selbst willen geschätzt. Und doch sieht es so aus, als seien auch dies keine echten Ziele, obgleich viele Argumente zu ihren Gunsten Gemeingut geworden sind. Diese Gedankengänge wollen wir nun verlassen.

4. Es wird vielmehr zweckdienlich sein, das oberste Gut, sofern es als allgemeine Wesenheit gedacht wird, zu betrachten und zu zergliedern, wie das gemeint sei. Freilich wird dies eine peinliche Aufgabe, weil es Freunde von uns waren, welche die »Ideen« eingeführt haben. Und doch ist es zweifellos besser, ja notwendig, zur Rettung der Wahrheit sogar das zu beseitigen, was uns ans Herz gewachsen ist, zumal wir Philosophen sind. Beides ist uns lieb – und doch ist es heilige Pflicht, der Wahrheit den Vorzug zu geben. [...]

5. Wenden wir uns nun wieder zurück zu dem Gut, dem unser Fragen gilt, und suchen sein Wesen zu bestimmen. Sicherlich ist es jeweils ein anderes bei jeder Handlung und bei jedem praktischen Können, ein anderes in der Heilkunst, in der Feldherrnkunst, in den übrigen Künsten. Welches ist nun das eigentliche Gut einer jeden? Ist es nicht jenes, um dessentwillen alles andere unternommen wird? Bei der Heilkunst ist es die Gesundheit, bei der Feldherrnkunst der Sieg, bei der Baukunst das Haus, bei anderen jeweils etwas anderes. Kurzum: bei jeder Handlung und bei jedem Entschluß ist es das Ziel. Ihm gilt das gesamte sonstige Handeln der Menschen. Wenn es also für alle denkbaren Handlungen ein einziges Ziel gibt, so ist dies das Gut, das der Mensch durch sein Handeln erreichen kann. Gibt es dagegen mehrere Ziele, so sind diese die erreichbaren Güter.

Auf anderen Wegen ist somit der Gedankengang an derselben Stelle angelangt. Wir müssen nun versuchen, dies noch weiter zu klären. Es gibt offenkundig mehrere Ziele. Manche wählen wir um weiterer Ziele willen, z. B. Geld, Flöten, überhaupt Werkzeuge. Nicht alle Ziele also sind Endziele. Das oberste Gut aber ist zweifellos ein Endziel. Daher der Schluß: wenn es nur ein einziges wirkliches Endziel gibt, so ist dies das gesuchte Gut, wenn aber mehrere, dann unter diesen das vollkommenste. Als vollkommener aber bezeichnen wir ein Gut, das rein für sich erstrebenswert ist gegenüber dem, das Mittel zu einem anderen ist. Ferner, das, was niemals im Hinblick auf ein weiteres Ziel gewählt wird, gegenüber dem, was sowohl an sich als auch zu Weiterem gewählt wird. Und als vollkommen schlechthin bezeichnen wir das, was stets rein für sich gewählt wird und niemals zu einem anderen Zweck.

Als solches Gut aber gilt in hervorragendem Sinne das Glück.

Denn das Glück erwählen wir uns stets um seiner selbst willen und niemals zu einem darüber hinausliegenden Zweck. Die Ehre dagegen und die Lust und die Einsicht und jegliche Tüchtigkeit wählen wir einmal um ihrer selbst willen – denn auch ohne weiteren Vorteil würden wir jeden dieser Werte für uns erwählen –, sodann aber auch um des Glückes willen, indem wir annehmen, daß sie uns zum Glück führen. Das Glück aber wählt kein Mensch um jener Werte und überhaupt um keines weiteren Zweckes willen.

Zu demselben Ergebnis aber führt offenbar auch der Begriff der Autarkie. Denn bekanntlich genügt das oberste Gut für sich allein. Den Begriff »für sich allein genügend« wenden wir aber nicht an auf das von allen Bindungen gelöste Ich, auf das Ichbeschränkte Leben, sondern auf das Leben in der Verflochtenheit mit Eltern, Kindern, der Frau, überhaupt den Freunden und Mitbürgern; denn der Mensch ist von Natur bestimmt für die Gemeinschaft. Für diese Verflochtenheit muß aber eine bestimmte Grenze gezogen werden. Denn wenn man sie ausdehnt auf Vorfahren und Nachfahren und auf die Freunde der Freunde, so kommt man ins Endlose. Doch dies ist erst später zu untersuchen. Unter dem Begriff »für sich allein genügend« verstehen wir das, was rein für sich genommen das Leben begehrenswert macht und nirgends einen Mangel offenläßt. Wir glauben, daß das Glück dieser Begriffsbestimmung entspricht und ferner, daß es erstrebenswerter ist als alle anderen Güter zusammen, also nicht auf eine Linie mit den anderen gereiht. Denn es ist klar: bei einer solchen Einreihung würde sich sein Wert für uns durch das Hinzutreten auch nur des geringsten Gutes aus dieser Reihe erhöhen. Denn dieses Hinzutreten bedeutet ein Plus an Wert, und das größere Gut ist jeweils erstrebenswerter. So erweist sich denn das Glück als etwas Vollendetes, für sich allein Genügendes. Es ist das Endziel des uns möglichen Handelns.

6. Vielleicht ist aber die Gleichsetzung von Glück und oberstem Gut nur ein Gemeinplatz, und es wird eine noch deutlichere Antwort auf die Frage nach seinem Wesen gewünscht. Dem kann entsprochen werden, indem man zu erfassen sucht, welches die dem Menschen eigentümliche Leistung ist. Wie nämlich für den Flötenkünstler und den Bildhauer und für jeden Handwerker oder Künstler, kurz überall da, wo Leistung und Tätigkeit gegeben ist, eben in der Leistung, wie man annehmen darf, der Wert und das Wohlgelungene beschlossen liegt, so ist das auch beim Menschen anzunehmen, wenn es überhaupt eine ihm eigentümliche Leistung gibt. Sollte es nun bestimmte Leistungen und Tätigkeiten für den Zimmermann oder Schuster geben, für den Menschen als Menschen aber keine, sondern sollte dieser zu stumpfer Trägheit geboren sein? Sollte nicht vielmehr so wie Auge, Hand, Fuß, kurz jeder Teil des Körpers seine besondere Funktion hat, auch für den Menschen über all diese Teilfunktionen hinaus eine bestimmte Leistung anzusetzen sein? Welche nun könnte das sein? Die bloße Funktion des Lebens ist es nicht, denn die ist auch den Pflanzen eigen. Gesucht wird aber, was nur dem Menschen eigentümlich ist. Auszuscheiden hat also das Leben, soweit es Ernährung und Wachstum ist. Als nächstes käme dann das Leben als Sinnesempfindung. Doch teilen wir auch dieses gemeinsam mit Pferd, Rind und jeglichem Lebewesen. So bleibt schließlich nur das Leben als Wirken des rationalen Seelenteils. Dieser aber ist anzusehen teils als Gehorsam übend gegenüber dem Rationalen, teils als das rationale Element besitzend und geistige Akte vollziehend. Da aber auch dieses (auf dem rationalen Seelenteil beruhende) Leben in doppeltem Sinn zu verstehen ist, so müssen wir uns dafür entscheiden, daß das Leben als eigenständiges Tätigsein gemeint ist, denn dies trifft offenbar den Sinn des Begriffes »Leben« schärfer.

Wir nehmen nun an, daß die dem Menschen eigentümliche Leistung ist: ein Tätigsein der Seele gemäß dem rationalen Element oder jedenfalls nicht ohne dieses, und nehmen ferner an, daß die Leistung einer bestimmten Wesenheit und die einer bestimmten hervorragenden Wesenheit der Gattung nach dieselbe ist, z. B. die eines Kitharaspielers und die eines hervorragenden Kitharaspielers und so schlechthin in allen Fällen – es wird hierbei einfach das Plus, das in der Vorzüglichkeit der Leistung liegt, zu der Leistung hinzugefügt: Leistung des Kitharaspielers ist das Spielen des Instrumentes, Leistung des hervorragenden Künstlers das vortreffliche Spielen. Ist das nun richtig und setzen wir als Aufgabe und Leistung des Menschen eine bestimmte Lebensform und als deren Inhalt ein Tätigsein und Wirken der Seele, gestützt auf ein rationales Element, als Leistung des hervorragenden Menschen dasselbe, aber in vollkommener und bedeutender Weise, und nehmen wir an, daß alles seine vollkommene Form gewinnt, wenn es sich im Sinne seines eigentümlichen Wesensvorzugs entfaltet, so gewinnen wir schließlich als Ergebnis: das oberste dem Menschen erreichbare Gut stellt sich dar als ein Tätigsein der Seele im Sinne der ihr wesenhaften Tüchtigkeit. Gibt es aber mehrere Formen wesenhafter Tüchtigkeit, dann im Sinne der vorzüglichsten und vollendetsten.

Beizufügen ist noch: »in einem vollen Menschenleben«. Denn eine Schwalbe macht noch keinen Frühling und auch nicht ein Tag. So macht auch nicht ein Tag oder eine kleine Zeitspanne den Menschen glücklich und selig. Dies also sei eine erste Skizze des obersten Gutes.

Erläuterung

Im Corpus Aristotelicum sind drei Ethiken überliefert: Die *Nikomachische Ethik*, die meistzitierte, die Aristoteles in Raffaels *Schule von Athen* vermutlich in der Hand hält (aber es steht nur »ETHICA« auf dem Buchrücken), sodann die *Eudemische Ethik*, und drittens die kürzeste mit dem gegenläufigen Namen der *Magna Moralia*. Die Herkunft dieser Benennungen ist unklar. In die umstrittene Datierung der *Nikomachischen Ethik* mischen wir uns hier nicht ein.

Der Aufbau dieser Ethik-Fassung:

1. Das Endziel des menschlichen Handelns (I)
2. Die ethischen bzw. Charakter-Tugenden (II–V); all-

gemeine Probleme (II 1–III 8) und einzelne Tugenden wie z. B. Tapferkeit, Großzügigkeit, Gerechtigkeit (III 9 – V 15). Das Mitte-Prinzip
3. Die dianoetischen bzw. Verstandes-Tugenden (VI), allgemeine Probleme (VI 1–2) und einzelne Tugenden wie z. B. wissenschaftliche Erkenntnis (VI 3–13)
4. Unbeherrschtheit und Lust contra sittliche Einsicht (VII)
5. Die Freundschaft (VIII–IX)
6. Die Lust und das Glück (X 1–9)
7. Übergang von der ethischen zur politischen Theorie (X 10)

Der Argumentationsverlauf im ersten Buch, dem unser Text entnommen ist, sieht ungefähr folgendermaßen aus: Alles menschliche Handeln zielt auf etwas (wirkliches oder vermeintliches) Gutes. Worauf alles Gute beim Menschen hinausläuft, ist nach allgemeinem Konsens sein Glück (*eudaimonia*). Aber worin besteht dieses Glück? Wie kann man zwischen verschiedenen Glückskonzepten das für den Menschen richtige finden? In der Mitte dieses Buches wird die inhaltlich zentrale Antwort formuliert: Das menschliche Gut (und damit auch sein Glück) besteht in der aktiven Entfaltung der seelischen Qualitäten. Das Glück ist somit wesentlich die Verwirklichung der dem Menschen eigentümlichen Tüchtigkeiten (*aretaí*). Auf diese Bestimmung läuft der vorhergehende Text zu, die anschließende zweite Hälfte des ersten Buches erörtert einige Folgen des so festgelegten höchsten Guts des Menschen. Es wird die Bestimmung mit der traditionellen Gütertafel der äußeren, leiblichen und seelischen Güter konfrontiert; es wird untersucht, wie man die seelischen Tugenden erwirbt, des weiteren, wer eigentlich als glücklich zu bezeichnen ist. Dann: Soll man den im gekennzeichneten Sinn Glücklichen loben oder eher ehren? Und endlich der Ausblick auf das nächste Buch:

Wie ist die seelische Qualifikation, die *areté* des Menschen, nun genau beschaffen?

In diese Argumentation sind verschiedene Exkurse eingeblendet, etwa über die Frage, welchen Erkenntnisstatus eigentlich eine ethische Untersuchung hat. Aristoteles rechnet mit Hörern, die über genügend Erfahrung verfügen, um die spezifische Intention der Ethik zu begreifen und in die Tat umzusetzen. Sie sind auch erfahren genug, um zu verstehen, daß der Exaktheitsgrad der vorgetragenen Wissenschaft sich von dem der mathematischen Wissenschaften unterscheidet. In der Ethik können wir über kultivierte Meinungen verfügen, aber nicht über völlig gewisse demonstrierbare Erkenntnisse.

Zu den Begriffen: Der Begriff »Moral« bezeichnet heute normalerweise die sittliche Beschaffenheit des tatsächlichen Verhaltens; »Ethik« bezeichnet die Theorie der Moral. Der Sprachgebrauch variiert nach Ländern und Zeiten. »Moral subjects« können die Gegenstände der Kultur- oder Geistes-, auch Sozialwissenschaften im Gegensatz zu den »natural subjects« sein.

Aristoteles sieht seine *ethikè epistéme* oder *ethikè téchne* nicht als reine Theorie, sondern als eine zugleich praktische Disziplin, die den Hörer zu dem als gut erkannten Leben hinleitet. Das Ziel der ethischen Unterrichtung ist die Sittlichkeit selbst und damit das gelungene, glückliche Leben des Menschen. Um diese Aufgabe erfüllen zu können, bedarf es der Kenntnis der Natur des Menschen. Insofern ist die *Nikomachische Ethik* eine Anthropologie mit der Idee, daß aus der Kenntnis des Wesens oder der Natur des Menschen die Antwort auf die Frage folgt: Was soll ich tun? Wer die Natur der Pflanze erkennt, weiß, daß sie Licht und Wasser und eine fruchtbare Erde braucht, um ihr eigentümliches Werk erfüllen zu können. Desgleichen gilt: Wer die Natur des Menschen erkennt, weiß, was er braucht und was er tun und lassen muß, um zu seinem eigentümlichen, den Menschen von allen anderen Lebewesen unterscheidenden *érgon* und dessen Aktivierung, der *enérgeia*, zu gelangen. Er braucht ein besonderes soziales Umfeld, und bestimmte persönliche Glückseinhilfen der Natur und Gesellschaft (ein bestimmtes Maß an äußeren Gütern, Gesundheit, einige Talente usw.); in seinem Tun und Unterlassen aktiviert er die spezifischen Qualitäten des Menschen, die Tugenden (*aretaí*).

Das Glück, das Aristoteles im Auge hat, wird in der praktischen Philosophie bestimmt und, im Rahmen des Möglichen, objektiv festgelegt. Es läßt sich nicht durch Umfragebögen erfassen. Ob ein Verbrecher sich nach gelungener Flucht glücklich fühlt oder nicht, interessiert Aristoteles so wenig wie die eigene Glücksdiagnose eines Betrunkenen.

Die Erkenntnis der faktischen Natur des Menschen enthüllt eine ihr inhärente Norm; nach dieser Norm seiner eigenen Natur soll sich der sich erkennende Mensch richten. Dabei greifen zwei Konzepte ineinander. Zum einen gibt es einander nebengeordnete Lebensformen, die letztlich in der jeweiligen Natur derjenigen verankert sind, die ihnen nachstreben. Es sind die drei Lebensweisen der sinnlichen Lustmaximierung, des Ehrgeizes und der Einsicht. Zum andern sind diese Lebensformen hierarchisch geordnet. Die beste Lebensform des Menschen ist die einer möglichst autarken, der Erkenntnis gewidmeten Existenz, es folgt das Leben des praktischen Politikers. In beiden erfüllt sich die Anlage zur tätigen Selbstverwirklichung; das wirkliche Glück liegt entschieden nicht in der passiven Lustmaximierung, sondern in der nur dem Menschen möglichen innovativen, dirigierenden Ausübung unserer Erkenntnis-, Urteils- und Willensvermögen. Es gibt also eine Nebenordnung unterschiedlicher Lebensformen, aber auch eine Distanzierung des Höheren vom Niederen; ob etwas Begehrtes langfristig gut oder schlecht ist, kann nur das Erkenntnisvermögen entscheiden. Es kann der Tendenz, rücksichtslos nach Lust oder auch Ehre zu streben, nicht das Plazet geben, weil beides am Ende töricht ist und das Gelingen des Lebens im ganzen, soweit es in der Planung des Individuums steht, verhindern kann. Die Lebensvernunft zu erkennen, ist keine einfache Sache, und noch schwerer ist es, sich selbst so in seiner Gewalt zu haben, daß man dem erkannten Gut tatsächlich den Primat vor den vorwitzigen Impulsen des Augenblicks oder den längerfristigen schiefen Ambitionen einräumt. Ohne dazu eingestimmte soziale Rahmenbedingungen, wie sie z. B. die Aristotelische gelungene Polis bietet, und eine harmonische Naturanlage wird der Mensch sich mit dem Erlernen und dem Einüben des guten Lebens schwer tun.

Walter Benjamins Satz: »Glücklich sein heißt ohne Schrecken seiner selbst innewerden können«[3], verinnerlicht das Glück in einer geradezu stoischen Weise: Der von physischen Schmerzen gepeinigte Weise beteuert tapfer, glücklich zu sein. Zudem ermöglicht er das Glücklichsein des skrupellosen erfolgreichen Verbrechers, der mit sich in Frieden lebt. Aristoteles ist anderer Meinung, wie wir sahen.

3 Benjamin (1972), IV 1, 113 – »Einbahnstraße«.

Kapitel 7

Das moralische Gesetz

Immanuel Kant, *Grundlegung zur Metaphysik der Sitten*: »Übergang von der gemeinen sittlichen Vernunfterkenntnis zur philosophischen«

Um aber den Begriff eines an sich selbst hochzuschätzenden und ohne weitere Absicht guten Willens, so wie er schon dem natürlichen gesunden Verstande beiwohnt und nicht sowohl gelehrt als vielmehr nur aufgeklärt zu werden bedarf, diesen Begriff, der in der Schätzung des ganzen Werts unserer Handlungen immer obenan steht und die Bedingung alles übrigen ausmacht, zu entwickeln: wollen wir den Begriff der Pflicht vor uns nehmen, der den eines guten Willens, obzwar unter gewissen subjektiven Einschränkungen und Hindernissen, enthält, die aber doch, weit gefehlt daß sie ihn verstecken und unkenntlich machen sollten, ihn vielmehr durch Abstechung heben und desto heller hervorscheinen lassen.

Ich übergehe hier alle Handlungen, die schon als pflichtwidrig erkannt werden, ob sie gleich in dieser oder jener Absicht nützlich sein mögen; denn bei denen ist gar nicht einmal die Frage, ob sie aus Pflicht geschehen sein mögen, da sie dieser sogar widerstreiten. Ich setze auch die Handlungen bei Seite, die wirklich pflichtmäßig sind, zu denen aber Menschen unmittelbar keine Neigung haben, sie aber dennoch ausüben, weil sie durch eine andere Neigung dazu getrieben werden. Denn da läßt sich leicht unterscheiden, ob die pflichtmäßige Handlung aus Pflicht oder aus selbstsüchtiger Absicht geschehen sei. Weit schwerer ist dieser Unterschied zu bemerken, wo die Handlung pflichtmäßig ist und das Subjekt noch überdem unmittelbare Neigung zu ihr hat. Z. B. es ist allerdings pflichtmäßig, daß der Krämer seinen unerfahrenen Käufer nicht überteure, und, wo viel Verkehr ist, tut dieses auch der kluge Kaufmann nicht, sondern hält einen festgesetzten allgemeinen Preis für jedermann, so daß ein Kind eben so gut bei ihm kauft, als jeder andere. Man wird also ehrlich bedient; allein das ist lange nicht genug, um deswegen zu glauben, der Kaufmann habe aus Pflicht und Grundsätzen der Ehrlichkeit so verfahren; sein Vorteil erforderte es; daß er aber überdem noch eine unmittelbare Neigung zu den Käufern haben sollte, um gleichsam aus Liebe keinem vor dem andern im Preise den Vorzug zu geben, läßt sich hier nicht annehmen. Also war die Handlung weder aus Pflicht, noch aus unmittelbarer Neigung, sondern bloß in eigennütziger Absicht geschehen. Dagegen sein Leben zu erhalten, ist Pflicht, und überdem hat jedermann dazu noch eine unmittelbare Neigung. Aber um deswillen hat die oft ängstliche Sorgfalt, die der größte Teil der Menschen dafür trägt, doch keinen innern Werth und die Maxime derselben keinen moralischen Gehalt. Sie bewahren ihr Leben zwar pflichtmäßig, aber nicht aus Pflicht.

Dagegen wenn Widerwärtigkeiten und hoffnungsloser Gram den Geschmack am Leben gänzlich weggenommen haben; wenn der Unglückliche, stark an Seele, über sein Schicksal mehr entrüstet als kleinmüthig oder niedergeschlagen, den Tod wünscht und sein Leben doch erhält, ohne es zu lieben, nicht aus Neigung oder Furcht, sondern aus Pflicht: alsdann hat seine Maxime einen moralischen Gehalt.

Wohltätig sein, wo man kann, ist Pflicht, und überdem giebt es manche so teilnehmend gestimmte Seelen, daß sie auch ohne einen andern Bewegungsgrund der Eitelkeit oder des Eigennutzes ein inneres Vergnügen daran finden, Freude um sich zu verbreiten, und die sich an der Zufriedenheit anderer, so fern sie ihr Werk ist, ergötzen können. Aber ich behaupte, daß in solchem Falle dergleichen Handlung, so pflichtmäßig, so liebenswürdig sie auch ist, dennoch keinen wahren sittlichen Wert habe, sondern mit andern Neigungen zu gleichen Paaren gehe, z. E. der Neigung nach Ehre, die, wenn sie glücklicherweise auf das trifft, was in der Tat gemeinnützig und pflichtmäßig, mithin ehrenwert ist, Lob und Aufmunterung, aber nicht Hochschätzung verdient; denn der Maxime fehlt der sittliche Gehalt, nämlich solche Handlungen nicht aus Neigung, sondern aus Pflicht zu tun. Gesetzt also, das Gemüt jenes Menschenfreundes wäre vom eigenen Gram umwölkt, der alle Teilnehmung an anderer Schicksal auslöscht, er hätte immer noch Vermögen, andern notleidenden wohlzutun, aber fremde Not rührte ihn nicht, weil er mit seiner eigenen genug beschäftigt ist, und nun, da keine Neigung ihn mehr dazu anreizt, risse er sich doch aus dieser tödlichen Unempfindlichkeit heraus und täte die Handlung ohne alle Neigung, lediglich aus Pflicht, alsdann hat sie allererst ihren echten moralischen Wert. Noch mehr: wenn die Natur diesem oder jenem überhaupt wenig Sympathie ins Herz gelegt hätte, wenn er (übrigens ein ehrlicher Mann) von Temperament kalt und gleichgültig gegen die Leiden anderer wäre, vielleicht weil er, selbst gegen seine eigene mit der besonderen Gabe der Geduld und aushaltenden Stärke versehen, dergleichen bei jedem andern auch voraussetzt, oder gar fordert; wenn die Natur einen solchen Mann (welcher wahrlich nicht ihr schlechtestes Produkt sein würde) nicht eigentlich zum Menschenfreunde gebildet hätte, würde er denn nicht noch in sich einen Quell finden, sich selbst einen weit höheren Wert zu geben, als der eines gutartigen Temperaments sein mag? Allerdings! gerade da hebt der Wert des Charakters an, der moralisch und ohne alle Vergleichung der höchste ist, nämlich daß er wohltue, nicht aus Neigung, sondern aus Pflicht.

Seine eigene Glückseligkeit sichern, ist Pflicht (wenigstens indirekt), denn der Mangel der Zufriedenheit mit seinem Zustande in einem Gedränge von vielen Sorgen und mitten unter unbefriedigten Bedürfnissen könnte leicht eine große Versuchung zu Übertretung der Pflichten werden. Aber auch ohne hier auf Pflicht zu sehen, haben alle Menschen schon von selbst die mächtigste und innigste Neigung zur Glückseligkeit, weil sich gerade in dieser Idee alle Neigungen zu einer Summe vereinigen. Nur ist die Vorschrift der Glückseligkeit mehrenteils so beschaffen, daß sie einigen Neigungen großen Abbruch tut und doch der Mensch sich von der Summe der Befriedigung aller unter dem Namen der Glückseligkeit keinen bestimmten und sicheren Begriff machen kann; daher nicht zu verwundern ist, wie eine einzige in Ansehung dessen, was sie verheißt, und der Zeit, worin ihre Befriedigung erhalten werden kann, bestimmte

Neigung eine schwankende Idee überwiegen könne, und der Mensch, z. B. ein Podagrist,[1] *wählen könne, zu genießen, was ihm schmeckt, und zu leiden, was er kann, weil er nach seinem Überschlage hier wenigstens sich nicht durch vielleicht grundlose Erwartungen eines Glücks, das in der Gesundheit stecken soll, um den Genuß des gegenwärtigen Augenblicks gebracht hat. Aber auch in diesem Falle, wenn die allgemeine Neigung zur Glückseligkeit seinen Willen nicht bestimmte, wenn Gesundheit für ihn wenigstens nicht so nothwendig in diesen Überschlag gehörte, so bleibt noch hier wie in allen andern Fällen ein Gesetz übrig, nämlich seine Glückseligkeit zu befördern, nicht aus Neigung, sondern aus Pflicht, und da hat sein Verhalten allererst den eigentlichen moralischen Werth.*

So sind ohne Zweifel auch die Schriftstellen zu verstehen, darin geboten wird, seinen Nächsten, selbst unsern Feind zu lieben.[2] *Denn Liebe als Neigung kann nicht geboten werden, aber Wohlthun aus Pflicht selbst, wenn dazu gleich gar keine Neigung treibt, ja gar natürliche und unbezwingliche Abneigung widersteht, ist* praktische *und nicht* pathologische *Liebe, die im Willen liegt und nicht im Hange der Empfindung, in Grundsätzen der Handlung und nicht schmelzender Theilnehmung; jene aber allein kann geboten werden.*

Der zweite Satz[3] *ist: eine Handlung aus Pflicht hat ihren moralischen Werth* nicht in der Absicht, *welche dadurch erreicht werden soll, sondern in der Maxime, nach der sie beschlossen wird, hängt also nicht von der Wirklichkeit des Gegenstandes der Handlung ab, sondern blos von dem Princip des Wollens, nach welchem die Handlung unangesehen aller Gegenstände des Begehrungsvermögens geschehen ist. Daß die Absichten, die wir*

1 »Podagra«: Fußgicht. Kant denkt an Cicero, *Tusculanae disputationes* II 25,61.

2 Die Schrift, auf die sich Kant bezieht, ist natürlich das Buch der Bücher, die Bibel. Die angesprochene Passage findet sich Mt. 5,44 und Lk. 6,27.

3 Der erste Satz wurde von Kant nicht explizit als solcher aufgeführt. Wie lautet er sinngemäß? Der dritte Satz folgt unten, er lautet: »Pflicht ist die Nothwendigkeit einer Handlung aus Achtung fürs Gesetz.«

bei Handlungen haben mögen, und ihre Wirkungen, als Zwecke und Triebfedern des Willens, den Handlungen keinen unbedingten und moralischen Werth ertheilen können, ist aus dem vorigen klar. Worin kann also dieser Werth liegen, wenn er nicht im Willen in Beziehung auf deren verhoffte Wirkung bestehen soll? Er kann nirgend anders liegen, als im Princip des Willens unangesehen der Zwecke, die durch solche Handlung bewirkt werden können; denn der Wille ist mitten inne zwischen seinem Princip a priori, welches formell ist, und zwischen seiner Triebfeder a posteriori, welche materiell ist, gleichsam auf einem Scheidewege, und da er doch irgend wodurch muß bestimmt werden, so wird er durch das formelle Princip des Wollens überhaupt bestimmt werden müssen, wenn eine Handlung aus Pflicht geschieht, da ihm alles materielle Princip entzogen worden.

Den dritten Satz als Folgerung aus beiden vorigen würde ich so ausdrücken: Pflicht ist die Nothwendigkeit einer Handlung aus Achtung fürs Gesetz. *Zum Objecte als Wirkung meiner vorhabenden Handlung kann ich zwar Neigung haben, aber* niemals Achtung, *eben darum, weil sie bloß eine Wirkung und nicht Thätigkeit eines Willens ist. Eben so kann ich für Neigung überhaupt, sie mag nun meine oder eines andern seine sein, nicht Achtung haben, ich kann sie höchstens im ersten Falle billigen, im zweiten bisweilen selbst lieben, d. i. sie als meinem eigenen Vortheile günstig ansehen. Nur das, was bloß als Grund, niemals aber als Wirkung mit meinem Willen verknüpft ist, was nicht meiner Neigung dient, sondern sie überwiegt, wenigstens diese von deren Überschlage bei der Wahl ganz ausschließt, mithin das bloße Gesetz für sich kann ein Gegenstand der Achtung und hiemit ein Gebot sein. Nun soll eine Handlung aus Pflicht den Einfluß der Neigung und mit ihr jeden Gegenstand des Willens ganz absondern, also bleibt nichts für den Willen übrig, was ihn bestimmen könne, als objectiv das Gesetz und subjectiv reine Achtung für dieses praktische Gesetz, mithin die Maxime**, *einem*

* Maxime *ist das subjective Princip des Wollens; das objective Princip (d. i. dasjenige, was allen vernünftigen Wesen auch subjectiv zum praktischen Princip dienen würde, wenn Vernunft volle Gewalt über das Begehrungsvermögen hätte) ist das praktische* Gesetz. (Anm. von Kant.)

solchen Gesetze selbst mit Abbruch aller meiner Neigungen Folge zu leisten. Es liegt also der moralische Werth der Handlung nicht in der Wirkung, die daraus erwartet wird, also auch nicht in irgend einem Princip der Handlung, welches seinen Bewegungsgrund von dieser erwarteten Wirkung zu entlehnen bedarf. Denn alle diese Wirkungen (Annehmlichkeit seines Zustandes, ja gar Beförderung fremder Glückseligkeit) konnten auch durch andere Ursachen zu Stande gebracht werden, und es brauchte also dazu nicht des Willens eines vernünftigen Wesens, worin gleichwohl das höchste und unbedingte Gute allein angetroffen werden kann. Es kann daher nichts anders als die Vorstellung des Gesetzes *an sich selbst,* die freilich nur im vernünftigen Wesen stattfindet, *so fern sie, nicht aber die verhoffte Wirkung der Bestimmungsgrund des Willens ist, das so vorzügliche Gute, welches wir sittlich nennen, ausmachen, welches in der Person selbst schon gegenwärtig ist, die darnach handelt, nicht aber allererst aus der Wirkung erwartet werden darf*[**].

Was kann das aber wohl für ein Gesetz sein, dessen Vorstellung, auch ohne auf die daraus erwartete Wirkung Rücksicht zu nehmen, den Willen bestimmen muß, damit dieser schlechterdings und ohne Einschränkung gut heißen könne? Da ich den Willen aller Antriebe beraubt habe, die ihm aus der Befolgung

** *Man könnte mir vorwerfen, als suchte ich hinter dem Worte* Achtung *nur Zuflucht in einem dunkelen Gefühle, anstatt durch einen Begriff der Vernunft in der Frage deutliche Auskunft zu geben. Allein wenn Achtung gleich ein Gefühl ist, so ist es doch kein durch Einfluß* empfangenes, *sondern durch ein Vernunftsbegriff* selbstgewirktes *Gefühl und daher von allen Gefühlen der ersteren Art, die sich auf Neigung oder Furcht bringen lassen, specifisch unterschieden. Was ich unmittelbar als Gesetz für mich erkenne, erkenne ich mit Achtung, welche bloß das Bewußtsein der* Unterordnung *meines Willens unter einem Gesetze ohne Vermittlung anderer Einflüsse auf meinen Sinn bedeutet. Die unmittelbare Bestimmung des Willens durchs Gesetz und das Bewußtsein derselben heißt* Achtung, *so daß diese als Wirkung des Gesetzes aufs Subject und nicht als* Ursache *desselben angesehen wird. Eigentlich ist Achtung die Vorstellung von einem Werthe, der meiner Selbstliebe Abbruch thut. Also ist es etwas, was weder als Gegenstand* *irgend eines Gesetzes entspringen könnten, so bleibt nichts als die allgemeine Gesetzmäßigkeit der Handlungen überhaupt übrig, welche allein dem Willen zum Princip dienen soll, d. i. ich soll niemals anders verfahren als so, daß ich auch wollen könne, meine Maxime solle ein allgemeines Gesetz werden. Hier ist nun die bloße Gesetzmäßigkeit überhaupt (ohne irgend ein auf gewisse Handlungen bestimmtes Gesetz zum Grunde zu legen) das, was dem Willen zum Princip dient und ihm auch dazu dienen muß, wenn Pflicht nicht überall ein leerer Wahn und chimärischer Begriff sein soll; hiemit stimmt die gemeine Menschenvernunft in ihrer praktischen Beurtheilung auch vollkommen überein und hat das gedachte Princip jederzeit vor Augen.*

Erläuterung

A

Die *Grundlegung zur Metaphysik der Sitten* (1785) ist Kants erste selbständige Schrift zur Moralphilosophie. Es folgen 1788 die *Kritik der praktischen Vernunft* und 1797 die *Metaphysik der Sitten*. Diese letzte Schrift zerfällt in zwei Teile, die Rechtslehre und die Tugendlehre, deren gemeinsame Basis die Verbindlichkeit auf der Grundlage des

der Neigung, noch der Furcht betrachtet wird, obgleich es mit beiden zugleich etwas analogisches hat. Der Gegenstand *der Achtung ist also lediglich das* Gesetz *und zwar dasjenige, das wir* uns selbst *und doch als an sich nothwendig auferlegen. Als Gesetz sind wir ihm unterworfen, ohne die Selbstliebe zu befragen; als von uns selbst auferlegt, ist es doch eine Folge unsers Willens und hat in der ersten Rücksicht Analogie mit Furcht, in der zweiten mit Neigung. Alle Achtung für eine Person ist eigentlich nur Achtung fürs Gesetz (der Rechtschaffenheit etc.), wovon jene uns das Beispiel gibt. Weil wir Erweiterung unserer Talente auch als Pflicht ansehen, so stellen wir uns an einer Person von Talenten auch gleichsam das* Beispiel eines Gesetzes *vor (ihr durch Übung hierin ähnlich zu werden), und das macht unsere Achtung aus. Alles moralische sogenannte* Interesse *besteht lediglich in der* Achtung *fürs Gesetz.* (Anm. von Kant.)

kategorischen Imperativs bildet, man achte z. B. auf den Satz: »Folgende Begriffe sind der Metaphysik der Sitten in ihren beiden Theilen gemein. *Verbindlichkeit* ist die Nothwendigkeit einer freien Handlung unter einem kategorischen Imperativ der Vernunft.«[4] Also: Rechtslehre und Tugendlehre werden aus demselben Prinzip entwickelt.

In der *Grundlegung* wird in den beiden ersten Abschnitten das einzig mögliche Prinzip der Moralität festgelegt, der dritte Abschnitt vergewissert sich dann der objektiven praktischen Realität des zuvor festgelegten Prinzips (analog kann man in der rationalen Theologie zuerst den Gottesbegriff bestimmen und sich dann fragen, ob dem derart begrifflich fixierten Wesen auch das Dasein zukommt). Die begriffliche Festlegung des Prinzips der Moral in den beiden ersten Abschnitten verfährt so, daß sie den Pflichtbegriff hypothetisch unterstellt und herausfindet, was unter dieser Unterstellung folgt.

Zum *Argumentationsgang* unseres Textabschnitts hier nur zwei Hinweise. Kant spricht vom zweiten und dritten Satz; der Interpret muß natürlich fragen, worin denn der erste Satz besteht (diese Frage werden wir in der folgenden näheren Erläuterung beantworten). Sodann wird der Leser vom 2. bis zum 6. Absatz mit bestimmten Fällen moralischen Handelns konfrontiert, wobei die gedankliche Struktur nicht ohne weiteres zu durchschauen ist. Zuerst werden die pflichtwidrigen Handlungen von den pflichtmäßigen unterschieden; es interessiert entsprechend der Themenstellung im 1. Absatz nur die Differenz im Gebiet der letzteren, also der pflichtmäßigen Handlungen, die nun entweder aus Neigung oder aber *aus Pflicht* geschehen. Für die Analyse der *pflichtmäßigen* Handlungen (mit der genannten Alternative) ergeben sich vier Möglichkeiten. Wir können die Handlungen einmal in Handlungen gegen andere und gegen uns selbst unterscheiden, sodann in Handlungen ei-

4 Kant (1900 ff.), VI 222 – *Metaphysik der Sitten*, »Einleitung«.

ner strikten und einer weiten Pflicht. Mit dieser Quaternio arbeitet Kant explizit in späteren Teilen der Schrift, sie dient jedoch schon hier als Folie. Der Selbstmord verletzt eine strikte (?) Pflicht gegen mich selbst, die Verwahrlosung meiner Talente eine weite Pflicht gegen mich selbst; der Mangel an Wohltätigkeit verletzt eine weite Pflicht gegen andere, und, so ergänzen wir, die Lüge eine strikte Pflicht gegen andere (sie wird hier seltsamerweise ausgelassen, man muß sie zwischen Absatz 2 und 3 einfügen)[5]. Die Liebespflicht gegen andere, die Kant im 6. Absatz erörtert, ist kein neuer Hauptpunkt, sondern gehört in das Gebiet der weiten Pflichten gegen andere.

Um Mißverständnissen vorzubeugen: Kant begründet hier nicht, warum z. B. der Selbstmord verboten ist, sondern setzt dieses Verbot voraus und zeigt dann den moralischen Wert seiner Befolgung. Er wendet sich nicht, das sollte auch beachtet werden, gegen die Neigungen; er will nur dreierlei sichern: Erstens tritt keine spezifische Moralität zutage, wenn man eine bestimmte Handlung schon aus einer natürlichen Neigung tut. Zweitens: Die »subjectiven Einschränkungen und Hindernisse«[6] sind die entgegengesetzten Neigungen; sie lassen nicht nur den guten Willen durch die Kontrastwirkung besser erkennen, sondern bilden als Gegenkraft das Hindernis, dessen Überwindung gerade den sittlichen Wert ausmacht. Drittens kann die Entscheidung zu einem bestimmten Handeln oder Unterlassen nicht den Neigungen überlassen werden; das ist leicht nachzuvollziehen: Jemand kann P nicht ausstehen, aber diese Aversion soll bei einer moralischen Erwägung des Handelns nicht dazu führen, P unfair zu behandeln.

5 Die Lüge erscheint in der *Metaphysik der Sitten* auch als Verletzung einer Rechtspflicht (VI 219–220 [u. ö.]) und einer strikten Pflicht gegen sich selbst (VI 429–431).

6 Im vorliegenden Band S. 176 (vor: »Dagegen sein …«).

B

»Handle nur nach derjenigen Maxime, durch die du zugleich wollen kannst, daß sie ein allgemeines Gesetz werde«.

Der Imperativ ist als kurze »formula« gefaßt, deren Verständnis und Anwendung keinerlei Schwierigkeiten bereiten soll. Und doch ist sie bei näherer Betrachtung sehr komplex. Zuvor: Eine Maxime (von »maxima« sc. regula) ist eine subjektiv angenommene, nur private Regel. Alles Handeln (also nicht etwa eine Reflexreaktion oder das Verhalten der Tiere) geschieht jeweils nach einer Regel, ob man sich dessen nun bewußt ist oder nicht. Diese private Regel soll Gegenstand einer moral-kritischen Überlegung sein: Erfüllt meine Regel die Bedingung der Moralität, nämlich ein allgemeines Gesetz sein zu können? In der reinen Moralphilosophie, mit der wir es hier zu tun haben, interessiert Kant nur die Maxime, die in jeder regelgeleiteten Handlung steckt; ob diese Maxime nun zu den Grundsätzen einer Person mit Charakter gehört oder nicht, ist hier kein Thema, auch wenn der Charakterbegriff kurz erwähnt wird.

Das geforderte Handeln ist nicht identisch mit einem Handeln, das uneigennützig oder selbstlos ist, sondern bildet in einer bestimmten Weise (nicht in jedem Sinn) nur eine Teilmenge dieses letzteren, glücklicherweise. Daß es Handlungen und Gesinnungen gibt, die auf keinerlei Eigennutz abzwecken, sondern im Grenzfall sogar das Opfer des eigenen Glücks und des eigenen Lebens fordern und die trotzdem moralisch absolut verwerflich sind, leuchtet bei geeigneten Beispielen sofort ein. Der politische Terrorist setzt sein Glück und sein Leben aufs Spiel, um mit seinen Schreckensakten zu demonstrieren, daß das bekämpfte Regime ein Unrechtsstaat ist, der vernichtet und durch einen endgültig gerechten Staat ersetzt werden muß. Der religiöse Fundamentalist wirkt selbstlos für die bedingungslose

Herrschaft Gottes auf Erden. Der korrupte Beamte denkt nur an das Wohl seiner Kinder. Die Maximen der jeweiligen Handlungen sind jedoch so geartet, daß sie den Kantischen Testlauf nicht bestehen. Nicht die selbstlose *Gesinnung* als solche und nicht das fromme und hehre *Ziel* zählt und adelt die Tat, sondern untersucht wird das *Mittel*, das zu seiner Verwirklichung benutzt wird. Das soll gleich näher erläutert werden.

»Was du nicht willst, daß man dir tu, das füg auch keinem andern zu«; »Tut den Menschen das, von dem ihr wünscht, daß es euch geschehe«. Auch diese alte »Goldene Regel«[7] in ihrer negativen und positiven Variante ist, wie Kant selbst von der ersteren in einer Anmerkung der *Grundlegung zur Metaphysik der Sitten* schreibt,[8] nicht identisch mit dem kategorischen Imperativ, denn der Wille in dem »was du nicht *willst*« ist unkritisch als Grundlage sittlichen Wollens vorausgesetzt. Der Masochist kommt als Aktor oder als Betroffener nach der Goldenen Regel zu erheblich anderen Ergebnissen als der psychisch gesunde Mensch, und der Prüfer im Examen verteilt nur noch beste Noten; so wird also nicht einmal die geforderte *Allgemeinheit* erreicht, geschweige denn die *Notwendigkeit* des kategorischen Imperativs. Für die Moralgenese in psychologischer und historischer Hinsicht mag es immer wichtig sein, sich überhaupt in die Lage des Anderen oder der Betroffenen zu versetzen, für eine kritische Moralreflexion reicht dieser Tausch der Blickrichtung jedoch nicht aus. In den genannten Fällen wird das eigene oder fremde Wollen und Wünschen naiv als Orientierungsmarke vorausgesetzt – gerade dieser eigene Wille wird jedoch bei Kant einer Prüfung unterzogen.

»*Handle* so, daß [...]«: Kants Ethik wird im Gegensatz zur sogenannten Erfolgs- oder Verantwortungsethik häufig

7 Siehe dazu Dihle (1962).
8 Kant (1900ff.), IV 430 – *Grundlegung zur Metaphysik der Sitten*, 2. Abschnitt

als Gesinnungsethik geführt.[9] Es darf bei dieser Etikettierung nur nicht vergessen werden, daß der Imperativ zu einer *Handlung* auffordert, nicht zu einer Gesinnung. Wichtig ist allerdings, daß die Handlung oder Unterlassung nicht z. B. auf Grund einer Verwechselung oder aus Zufall, sondern mit einer impliziten oder expliziten sittlichen Intention geschieht.

Nach diesen Präliminarien wenden wir uns zwei besonderen Problembereichen zu. Der erste betrifft den Komplex Inhalt und Neigung versus Gesetz und Achtung, der zweite betrifft die Frage, worauf sich eigentlich der kategorische Imperativ bezieht. Der Begriff des Gesetzes nötigt zu einer besonderen Erörterung.

Inhalt und Neigung versus Gesetz und Achtung

In der Exposition des Problems im ersten Hauptstück der *Grundlegung zur Metaphysik der Sitten* wird folgendermaßen argumentiert. Es wird ausgegangen von einer natürlichen Korrelation von einerseits den Gegebenheiten im Objektbereich unseres Wollens und andererseits den Neigungen, die auf diese Gegebenheiten gerichtet sind. Dort also die externen feinen oder furchterregenden Dinge, hier Furcht oder Neigung, die auf die reizenden oder fürchterlichen Dinge mit Zuneigung und Abneigung antworten. Die Zustände der subjektiven Neigungen[10] betreffen unseren körperlichen oder seelischen Lust-/Unlustpegel; die Lustobjekte, die den ersteren korrespondieren, präsentieren sich in der Form von Reichtum, Ehre und Gegenständen des unmittelbaren Sinnengenusses usw. Diese Sphäre

9 Vgl. im vorliegenden Band S. 212–215.
10 Wie Kant gebrauchen wir den Begriff der Neigung manchmal als Oberbegriff von »Furcht« und »Neigung«, manchmal als Unterbegriff.

der korrelierten Objekte und Neigungen entbehrt, so wird festgehalten, aller sittlichen Qualität; es ist nicht moralisch verdienstlich, seine natürlichen oder durch Kultur erzeugten Neigungen zu befriedigen und sich mit den Mitteln zur Neigungsstimulierung und -befriedigung zu versorgen. Weder die Objekte noch unsere subjektive Disposition der Zu- und Abneigung ist in unserer Macht (»in potestate nostra«, wie Kant bei den antiken und neuzeitlichen Stoikern gelernt hat), sondern entspringen den Umständen und unserem eigenen vorgefundenen Naturell. Sucht man den sittlichen Wert des Wollens und Handelns, so sind die Faktoren auf beiden Seiten, die subjektive Furcht oder Neigung und die objektiven erstrebens- oder meidenswerten Zustände, in der Willensbestimmung gänzlich (!) zu streichen und durch moralrelevante Größen zu ersetzen; diese müssen völlig in unserer Macht liegen. An die Stelle der subjektiven Neigungen tritt die *Achtung*, an die Stelle der Gegenstände und Inhalte der Neigungen tritt das nur formale *Gesetz*. Gesetz und Achtung sind nun in einer qualitativ neuen Ebene aufeinander bezogen: Ist von Pflicht die Rede, dann sollen wir nicht *aus Neigung zum Inhalt* handeln, sondern aus *Achtung vor dem Gesetz*. Die Neigungs- und Inhaltsbestimmung unseres Willens wird als Fremdherrschaft (= Heteronomie) der Selbstbestimmung, der Autonomie, dem »in potestate nostra« gegenübergestellt, denn das Gesetz ist das Selbst-Gesetz der reinen (weil von allen Inhalten und Neigungen freien) praktischen Vernunft aller Vernunftwesen überhaupt. Als Selbst-Gesetz entspringt es unserem eigenen Willen, und seine Befolgung liegt gänzlich in unserer Gewalt, denn wir sind als »wir selbst« nichts anderes als reine praktische Vernunft. Im Schema:

(1) Natürliche Bestimmung des Willens:
fremdes erkanntes Objekt ⟶ bewirkt Neigung:
heteronome Willensbestimmung.

(2) Vernunftbestimmung des Willens:
eigenes Gesetz ⟶ bewirkt Achtung: autonome Willensbestimmung.

Der Übergang von (1) zu (2) ist ein qualitativer Sprung, den Kant in der *Kritik der praktischen Vernunft* auch als das »Paradoxon der Methode« charakterisiert.[11] Die Sittlichkeit stellt die natürliche Ordnung auf den Kopf; sie läßt sich auf keine Weise aus ihr herausklügeln oder methodisch gewinnen. Nur durch eine völlige Verkehrung wird aus der materialen Fremdbestimmung die formale Selbstbestimmung. Wir können also nach dem Kantischen Moralkonzept folgende Wege *nicht* einschlagen:

Wir können erstens nicht das zu erkennende *Objekt*gebiet durchforschen und nachsehen, was eigentlich wirklich gut ist. Dies ist das Konzept des Rationalismus und vieler anderer philosophischer Strömungen, in einer besonders reich ausgestalteten Variante ist es das Programm des Utilitarismus. In der Nutzenmaximierung und der dadurch möglichen Anhebung des allgemeinen Lust- oder Präferenzerfüllungspegels der Gesellschaft liegt nach Kant kein moralischer Wert, sondern purer Eudaimonismus. Dies gilt selbst für die platonische Idee des Guten, denn auch sie muß, um den Willen zu beeinflussen, durch das Joch der Neigungen gehen.[12] Die Möglichkeit, daß das erkannte Gute nicht auf die Neigungen angewiesen ist, sondern wie der formale Wille das Gefühl der Achtung evoziert, wird von Kant nicht in Betracht gezogen. Der Makel dieses Gu-

11 Kant (1900ff.), V 62 – *Kritik der praktischen Vernunft*, »Analytik«, 2. Hauptstück.

12 Kant (1900ff.), V 64 u. a. – *Kritik der praktischen Vernunft*, »Von dem Begriffe eines Gegenstandes der reinen praktischen Vernunft«. In der *Kritik der reinen Vernunft* (1781) war Kant noch nicht klar, daß er in der Moralphilosophie zum Antiplatoniker werden muß: Der reine Wille bzw. die reine praktische Vernunft darf sich keinerlei epistemischen Bedingungen des – theoretisch erkannten – Guten unterwerfen.

ten aus Kantischer Sicht bliebe, daß es nicht der eigenen Gesetzgebung entspringen, sondern als gegeben erkannt würde.

Wir können zweitens nicht unsere *Neigungen* verfeinern und sublimieren, so daß wir in einem Kontinuum von der natürlichen Ausstattung und Rohheit durch Kultivierung zur Sittlichkeit gelangen und uns nicht mehr von selbstischen Neigungen, sondern von feiner Sympathie und wohlplaziertem Mitleid bestimmen lassen. Diesen Weg beschreiten, um nur zwei bekanntere Namen zu nennen, Shaftesbury und Friedrich Schiller. Das ist nach Kant moralphilosophisch grundfalsch. Denn wir müssen zunächst der Naturordnung entsagen und noch den ätherischsten und nobelsten Gefühlen *jeden* Einfluß auf unsere sittlichen Letztentscheidungen nehmen. Um so besser, wenn sie durch Disziplinierung und Kultivierung mit der Position der reinen praktischen Vernunft in einen gewissen Einklang gebracht werden; zu dieser Politur und Disziplin sind wir sogar verpflichtet, weil wir nur durch innere Stabilität die Gewähr haben, den moralischen Pflichten auch in prekären Situationen gewachsen zu sein, der Hiat bleibt jedoch: Auch die feinstgefühlte Neigung gehört ins andere, nicht autonom-freiheitliche, sondern natürlich-heteronome Lager.

Es geht drittens auch nicht an, die eigene Neigung zu einem bestimmten Objektbereich zur Disposition zu stellen und das je eigene Interesse mit dem Interesse aller anderen Beteiligten und Betroffenen kompatibel zu machen. Wir kämen auf diese Weise zu einer Verallgemeinerung oder Universalisierung unserer Interessen, die somit konfliktfrei dem inhaltlichen Wollen aller anderen entsprechen. Auch hier bleiben wir, wenn auch mit einer etwas anderen Diktion, in der naturalen Ebene von Inhalt und Neigung – mit der Kantischen Ethik hat das nichts zu tun.

Wie die sogenannte kopernikanische Wende die theoretische Naturerkenntnis gänzlich von den sinnlichen Impressionen befreit und unter die transzendentalen Grundsätze und Systembedingungen stellt, so daß wir der Natur die Gesetze geben, so befreit der kategorische Imperativ das moralische Handeln gänzlich von der Bestimmung der natürlichen Neigungen und Interessen. Beides ist paradox: Daß sich die Sonne nicht bewegt und daß das ausdiskutierte Interesse aller keine Handlungsdirektive ist, leuchtet den verzagten epistemischen und moralphilosophischen Küstenschiffern partout nicht ein.

Das Gesetz

Der kategorische Imperativ, so wird jetzt sichtbar, bestimmt den Willen unabhängig von Inhalten und Neigungen, also rein formal (nicht inhaltlich) aus Achtung vor dem formalen Gesetz (nicht aus Neigung zu den Inhalten). Das Gesetz, so ist die Auffassung Kants, *ist* die reine praktische Vernunft selbst. Aus diesem unserem eigenen, also autonomen Gesetz läßt sich nun umgekehrt erstlich bestimmen, was gut und nicht gut ist, und dieses Gesetz erzeugt zweitens, wie wir schon wissen, in uns das Gefühl der Achtung, so daß wir weder von der Inhaltsseite noch von der Subjekt- und Neigungsseite auf etwas uns Gegebenes in der Willensbestimmung angewiesen sind. Die natürliche Heteronomie ist gänzlich durch die Vernunft-Autonomie und die selbsterzeugte Bewegung (automobile) ersetzbar.

Aber was heißt »Gesetz«? Diesen für die Kantische Moralphilosophie zentralen Begriff näher zu fassen ist außerordentlich schwer. Wir nähern uns einer Bestimmung wieder dadurch, daß wir einen naheliegenden und schon vorliegenden Lösungsvorschlag als nicht möglich erweisen.

Das Gesetz kann nicht durch die bloße Universalisierung meiner Maxime gewonnen werden. Ich soll mich nicht (nur) fragen, ob das, was ich für mich für gut halte, auch für alle anderen Menschen gut ist.

Die bloße Universalisierung ist identisch mit dem Test der Widersprüchlichkeit. Die Maxime, sich morgens zunächst den linken und dann erst den rechten Schuh zuzuschnüren, ist problemlos zu verallgemeinern, es ist nicht widersprüchlich, daß ausnahmslos alle dies jetzt und in alle Ewigkeit tun. Man wird jedoch annehmen können, daß Kant seine Ethik nicht für die Ordnung im Bereich der Schnürsenkel entwickelt hat. Die Tauglichkeit meiner Maxime, sich verallgemeinern zu lassen, ist nur eine der Bedingungen, sie ist notwendig, aber nicht hinreichend.

Man darf natürlich auch nicht daran denken, daß jemand sein korruptes Verhalten verallgemeinert und findet: Das tun doch alle. Ein Clou der Kantischen Ethik ist gerade: Ich selbst entscheide über mein Handeln, was immer alle anderen tun, was immer ein anderer getan hat.

Wir sehen hieraus zweierlei. Erstens: Es kann nicht ausreichen, die Maxime zu universalisieren, um die Tauglichkeit zur Gesetzgebung zu testen. Zweitens: Es ist kaum ein Zufall, daß so viele Interpreten sich vertun und vertan haben. Es muß besonders schwierig sein, festzuhalten, worin die hinreichende Bedingung besteht, wenn sich die bloße Verallgemeinerbarkeit als nur notwendig erweist. Vielleicht gibt es keine wirklich überzeugende Lösung.

Das Gesetz als solches muß erstens allgemein, es muß zweitens notwendig, und es muß drittens nicht nur formalnotwendig wie etwa eine Schlußregel sein, sondern es muß das Gesetz von irgendetwas Bestimmtem sein, das ihm unterworfen wird. Diese Charakteristika teilt das Kantische Moralgesetz erstens mit dem Naturgesetz und zweitens mit dem Staatsgesetz.

Um den Mitgedanken des Naturgesetzes im Moralgesetz zu sehen, muß man sich nur folgender Eigentümlichkeit der Kantischen Theorie erinnern. Die Freiheitsproblematik wird in der *Kritik der reinen Vernunft* nicht unter dem Titel der Psychologie und des subjektiven Bewußtseins oder der (psychologischen) Paralogismen, sondern unter dem

Titel der Weltgesetzlichkeit und der (kosmologischen) Antinomie verhandelt. Die Frage ist nicht: Fühle *ich mich* frei und bin *ich* frei, sondern: Ist Freiheit trotz eines durchgängigen Determinismus aller Weltereignisse in der Welt selbst gesetzlich möglich? Das Ergebnis lautet, daß unter der Voraussetzung der Differenz von Noumena (Dinge an sich) und Phainomena (Erscheinungen) neben der Naturkausalität der Erscheinungen eine Gesetzeskausalität der Freiheit denkbar ist, einmal durch einen notwendig zu denkenden Gott, sodann aber durch freie Handlungen des Menschen.[13] Die moralische Gesetzgebung bezieht sich auf eine dem Naturkosmos parallel geordnete *Welt freier Personen*; in beiden Fällen ordnet also die Gesetzgebung einen Weltzusammenhang, einmal den des mundus sensibilis, sodann den des mundus intelligibilis, um hier die Redeweise der Dissertation von 1770 zu benutzen.

Daß das moralische Individuum in sich – mutatis mutandis – den republikanischen Rechtsstaat abbildet, ist so evident, daß sich ein Nachweis eigentlich erübrigt. Kant unterscheidet sich in der Annahme einer Isomorphie von Individuum und Staat nicht von Platon, der die Struktur von individueller Seele und Polis als identisch betrachtet und im Staat einen *makròs ánthropos*, einen Großmenschen, sieht. Das Individuum wird in der Kantischen Moralphilosophie aufgefordert zu prüfen, ob seine Handlungsregel Gesetz sein könnte; d. h. der Bourgeois soll prüfen, ob die Maxime seiner Handlung von ihm selbst als Citoyen zum Verfassungsgesetz gemacht werden könnte. Der Mensch ist in ethischer wie in rechtlicher Hinsicht jeweils der eigenen Gesetzgebung unterworfen; das Sollen entspringt seinem eigenen vernünftigen, zur Verfassungsgebung geeigneten Wollen, seiner Auto-Nomie. Daher kann sowohl in der

13 Vgl. bes. Kant (1998), 628–641 – *Kritik der reinen Vernunft* A 542–558: »Erläuterung der kosmologischen Idee einer Freiheit in Verbindung mit der allgemeinen Naturnotwendigkeit«.

Ethik wie im Recht der Begriff der Pflicht, der Verbindlichkeit (römisch-rechtlich: »obligatio«, nicht »officium«), verwendet werden; wir machen uns selbst als Menschen und als Bürger verbindlich, einem Gesetz zu folgen. Die Gesetzgebung ist so geartet, daß die Freiheit und Gleichheit und Mitgesetzgebung aller anderen gewährleistet ist. Als Mensch bin ich Bourgeois und Citoyen der Menschheitsgesellschaft, der kosmopolis, als Bürger ist meine Verbindlichkeit auf einen bestimmten Rechtsstaat restringiert. Jede Verbindlichkeit aber entspringt meinem eigenen Willen, ist »sibi contracta«.

Damit eine Maxime sich zur Gesetzgebung qualifiziert, muß sie *allgemein* gelten können, und sie muß *notwendig* sein im Hinblick auf – ja, im Hinblick worauf? Man könnte nach dem Vorhergehenden vielleicht sagen: im Hinblick auf die mögliche Erhaltung und das Zusammenspiel von Substanzen bzw. Personen in einer gemeinsamen Welt, sei es des partikularen Staates, sei es der kosmopolis aller Menschen überhaupt.

Wenn dies richtig ist und wenn jeder Mensch als Gesetzgeber im sittlichen »Staat« der Menschen zu denken ist, dann ergibt sich, daß der Mensch nie *nur* als Mittel (more despotico), sondern immer zugleich als Mitgesetzgeber zu berücksichtigen ist. Wir stehen gewissermaßen nicht über ihm und können nicht willkürlich über ihn wie über einen Untertan verfügen, sondern wir stehen neben ihm als einem gleichberechtigten Quell der Gesetzgebung. Er ist somit keine Sache, die für uns gänzlich in ihrer Mittelfunktion aufgeht (wie selbst das Kunstbild an der Wand, der Urwald am Amazonas und der niedliche Schoßhund), sondern immer zugleich Zweck, so wie wir uns selbst geistig und physisch zwar als Mittel benutzen, aber niemals *nur* als Mittel. Das Kunstbild erhalten wir nur wegen seines Alters und seiner Schönheit und den Urwald nur wegen der Klimabilanz; den Schoßhund jagen wir aus der Wohnung.

Mittel und Zweck

Sagt Kant nicht, sein Leben zu erhalten sei strikte Pflicht? Denn der Selbstmord ist strikt verboten. Das kann jedoch nicht richtig sein. Halten wir uns an das Vierer-Schema erstens der strikten Pflichten gegen mich und andere und zweitens der weiten Pflichten gegen mich und andere. Die ersteren nun beziehen sich auf das eindeutig bestimmte Mittel einer Handlung mit beliebigem Zweck und können nur Verbote (oder Nicht-Verbote, also Erlaubnisse) enthalten; die zweiten beziehen sich auf ein unbestimmtes Feld von in der Regel notwendigen Mitteln oder Bedingungen für moralisches Handeln. Hier gibt es Gebote und Verbote, je nach Situation.

Wir können die strikten Pflichten, die wie die weiten dem kategorischen Imperativ entspringen, mit den hypothetischen Imperativen der Klugheit konfrontieren (*Wenn* du das und das erreichen willst, dann tue das und das). Die letzteren besagen etwas über die Mittel in bloß natürlicher Hinsicht. Etwa: Wenn du den Schmerzen ein für allemal entgehen willst, dann nimm dir das Leben. Wenn du den Segen des Erstgeborenen erwerben willst, dann täusche deinen blinden Vater. Diese Mittel nun unterliegen außer der technischen Prüfung auch der moralischen Kritik: Ist, was naturgesetzlich durchführbar ist, auch moralisch – im Reich der Freiheit – gesetzlich möglich oder ist es ausgeschlossen? Wenn das vom hypothetischen Imperativ vorgeschlagene Mittel nach Freiheitsgesetzen ausgeschlossen ist, dann muß ich nach anderen, technisch und sittlich möglichen Mitteln suchen oder aber auf das Erreichen des Ziels verzichten.

Die *Klugheit* sagt in Kenntnis des Naturgesetzes: »Wenn du B willst, mußt du A tun«.

Die *Moral* kontrolliert das Mittel A nach seiner freiheitsgesetzlichen Möglichkeit und verbietet oder erlaubt A, ohne auf B Rücksicht zu nehmen.

B kann z. B. meine Lebenserhaltung sein; wenn A eine Lüge ist, so darf ich dieses Mittel nicht einsetzen, um B zu verwirklichen. Es ist so, als ob dieses Mittel naturgesetzlich nicht möglich wäre, die Zunge also hier ihren Dienst versagt.

Ganz anders steht es mit den weiten Pflichten. Ihre Konzeption setzt voraus, daß uns Menschen das moralische Handeln nicht ohne weiteres möglich ist. Es gibt zwei Lebensbereiche, die man fast als notwendige Bedingungen ansehen kann, erstens die Verfügung über eine innere Stabilität und Selbstbeherrschung und zweitens die Verfügung über ein bestimmtes Maß an äußeren Glücksumständen. Die einleitenden Sätze der *Grundlegung zur Metaphysik der Sitten* besagen, daß nur der Wille wirklich gut sein kann; es kommt also keinem der beiden genannten Bereiche als solchem ein unbedingter moralischer Wert zu, sie sind jedoch die fast unabdingbaren Mittel oder Bedingungen zur eigenen Moralität als dem einzigen Guten an sich. Ich bin deswegen kategorisch verpflichtet, mir, soweit möglich, die Kultur und anderen die Glückumstände zu verschaffen, die vom moralischen Handeln vorausgesetzt werden. Hier gibt es eine moralische Lebensaufgabe, formulierbar in situativen Geboten: Diese Möglichkeit der Selbstkultur mußt du ergreifen, hier mußt du helfen. Wir verfolgen dabei Zwekke, die als Mittel zur Verwirklichung der Moral notwendig sind.

Probleme

Wir haben das Freiheitsgesetz mit dem Naturgesetz verglichen und die beiden Reiche der Freiheit und der Natur einander gegenübergestellt. Dieser Kontrast ist ein doppelter. Einmal gilt *metaphysisch*, daß Erscheinung (Natur) und Ding an sich (Freiheit) einander unüberschreitbar entgegengestellt sind; meine Überlegungen und Entschlüsse gehören als psychische Phänomene zur Natur, die gänzlich durch das Kausalgesetz determiniert ist. Zum anderen gilt *moralisch*, daß ich das naturale Reiz-Reaktionsschema durchbrechen und meine Handlung unter das Freiheitsgesetz stellen soll und dies ergo auch kann. Siegt die Moral über die Metaphysik? Kant beteuert an den einschlägigen Stellen, wir könnten dieses Problem nicht lösen; aber es ist ein Problem seiner Metaphysik, die hier vielleicht eine entscheidende Schwachstelle hat.

Nehmen wir die beiden nach Kant strikten Pflichten, das Selbstmord- und das Lügenverbot. Wie, wenn ich in den sicheren Tod gehe, nicht um meine Schmerzen zu vermeiden, sondern um andere Menschen zu retten? Handelt es sich um Selbstmord? Wenn ja, so gilt: Der Selbstmord ist strikt verboten, die Rettung anderer ist nur eine weite Pflicht und muß zurückstehen.[14] Wie, wenn die sonst folgenlose Lüge das einzige Mittel ist, Menschen vor dem gewissen Unrechtstod zu bewahren? Der neutrale Beobachter wird weder zu Kants Zeiten noch heute eine sittliche Hochachtung vor der Person haben, die sich aus vorgeblich moralischen Gründen weigert, dieses einzige ihr mögliche Mittel anzuwenden. Niemand würde ihr bei freier Wahl sein Kind anvertrauen. Diese Dissonanz zwischen der (laut Kant) moralischen Notwendigkeit einerseits und der Beurteilung durch einen neutralen Beobachter andererseits darf nach Kant selbst nicht auftreten.

»Es ist überall nichts in der Welt, ja überhaupt auch außer derselben zu denken möglich, was ohne Einschränkung für gut könnte gehalten werden, als allein ein *guter Wille*.« So beginnt der »Erste Abschnitt« der *Grundlegung zur Metaphysik der Sitten*. Wer nur diesen Satz kennt, wird einen anderen Fortgang des Textes vermuten, als er bei der Lektüre dann tatsächlich findet. Er wird vermuten, daß Kant eine Analyse des Prädikats »gut« vornimmt und dann

14 Vgl. die »Casuistik« Kant (1900ff.), VI 423-424 – *Metaphysik der Sitten*, »Tugendlehre«.

zeigt, daß tatsächlich die Ausgangsthese stimmt und nur ein Ding uneingeschränkt gut sein kann, nämlich der Wille. Kant verfährt jedoch anders; er bestimmt nicht zunächst das Prädikat des Guten, sondern verfährt so, als wüßten wir, was mit ihm gemeint ist. In der »Analytik« der *Kritik der praktischen Vernunft* wird er zeigen, daß der gesetzliche Wille seinerseits bestimmt, was gut ist,[15] nicht aber umgekehrt aus dem zuvor erkannten Gutsein des Willens seine Gesetzlichkeit folgt. Diese Beobachtung ist essentiell für das Verständnis der Kantischen praktischen Philosophie. Vergegenwärtigen wir uns folgende weitergehende Alternative: Es besteht einerseits die Möglichkeit, das Gutsein des Willens so zu bestimmen, daß der Wille der Erkenntnis des Guten folgt. Der Wille wäre gut, der z. B. die äußeren Güter, den eigenen Körper und die mentalen Fähigkeiten gemäß ihren Qualitäten nur und ausschließlich zur Verwirklichung eines guten Lebens gebraucht. Dem Willen wäre dann die theoretische Vernunft und die Welt- und Selbsterkenntnis eindeutig vorgeordnet. Zuerst muß der Mensch das Gute im Handlungskontext erkennen, sodann folgt der Wille, dessen Gutsein in der Verwirklichung des als gut Erkannten besteht.

Diesen Weg beschreitet Kant jedoch nicht, sondern er isoliert den Willen aus allen epistemischen Zusammenhängen und findet sein Gutsein in seiner gänzlichen Unabhängigkeit; der Wille ist gut, der sich gänzlich aus sich selbst bestimmt, seiner eigenen folglich nur formalen (weil von epistemischen Inhalten entleerten) Gesetzlichkeit. Der kategorische Imperativ besagt, daß ich die Regel oder Maxime meiner Handlung daraufhin überprüfen soll, ob sie dem Kriterium der allgemeinen Gesetzlichkeit (einer Gesellschaft von freien Wesen mit formal gleichem Willen) ge-

15 Kant (1900 ff.), V 57–67 – *Kritik der praktischen Vernunft* »Analytik«, »Von dem Begriff des Gegenstandes der reinen praktischen Vernunft«.

nügt. Kant eliminiert nun einen möglichen Konflikt zwischen autonomer Willensbestimmung und einem davon unabhängigen Gutsein von Handlungen und deren Zielen dadurch, daß er, darauf haben wir schon verwiesen, in der *Kritik der praktischen Vernunft* erstens nachzuweisen sucht, daß das Gute seinerseits nur aus der Gesetzlichkeit des Willens zu bestimmen ist. Jeder autonomen Willensbestimmung kommt also a priori gewiß das Prädikat des Guten zu, weil es eben so definiert ist. Hier schließt sich der Ring zum Anfang der *Grundlegung zur Metaphysik der Sitten*; es zeigt sich, daß das Gutsein des guten Willens daran liegt, daß der Wille sich vorbehalten hat, zu bestimmen, was gut und was nicht gut ist. Bei Platon und Aristoteles ist es umgekehrt so, daß das Handeln nicht deswegen gut ist, weil es aus Pflicht erfolgt, sondern daß es umgekehrt aus Pflicht geschieht, weil nur dadurch das Gute erreicht wird. Genau dies wird – zweitens – ausgeschaltet, indem gezeigt wird, daß dieses erkannte Gute nur durch die Kanalisation der Neigungen den Willen affizieren könne; darauf kommen wir gleich zurück.

Die Kantische Theorie der absoluten Autonomie des Willens schottet die Menschen dagegen ab, selbst im externen Kontext des Handelns darüber zu befinden, was nun gut und was nicht gut ist. Die epistemische Blockade führt dazu, daß der Handelnde sich um das Geschehen in der Welt eigentlich nicht weiter zu kümmern braucht, daß er nicht rechts schaut und nicht links schaut, sondern getrost dem Kompaß[16] des moralischen Gesetzes in seiner Hand folgen kann.

Warum wird gegen das Gesetz verstoßen? Kant kennt gemäß dem oben skizzierten System nur eine Antwort. Alle sittlichen Verstöße entstammen dem direkten oder in-

16 Siehe Kant (1900ff.), IV 404 – *Grundlegung zur Metaphysik der Sitten*: »Es wäre leicht zu zeigen, wie sie [die gemeine Menschenvernunft, R. B.] mit diesem Compasse in der Hand in allen vorkommenden Fällen sehr gut Bescheid wisse, [...].«

direkten Einfluß attraktiver Objekte auf die Neigungen. Ob jemand durch seine betrügerischen Handlungen Profit erzielte und so seinen Neigungen dient, oder ob er aus Menschenliebe sogar gegen seine Selbstneigung (z. B. in Sicherheit weiter zu leben) handelt, um Menschen vor Verbrechern zu retten, wird in der Gesetzesethik gleichgültig. Kant muß alle Handlungen, die dem kategorischen Gesetz zuwiderlaufen, den Neigungen und Gefühlen zurechnen, und er verfährt hier selbst mit dem Theoretiker nicht anders: Cesare Beccaria habe sich in seinem Plädoyer für die Abschaffung der Todesstrafe nicht epistemisch-philosophisch geirrt oder vertan, sondern aus üblen Motiven geschrieben/gehandelt: »Hiegegen hat nun der Marchese *Beccaria* aus theilnehmender Empfindelei einer affectirten Humanität (compassibilitas) seine Behauptung der *Unrechtmäßigkeit* aller Todesstrafe aufgestellt […].«[17]

Umgekehrt bietet somit keine Handlung, die aus Pflicht oder nur pflichtgemäß geschieht, die Gewähr dafür, daß aus ihr etwas »Gutes« nach landläufigen Maßstäben resultiert: Die moralische Handlung kann für die Beteiligten und Betroffenen eine Lebens-Katastrophe bedeuten. Kant reserviert konsequent das Prädikat des Guten für den Willen; die gesollten Handlungsfolgen können dagegen als solche moralisch weder gut noch schlecht sein.

Die Isolierung des Willens und die Fokussierung seines Gutseins auf die reine moralische Gesetzlichkeit impliziert also, daß der Zusammenhang mit der theoretischen Erkenntnis gekappt wird und der unmoralisch Handelnde das Schlechte oder Böse nicht aus mangelnder Einsicht tut, sondern auf Grund seines bösen Willens. Hier stehen sich zwei grundsätzlich differente Auffassungen gegenüber. Die eine, platonisch-aristotelische besagt, daß alles Fehlhandeln

17 Kant (1900ff.), VI 335 – *Metaphysik der Sitten*, »Vom Straf- und Begnadigungsrecht«. Kant hält die Todesstrafe nach dem Prinzip, daß der Täter sich mit seiner Handlung selbst die korrespondierende Strafe »verdient«, für rechlich notwendig.

letztlich auf eine mangelnde Bildung, auf ein fehlendes wirkliches Wissen zurückgeht, die andere isoliert den Willen und findet in ihm etwas, das sonst nicht begegnet: das Böse als den irrationalen Urheber des Widergesetzlichen.

Kants Antwort auf die These, dem Wollen müsse das Erkennen vorangestellt werden, lautet ungefähr so. Erstens: Wie immer ein erkanntes Gutes aussieht, es muß, um den menschlichen Willen zu bestimmen, den Weg durch die Kanäle der Neigungen gehen; damit aber verfällt selbst Platon dem Vorwurf des Eudaimonismus, den Kant gegen *alle* bisherigen Moraltheorien erhebt. Man könnte, wie schon angedeutet, dagegenhalten, daß die Möglichkeit, daß das erkannte Gute in uns das Gefühl der Achtung hervorruft, nicht ausgeschlossen wurde, somit aber der Eudaimonismusvorwurf nicht durchgängig erhoben werden kann. Zweitens, und hiermit kommen wir zum Kern einer neuzeitlichen Grundüberzeugung: Das zu erkennende Gute kann nicht außer Streit gesetzt werden; jeder macht sich anheischig, mit seinen geringeren oder größeren Kenntnissen und in unvermeidlicher Parteilichkeit zu bestimmen, worin das eigentliche Gute an sich besteht. Wir kommen, so die Überzeugung, durch ein derartiges epistemisches Gut an sich nicht zu einer gemeinsamen Welt des moralischen Handelns, sondern verbleiben entweder in einer Anarchie je subjektiver Wertsetzungen oder müssen die wahre Werterkenntnis an eine Elite delegieren; deren Einheitsstiftung wäre jedoch unvermeidlich despotisch. Kant versucht, Anarchie und Despotie durch die Gesetzesherrschaft zu vermeiden; das Gesetz sei jedem als identisches Faktum des Bewußtseins zum Kompaß seines Handelns gegeben. Der kategorische Imperativ erscheint als Faktum des Bewußtseins im ersten Abschnitt der *Kritik der praktischen Vernunft*, also an dem Ort, an dem in der *Kritik der reinen Vernunft* die Lehre von der reinen Anschauung von Raum und Zeit steht; d. h. die Moral findet hier ein Analogon zu einer begrifflich nicht bestreitbaren unmittelbaren anschaulichen Evidenz.

Wir brechen hiermit die Reflexionen zur Kantischen Ethik ab, fügen jedoch noch eine Beobachtung zum Beginn der *Grundlegung zur Metaphysik der Sitten* an.

Die Methode, die Kant wählt, ähnelt Descartes' Vorgehen in den *Meditationen*. Descartes isoliert das »Ich denke« dadurch aus dem Kreis anderer Instanzen, die den Anspruch erheben, gewiß zu sein, daß diesen eine mögliche Ungewißheit nachgewiesen wird. Die sinnliche Gewißheit wird im methodischen Zweifelsregreß zermalmt, weil wir uns im Sinnlichen täuschen können. Und ähnlich ergeht es anderen Prätendenten bis hin zur mathematischen Gleichung. So verfährt auch Kant; er nennt Dinge, die gut sein könnten, die aber auch ganz falsch gebraucht werden können, die also nicht zweifelsfrei gut sind. Wie Descartes die Bereiche der Sinnlichkeit und der Imagination scheitern läßt, um dann beim *Denken selbst* einzuhalten, so löscht Kant vorläufig alle Bereiche aus, die nicht im *Willen selbst* liegen. Der gute Wille ist zweifelsfrei gut, weil alles andere in seinem relativen Gutsein vom Willen, der Gebrauch von ihm macht, abhängt.

Descartes gewinnt eine Gewißheit des Selbst, der eigenen Identität im Zeitfluß und des weiteren die Gewißheit der Welterkenntnis nur durch die Anrufung und die Einhilfe eines Gottes, der den Menschen in dem, was ihm »clare et distincte« erkannt scheint, nicht gut täuschen wollen kann. Eine Erkenntnisextension ist also ohne göttliche Einhilfe nicht möglich.

Kant bestimmt zwar das Gute aus der bloßen Gesetzlichkeit des reinen Willens, aber er hat damit eine Frage nicht beantwortet: Wieso ist das so bestimmte Gute an sich auch gut für mich? Gesetzlichkeit ja, aber wieso ist sie gut für mich? Kant nennt die Einheit von Gesetzlichkeit und dem »Gutsein für mich« das höchste Gut, und er kommt zu der überraschenden Feststellung, daß alle Gesetzlichkeit des Willens, die rigorose Forderung des kategorischen Imperativs eine leere Chimäre ist, wenn sich nicht erweisen läßt, daß Sittlichkeit auch gut für mich ist: »Ist also das höchste Gut nach praktischen Regeln unmöglich, so muß auch das moralische Gesetz, welches gebietet dasselbe zu befördern, phantastisch und auf leere eingebildete Zwecke gestellt, mithin an sich falsch sein.«[18] Die objektive praktische Realität des höchsten Guts aber läßt sich nur erweisen, so die Lehre der *Kritik der praktischen Vernunft*, wenn man Rekurs auf Gott und die Unsterblichkeit nimmt. Ohne diese Postulate ist alle Ethik leer und auf nichts gestellt. Kant zahlt hier offenbar denselben Preis für die Willensisolierung wie Descartes für das isolierte Ich-Bewußtsein: Ohne Gottes Hilfe gibt es hier keine Real-, ja, nicht einmal eine gesicherte Selbsterkenntnis und dort nichts wirklich Gutes. Ohne Gottes Einhilfe, so ergänzen wir, ist dort nicht gewährleistet, daß wir zu einer wahren Inhaltserkenntnis in der Lage sind, und hier, daß die Erfüllung strikter Pflichten nicht regelmäßig katastrophale Folgen hat, das moralisch gute Handeln nicht in einem inhaltsleeren Gesetzesgehorsam endet. Denken und Erkennen, Moralität und Natur bleiben getrennt, wenn sie nicht durch einen wahrhaften, gütigen Gott verbunden werden.

Weiterführende Reflexionen (zu Kapitel 6 und 7)

Moralisches Urteilen

Reflektiert man über moralische Werte, so trifft man zunächst auf einen breiten Konsens dessen, was als positiv und was als negativ beurteilt wird. Der Konsens bezieht sich nicht nur auf die Wörter, daß es gut ist, z. B. gerecht

18 Kant (1900ff.), V 114 – *Kritik der praktischen Vernunft*, »Die Antinomie der praktischen Vernunft«. Vgl. Kant (1998), 844 – *Kritik der reinen Vernunft* A 811 (»[...] oder die moralischen Gesetze als leere Hirngespinste anzusehen [...]«).

oder fair zu sein, sondern auch auf bestimmte Inhalte. Auf jedem Schulhof dieser Welt wird der hinterlistige Angriff eines Stärkeren auf den Schwächeren als unfair beurteilt (wenn eine eigene Urteilsbildung möglich ist). Moralisch gelobt wird dagegen global der Verzicht auf einen eigenen Vorteil zugunsten eines anderen, besonders des Schwächeren. Gibt es eine Gütermenge zu verteilen, dann kommt es zu einem inhaltlichen Konsens im Hinblick auf die Frage, ob die Zuteilung gerecht ist oder nicht, geschehe dies nun nach dem Prinzip völliger Gleichheit (die Gesamtmenge dividiert durch die Anzahl der Personen) oder nach anderen Gesichtspunkten, etwa dem der unterschiedlichen Bedürftigkeit oder auch der unterschiedlichen Verdienste, die sich die Personen erworben haben. »Es ist gerecht, daß jeder dieselben Lasten trägt.« – »Es ist gerecht, daß die Reichen mehr Steuern zahlen als die Armen.« Gelobt wird eine gewisse Bescheidung und Zurückhaltung, ein mutiges Handeln im rechten Augenblick, eine kluge Beurteilung von Situationen, die Hinwendung zu den Bedürftigen. (Eine Ausnahme bildet Friedrich Nietzsche; eine von vielen gleichlautenden Äußerungen: »Der vornehme Mensch ist eben stolz darauf, *nicht* zum Mitleiden gemacht zu sein […].«[19] Wie jemand darauf stolz sein kann, ohne Mitleid zu sein, ist rätselhaft; die Formulierung »zum Mitleiden gemacht zu sein« bringt eine biologistische Schiefheit in den Satz, denn eine Person, die in bestimmten Situationen Mitleid empfindet, wird nicht von sich behaupten, »zum Mitleiden gemacht zu sein«. Es gehört zu den Regeln der Moral, daß das gefühlte Mitleid nicht ohne weiteres das Handeln bestimmen darf; der Richter soll nicht aus Mitleid mit einer der Parteien das Recht beugen, der Arzt darf nicht aus Mitleid mit dem Patienten auf die Operation verzichten, und der Lehrer kann nicht aus Mitleid gute Noten vergeben. »Der vornehme Mensch […]« – woher bezieht Nietzsche

19 Nietzsche (1967 ff.), V 210 – *Jenseits von Gut und Böse*.

sein Wissen über den vornehmen Menschen? Das tragische Schauspiel erregt Furcht und Mitleid; Nietzsches erbarmungslos vornehmen Menschen wird man daher im Theater nicht begegnen.

Fair, großzügig, gerecht, bescheiden, mutig und klug zu handeln, dankbar zu sein und nicht kleinkrämerisch nur auf das eigene Interesse zu blicken scheint unter Menschen, die zusammenleben, ob sie nun Piraten oder Staatsbürger, Mafiosi, Rechtsextreme oder deren Richter oder beides zugleich sind, inhaltlich gleich beurteilt zu werden. Die konstante Hochschätzung findet auch darin ihren Ausdruck, daß die Menschen von Hesiod über Paul Gerhardt bis zu den Beatles davon singen, daß diese Tugenden, zusammengefaßt als »honesty«, nicht mehr zu finden sind.

Für das moralische Urteil ist zu klären, ob sich die moralischen Wertprädikate auf Handlungen oder Personen beziehen. Eine mutige Handlung ist auch einem Menschen unter Drogen möglich, der von der Lage nichts begriffen hat; und die gerechte Teilung kann jemand vornehmen, weil er sich davon im Moment einen größeren Vorteil als vom Betrug verspricht. Eine nähere Klärung der moralischen Urteile muß also zwischen Handlungen, deren Maximen und Personen unterscheiden und sich Klarheit darüber verschaffen, wie nicht nur sichtbare sporadische Aktionen, sondern die Maximen, Handlungen und die Menschen in ihrem Charakter ethisch zu beurteilen sind.

Immoralismus

Man kann sich in der Praxis moralisch oder unmoralisch verhalten. Der Immoralist dagegen nimmt eine theoretische Position ein, die die Begründetheit der Moral bestreitet und in ihrer faktischen Ausübung nur eine politische Strategie der Starken und eine Blendung der Schwachen (oder umgekehrt) sieht, ein vorübergehendes Phänomen in der Naturgeschichte der Menschheit.

Die Position des Immoralisten, schon von Platon als haltlose Phantasie asthenischer Kraftmenschen ad absurdum geführt,[20] ist verbal möglich, aber nur zufällig oder kurzfristig lebensfähig. Aber wie widerlegen wir den Immoralisten? Berufen wir uns auf das Faktum des moralischen Bewußtseins in jedem Menschen? Weisen wir nach, daß in zwischenmenschlichen Beziehungen immer moralisch geurteilt wird, daß wir selbst unweigerlich fremde und eigene Handlungen moralisch bewerten, daß selbst Verbrecher untereinander elementare Prinzipien der Gerechtigkeit benötigen?

Einige Aporien des Themas »Handlung«

Eine Handlung ist diejenige Tätigkeit oder Unterlassung, zu der sich der Handelnde nach Abwägung von Gründen des Tuns oder Lassens entscheidet und die er selbst ausführt. Sind diese Bedingungen erfüllt, sprechen wir von einer Handlung, wobei die metaphysische Frage, ob alles determiniert ist oder ob es Freiheitslücken im Determinationsnetz gibt, niemals interessiert. Ob jemand etwas Bestimmtes in einer bestimmten Situation tun und unterlassen *kann*, also das Tun oder Unterlassen in seiner Gewalt hat, ist empirisch von Fall zu Fall zu entscheiden. Der Süchtige hat seine Freiheit zerstört oder eingeschränkt; er hat sein Tun und Lassen in einem bestimmten Tätigkeitsfeld nicht in seiner Gewalt. Tiere können zwar zu bestimmten Tätigkeiten durch Zeichen aufgefordert werden, aber sie handeln nicht, weil sie keine Gründe des Tuns und Lassens abwägen können. Daß man zu Handlungen aufgefordert werden kann, ist also eine notwendige, aber keine hinreichende Bedingung für deren Vorliegen. – Wer in dem hier festgelegten Sinn handelt, kann aus der Retrospektive sagen, er hätte anders handeln können.

20 Vgl. bes. Platon, *Gorgias* 481bff.

Wer aus moralischen Gründen bestimmte Handlungen ausschließt (»Ich hintergehe ihn nicht«), hat das einschlägige Tun und Lassen nicht mehr in seiner Gewalt (»Ich kann das nicht tun«). Zerstört somit die Moral in diesem Bereich die Handlungsfreiheit?

Sind Tätigkeiten, die wir gewohnheitsmäßig ausführen und denen wir keine Aufmerksamkeit widmen, *unsere* Handlungen? »Ich wollte eigentlich etwas ganz anderes tun«.

»Die Regierung ist nicht mehr handlungsfähig.« Das komplizierte System kultureller Delegationen hat zur Schöpfung künstlicher, speziell juristischer Personen geführt. Juristische Personen haben bestimmte Aktivitäten in ihrer Gewalt, sie können Gründe des Tuns oder Unterlassens abwägen, zu einer bestimmten Entscheidung gelangen und die Entscheidung in die Tat umsetzen – es ist die Handlung dieses Gremiums, dieser Regierung. Sie ist frei in ihrer Entscheidung und Ausführung.

Wie steht es mit der Bildung von Kollektivsubjekten, die von den Akteuren selbst nicht gewollt wird? Kollektivsubjekte können von Außenstehenden gebildet werden, um einen Handlungsträger für bestimmte Handlungen schuldig zu sprechen und haftbar zu machen. Nach 1945 wurde die These der Kollektivschuld »der« Deutschen aufgestellt; bei Sklaven wurde durchweg dasselbe Prinzip angewendet.

Nach unserer Bestimmung scheint eine erzwungene Tätigkeit keine Handlung zu sein. Ist die Aussage, zu der jemand durch Folter oder Beugehaft gezwungen wurde, *seine eigene* Aussage?

Wie weit erstreckt sich eine Handlung, wie läßt sie sich überhaupt in ihrer Wirklichkeitsdimension bestimmen? Pflegen die marschierenden Protestanten in Nordirland ihre Tradition, oder entfachen sie erneut einen Bürgerkrieg? Blicke ich nach links auf den See, oder tue ich so, als hätte ich den Unfall auf der rechten Straßenseite nicht gesehen? Bewege ich meine Hand, oder unterschreibe ich einen Vertrag? Hier bestimmen staatliche Gesetze, was ich tue. Meine Handbewegung ist, so sagen sie, das Unterschreiben eines Vertrages; Gesetze legen fest, daß der Scharfrichter nicht jemanden ermordet, sondern ein Urteil vollstreckt. Soldaten sind keine Mörder. Im Naturzustand dagegen gibt es keine Handlung im eigentlichen Sinn, weil das Tun und Lassen nicht normiert ist. Für Antigone, die Unaufgeklärte, ist ihre Handlung ein Akt der Pietät für den getöteten Bruder; aber sie befindet sich nicht mehr im Naturzustand, sondern in der Polis Theben, und der gesetzmäßige Herrscher Kreon hat eben diese Handlung als einen rechtswidrigen Akt bestimmt. Nicht ein ungeschriebenes Gesetz und nicht die eigene Interpretation, sondern Kreon definiert das Handeln der Bürger und damit auch der Ödipustochter – oder unterliegt das staatliche Gesetz einer höheren Norm, auf die Antigone ihre Handlung zu Recht bezieht?

Verkauft O. nach allen Regeln des Marktes Zigaretten, oder beteiligt er sich an der gerichtsnotorischen Zerstörung der Gesundheit unmündiger[21] Raucher?

Sein und Sollen

Die moralischen Werte sind nicht ohne weiteres in epistemische umzuwandeln, das Gute stimmt nicht ohne weiteres mit dem Wahren überein. Die Irreduzibilität der moralischen Norm auf das faktische Sein wird häufig unter dem Titel von »is« und »ought« verhandelt. Bei David Hume heißt es an einer berühmten Stelle seines *Traktats*: »[…] Plötzlich werde ich damit überrascht, daß mir anstatt der üblichen Verbindungen von Worten mit ›ist‹ und ›ist nicht‹ kein Satz mehr begegnet, in dem nicht ein ›sollte‹ oder ›sollte nicht‹ sich fände. Dieser Wechsel vollzieht sich un-

21 Unmündig im Sinne der Klage, die erwachsene, wahlberechtigte Raucher gegen Tabakfirmen anstrengen, ihre Gesundheit hätte gelitten. Durch wessen Handlung?

merklich; aber er ist von größter Wichtigkeit. Dies ›sollte‹ oder ›sollte nicht‹ drückt eine neue Beziehung oder Behauptung aus, muß also notwendig beachtet oder erklärt werden.«[22]

Die von Francis Hutcheson schon umkreiste und von David Hume mit den zitierten Sätzen plakativ herausgestellte Differenz klingt so plausibel, daß der Leser keine weitere Neigung verspürt, sie in Zweifel zu ziehen. Und doch wird sogleich klar, warum Platon und Aristoteles diese Differenz nicht machen und auch ablehnen würden. Die Voraussetzung der Unterscheidung von Sein und Sollen im Humeschen Sinn ist ein Begriff des Seienden als eines von allen Werten und Normen verlassenen Substrats. Es ist dies die demokritisch-epikureische Natur; sie kommt durch Zufall zu teleologischen Gebilden, also so, daß der Natur als solcher keine Normen inhärieren. Platon und Aristoteles verfügen dagegen über Gegenstandsbegriffe, die jedem Ding sein eigenes Wesen und Telos inhärieren lassen. Dies gilt für die Natur im ganzen und im einzelnen und auch für den Menschen. Das Erkennen der Natur eines Dinges impliziert immer schon ein ihm inhärentes »ought«.

In der stoischen Philosophie wird die gesamte Natur inklusive der physischen Beschaffenheit des Menschen als zweckmäßig angesehen, so daß dem Seienden auch eine Richtung innewohnt. Der Zweck jedoch, mit dem die Stoiker operieren, liegt nicht in dem Naturwesen selbst, sondern in den Menschen qua moralischen Wesen und in den Göttern – für sie ist alles geschaffen, auf sie ist alles gerichtet. In der menschlichen Welt gibt es eine Koinzidenz von Sein und Sollen nur in der vollendeten Moral; alles andere dient diesem einen Ziel.

In der Neuzeit wird das reale Gegebensein finaler Strukturen in der Natur von den großen Gründern der neuen Naturwissenschaft und Philosophie geleugnet; Francis Ba-

22 Hume (1973), 211 – *A Treatise of Human Nature* III 1, 1.

con, Pierre Gassendi, René Descartes, Thomas Hobbes unterwerfen die Natur mathematischen Prinzipien und/oder dem Kausalgesetz der Mechanik (causa efficiens), man denke an die Fallgesetze Galileis und später die allgemeine Gravitation von Newton. Wir treffen, so lautet die Botschaft, in der durch Physik und Chemie im Prinzip vollständig erkennbaren Natur keine Anleitung für unser Handeln. Mit diesem Ist-Bestand ist es ausgeschlossen, im Seienden noch ein »ought« zu finden. Was der Mensch tun soll, heißt es im Gegenzug, ist gänzlich in seine Freiheit gestellt.

Freiheit – Determinismus

Der Determinismus ist eine – seit dem Hellenismus explizit vertretene – Weltauffassung, gemäß der alle Ereignisse durch einen vorhergehenden Weltzustand kausal bestimmt sind. Auch das menschliche Denken, Sichentscheiden und Handeln geschehe, so die Auffassung, in diesem durchgängigen Kausalnetz; der Mensch sei folglich unfrei, seine Motive und inneren Gründe, so oder so zu handeln, selbst seine Überzeugung, frei zu sein (»Ich entschließe mich jetzt völlig frei, den Arm zu heben!«), seien durch vorangehende natürliche Ursachen festgelegt.

Der Determinismus besagt nicht, daß alles Sein oder Seiende kausal erzeugt ist. Apriorische Prinzipien wie der SvW, mathematische Strukturen oder auch Gott (in der jüdisch-christlichen Tradition) oder das Weltganze, die Atome oder der Raum oder auch das Wesen bestimmter Dinge sind keine Ereignisse und fallen daher nicht unter das durchgängige Kausalprinzip. Und das Kausalprinzip selbst? Es wäre ein Ereignis, das sich der Kausalität verdankt, wenn es als Konstrukt erkennender Wesen aufgefaßt werden könnte, nicht jedoch, wenn wir es als ein unserem Denken vorgängiges, zu entdeckendes, nicht zu erzeugendes Prinzip erkennen.

Die deterministische Weltauffassung besagte entweder, daß die atomare Welt nach der causa efficiens strukturiert ist (Epikur; allerdings mit der Einschränkung gelegentlicher »inclinationes«, »Abweichungen«), oder daß Gott die gesamte Welt konstant kausal in vernünftiger Regie als Vorsehung durchherrscht. Dies letztere war die Auffassung der Stoiker (während Platon und Aristoteles der Meinung sind, daß die Formprinzipien das materiale Substrat und seine Widerständigkeit oder Unbestimmtheit nicht gänzlich durchdringen).

Der Determinismus ist eine metaphysische Theorie, die, einmal bewiesen, empirisch nicht widerlegbar wäre. Für den Deterministen besteht bei jedem empirischen Widerlegungsversuch die Möglichkeit, die entdeckte vermeintliche Freiheitslücke als bloßen Schein einzustufen. Unsere unvermeidliche subjektive Freiheitsüberzeugung wird so a priori zu einer bloßen Illusion, auch wenn heute *noch* die Mittel fehlen, dies empirisch in den neuronalen Prozessen nachzuweisen.

Der Determinismus ist andererseits empirisch nicht beweisbar. Man denke an eine beliebige Situation im eigenen Leben, sei es im Wachzustand, sei es im Traum. Um die kausalgesetzliche Determiniertheit dieser Situationen zu demonstrieren oder auch nur nahezulegen, bedürfte es der Reproduktion in einem experimentellen Verfahren. Meine biographischen Situationen lassen sich jedoch nicht reproduzieren; selbst wenn ich sie typologisch festlege und den Traum als typisches Produkt z. B. der Öffentlichkeits-Phobie einstufe, besteht keine Garantie der Reproduktion des Traumverlaufs in einem Experiment. Der Traum ist zweifellos ein Weltereignis (wohin sollte er sonst gehören, wenn nicht in diese Welt?), aber eine Traumfabrik zur exakten Reproduktion meiner schönsten Träume oder auch nur zur Erzeugung trivialer Serienträume wird sich aufs Celluloid oder, vage, auf Opium beschränken müssen.

Aber widerlegt sich der Determinismus nicht einfach

selbst, sobald man das Prinzip der Selbstanwendung einer Theorie ins Spiel bringt? Die Behauptung der durchgängigen Determiniertheit aller Ereignisse besagt, daß die Behauptung selbst einer kausalen Notwendigkeit geschuldet ist; eben dies trifft jedoch auch auf die Gegenbehauptung zu, so daß These und Antithese gleiche Geltung beanspruchen können bzw. jeder Geltungsanspruch überhaupt eliminiert wird.

Hier begegnen wir einem komplizierten Geflecht von Pro- und Contra-Argumenten. Unterscheiden wir zunächst das Behaupten des Determinismus von seinem faktischen oder möglichen Wahrsein. Denken wir uns einen Computer, der Wortfolgen, darunter auch Sätze, produziert, die als solche wahr oder falsch sind. Ein Geist, der nicht zur Welt gehört, könnte die Sätze, die den Determinismus besagen, als wahr auszeichnen, die Gegensätze derselben Maschine oder einer anderen Maschine jedoch als falsch. Wir können einen Schritt weiter gehen und auf die Existenz oder mögliche Existenz des extramundanen Geistes, der für die Wahr-Falsch-Prädikate zuständig ist, verzichten – der eine Satz ist notwendig wahr, der andere falsch, auch wenn es keinen Geist gibt, der dies beurteilt und als Urteil ausspricht. Der Computer enthalte auch ein Verifikationssystem für Sätze; die Determinismus-Aussage wird erfolgreich verifiziert bis hin zur Ursache des Satzereignisses selbst, die Gegenaussage scheitert, weil sich kein nicht-determiniertes Ereignis findet; also ist der Determinismus eine wahre Aussage, auf die der propositionale Inhalt angewendet werden kann.[23]

Die Überzeugung der freien Entscheidung – tun wir, was wir wollen, oder wollen wir, was wir gerade schon tun? Unser Geist, Galionsfigur eines Schiffes, die, leicht zeitversetzt, die Beibehaltung oder Änderung der Richtung des Schiffes ihrer eigenen Entscheidung zurechnet und dies auch bei den Galionsfiguren anderer Schiffe unterstellt.

23 Pothast (1980), 251–313.

Über ihre Illusion lachen die Kapitäne. Sie lachen damit über sich selbst, meint irrtümlich der Determinist, Kapitän unter Kapitänen.

Was tun? Man sollte, von der Freiheit der eigenen Urteilsbildungen überzeugt, darüber nachdenken, ob das hellenistische Modell der kausaldeterminierten Natur, das mit der beginnenden Neuzeit wieder aktiviert wurde und als Grundlage der mathematischen Naturwissenschaften dient, ob dieses Modell tatsächlich ausreicht, um ein atomares Geschehen, um Pflanzen und Tiere und menschliche Gedanken zu ermöglichen. Die Chancen sind gering; man kommt jeweils nur zu notwendigen, aber nicht zu den hinreichenden Bedingungen, und dann kann das ganze Modell nicht stimmen.

Eine anthropologische Nachbemerkung: Wir neigen in geradezu pathologischer Weise dazu, den freien Willen bei Menschen auszumachen, die nur kenntnislos und hilflos sind. Das einpeitschende »Kannst du nicht hören?«, Auftrumpfen gegen den bösen Willen. Natürlich kann das Kind hören; aber es hat etwas fundamental nicht verstanden. Vielleicht auch: Es weiß bestimmte Dinge besser und möchte seiner Einsicht folgen. Der Adressat der Wut dagegen soll immer das Übel gewollt haben; was uns empört, muß dem reinen Willen entspringen, sonst verliert der Affekt seinen Gegner. Und wenn es nur Unkenntnis und mangelnde Übung im Richtigen ist? Niemand tut freiwillig etwas Schlechtes oder Böses. *Oudeìs hekòn hamartánei*, wie Sokrates sagt. Selbst wenn dies falsch sein sollte, in der Praxis können wir humanerweise nichts anderes unterstellen.

Gesinnungs- und Verantwortungs- (oder Erfolgs-)Ethik

In der gegenwärtigen Literatur wird zwischen einerseits Gesinnungs- und andererseits Verantwortungsethik (Max Weber) oder Erfolgsethik (Max Scheler) unterschieden; die erstere sieht, so heißt es, den sittlichen Wert nur in der subjektiven Disposition des Handelnden, die andere nur in den Folgen der Handlung. Kant sei ein Gesinnungsethiker, die Utilitaristen dagegen seien Verantwortungsethiker.[24] Natürlich wurden zwei so fundamentale Aspekte des Handelns wie die Gesinnung und der Erfolg schon von den scharfsinnigen Griechen unterschieden; Cicero nimmt die Differenz in *De officiis* unter den Stichworten von »honestum« und »utile« auf und sorgt damit für die Verbreitung dieser Erkenntnis in ganz Europa. »Nämlich, die Handlungen des Menschen haben eine doppelte Beziehung: eine auf das Herz und den Geist des Menschen, woraus sie entstehen; eine andre auf die Erfolge in der Welt, die dadurch veranstaltet werden,« schreibt Christian Garve 1784 und sucht nachzuweisen, daß die Stoa einseitig nur die Gesinnung der Handlung betone.[25]

Die Unterscheidung ist nicht identisch mit der schon angesprochenen Differenz einer sittlichen Bewertung von Personen oder Handlungen. Es gibt sittlich qualifizierte Menschen, die sich in einer schwachen Stunde vertun können; und es gibt sittlich hochzuschätzende Einzelhandlungen, die u. U. von einem ausgemachten Schurken verübt werden, einfach so, aus Rührung. Der Ethiker ist natürlich an einer sittlich qualifizierten Person interessiert, die die Gewähr dafür bietet, in der Regel sittlich zu handeln.

Es fällt schwer, die bekannteren Theorien nach dem genannten Kriterium zu sortieren – weder Platon noch Aristoteles, die Stoa oder Kant und Hans Jonas lassen sich eindeutig nach der Alternative von Gesinnungs- und Erfolgsethik rubrizieren. Es scheint allgemein zu gelten, daß sich jede Ethik überhaupt auf die sittliche Notwendigkeit von Handlungen bezieht, folglich auf etwas, was einerseits nur von moralischen Wesen ausgeübt werden kann und nicht

24 Vgl. HWPh III, Sp. 539–540.
25 Garve (1784), II 18.

dem Zufall, sondern ihrer Gesinnung entspringt, andererseits aber der Gesinnung extern ist und in einen Weltzustand eingreift und dessen sittliche und rechtliche Verbesserung oder Erhaltung zum Ziel hat. Man kann verschärfen: Es gibt erstens keine Ethik, die sich auf die reine Gesinnung zurückziehen und nur den Kult der Innerlichkeit betreiben könnte, und es gibt zweitens keine Ethik, die die Gesinnung der Handelnden für gänzlich irrelevant ansieht und ausschließlich die Folgen von Handlungen in Rechnung stellt.

Kant soll Gesinnungsethiker sein. Aber wir sahen schon: Der kategorische Imperativ ist ein *Handlungs*verbot und *Handlungs*gebot: »Handle so, daß […].« Der Imperativ lautet nicht: »Hege eine Gesinnung, deren Maxime […], und ruhe sanft auf dem Kissen deiner guten Gesinnung«. Es ist trivial, daß die Intention in ethischen Fragen eine Rolle spielt, also: aus Pflicht, nicht aus Angst, nicht auf Grund einer Lohnerwartung usw. Ein weiteres Argument: In der Kantischen Ethik werden die Tugendhandlungen (die ethischen Handlungen also im engeren Sinn) von den Rechtshandlungen unterschieden; für die ersteren ist ein Selbstzwang die notwendige und hinreichende Bedingung, bei den letzteren dagegen ist ein externer Zwang via Rechtssanktion möglich. Die Rechtshandlungen sollen ihrerseits jedoch auch Gegenstand der rein ethischen Gesetzgebung sein können, d. h. es ist gefordert, daß ich mich als ethischer Mensch selbst zur Einhaltung der bürgerlichen Gesetze nötige, die nun einmal die äußeren Handlungen betreffen.

Es gibt, so gesehen, keine reine Gesinnungsethik. Und wie steht es mit der vermeintlichen Gegeninstanz, der Verantwortungsethik? Sie scheitert qua Ethik ebenso wie die reine Gesinnungsethik. Das Gebot, das Nützliche (»utile«) zu maximieren, etwa in der Form des größten Glücks der größten Menge oder der maximalen Erfüllung ihrer Präferenzen, kann sein Ziel nicht mehr als ethisch notwendig ausweisen und wird so zu einer auf den vorgeblichen Nutzen gerichteten Technikanweisung. Warum soll es geboten sein, Menschen zu unterstützen, die sich zu Lustmaschinen machen oder deren Präferenz es ist, keine philosophischen Einführungen zu lesen? Welche und wessen Lust und Präferenz soll im größten »utile« der größten Menge (von Menschen? von Tieren?) ihr Maximum erreichen? Die utilitaristische »Ethik« muß das sittliche Gutsein ihres »utile« nachweisen, und das dürfte ihr nicht gelingen. David Hume, einer der Gründungsdenker des Utilitarismus, sagt konsequent: »Ein Schönheitsfehler, ein Defekt, ein Laster, ein Verbrechen – diese Ausdrücke scheinen letztlich nur unterschiedliche Grade des Tadels oder der Mißbilligung zu bezeichnen, sie sind im Grund praktisch alle von derselben Art.«[26] Aber was haben Schönheitsfehler (»A blemish, a fault«) mit der Moral zu tun? Alles, was nützlich ist, müßte der Ethik zugerechnet werden, ein Windstoß, der Frühling und die Morgensonne.

Holt man die Verantwortungsethik aus dieser Sackgasse heraus und macht sie zu einem ernstzunehmenden ethischen Theorietyp, so wird sie identisch mit einer vernünftigen Gesinnungsethik und enthält sowohl ein verpflichtendes Element wie auch eine nähere Analyse des externen oder internen Raumes, in den hinein man handelt. Es gehört zur sittlichen Gesinnung und Verantwortung, sich über die Folgen des Handelns als weiterer Teile der Handlung im ganzen Rechenschaft abzulegen. Die einzig mögliche Verantwortungsethik appelliert also an eine sittlich notwendige Gesinnung oder Überzeugung von Menschen als Bewohnern des Planeten, die nicht nur ihren eigenen momentanen Genuß und Nutzen im Blick haben. Damit aber wird die Verantwortungsethik qua Ethik zur Gesinnungsethik, wie umgekehrt sich jede Gesinnungsethik als Verantwortungsethik erweist.

26 Hume (1998), 109 – *An Enquiry concerning the Principles of Morals*, Appendix 4 (Übers. von R. B.).

Von der Ethik zur Politik und zum Recht

Kants *Metaphysik der Sitten* (1797) besteht aus zwei Teilen, der Rechts- und der Tugendlehre. Dem korrespondiert bei Aristoteles die Tatsache, daß die *Nikomachische Ethik* am Schluß auf die *Politik* als ihre notwendige Fortsetzung verweist. Und Platon unterscheidet in seiner *Politeia* die Gerechtigkeit des einzelnen Menschen von der der Polis, also die ethische von der politischen Dimension (wenn sie sich auch dann als isomorph erweisen). Aber was hat das Recht mit der Sittlichkeit und was hat die Politik mit der Ethik zu tun? Nicolò Machiavelli, der »Old Nick« der Politik, antwortete bekanntlich in seinem kurzen Traktat *Der Fürst* (*Il principe*, 1516) auf die letzte Frage: Gar nichts. Auch das Recht wird häufig entschieden als bloß administratives System aufgefaßt, das mit Fragen der Sittlichkeit nicht behelligt werden sollte.

Die Aristotelische Polis kann zwar wie der moderne Rechtsstaat ihre Gesetze mit Zwangssanktionen versehen (im Gegensatz zur Ethik), sie ist jedoch im Unterschied zum neuzeitlichen Rechtsstaat wesentlich eine Bildungsanstalt zur Erziehung der Bürger. Nun ist zwar die Aristotelische wie die Platonische Polis nach unseren Begriffen kein Rechts-, sondern ein Erziehungsstaat, trotzdem ist die hier vorgezeichnete und von modernen Naturrechtslehrern vorgenommene Dopplung der Normierung des menschlichen Handelns bis heute eine der entscheidenden Grundlagen des modernen Verfassungsstaats. Ethik und Recht werden voneinander getrennt.

In der Theorietradition hat sich die Dopplung von Normen in der Weise bewährt, daß es Vorschriften des forum internum gibt, die eigentliche Ethik, und dann des forum externum, des mit Zwangsmöglichkeiten ausgestatteten äußeren Rechts, das nicht die Gesinnungen, sondern die Handlungen der Bürger gesetzlich reguliert und dafür sorgt, daß die Freiheit eines jeden mit der Freiheit aller anderen gesetzmäßig übereinstimmt – gesetzmäßig, also weder durch den ad-hoc-Befehl eines Diktators, der den Staat zur Kaserne macht, noch im Friedensaugenblick des Anarchisten, der auf den Staat verzichtet und nur auf eine gänzlich friedliche und wohlwollende Neigung der Menschen (die es historisch noch nie gegeben hat) hoffen kann. Die Ethik braucht die stabile Ordnung eines Staates, der willkürliche Gewalt von Menschen gegen Menschen nicht mit guten Worten, sondern notfalls mit gesetzlich angekündigter Gewalt verhindert; sie sucht eine Rechtsordnung, die mit der Ethik nicht konfligiert, sondern zusammenstimmt, etwa im gemeinsamen Konzept der Gerechtigkeit. Umgekehrt benötigt der Rechtsstaat als ziviler Staat den moralischen Einsatz der Bürger, denn der Staat basiert auf Voraussetzungen, die er selbst nicht mit Rechtsmitteln erzwingen kann; dazu gehört neben vielem anderen auch der zivile, moralische Umgang der Bürger miteinander. Gesucht ist, was recht *und* billig ist, justum *et* aequum.

Kapitel 8

Recht und Gerechtigkeit

John Rawls, *Eine Theorie der Gerechtigkeit*

11. Die beiden Grundsätze der Gerechtigkeit

Ich werde jetzt in einer vorläufigen Form die beiden Gerechtigkeitsgrundsätze angeben, auf die man sich nach meiner Auffassung im Urzustand einigen würde. Die erste Formulierung dieser Grundsätze ist eine vorläufige. Im folgenden werde ich zu mehreren weiteren Formulierungen kommen, die sich schrittweise der später anzugebenden endgültigen nähern. Mir scheint, daß damit die Darstellung einen natürlichen Weg geht.

Die erste Formulierung der beiden Grundsätze lautet folgendermaßen:

1. *Jedermann soll gleiches Recht auf das umfangreichste System gleicher Grundfreiheiten haben, das mit dem gleichen System für alle anderen verträglich ist.*
2. *Soziale und wirtschaftliche Ungleichheiten sind so zu gestalten, daß (a) vernünftigerweise zu erwarten ist, daß sie zu jedermanns Vorteil dienen, und (b) sie mit Positionen und Ämtern verbunden sind, die jedem offen stehen.*

Im zweiten Grundsatz gibt es zwei mehrdeutige Ausdrücke, nämlich »jedermanns Vorteil« und »jedem offen«. Die genauere Bestimmung ihres Sinnes wird zur zweiten Formulierung des Grundsatzes in Abschnitt 13 führen. Die endgültige Fassung der beiden Grundsätze wird in Abschnitt 46 angegeben; Abschnitt 39 beschäftigt sich mit dem ersten Grundsatz.

Diese Grundsätze beziehen sich hauptsächlich, wie ich schon sagte, auf die Grundstruktur der Gesellschaft und bestimmen die Zuweisung von Rechten und Pflichten und die Verteilung gesellschaftlicher und wirtschaftlicher Güter. Ihre Formulierung setzt voraus, daß für die Zwecke einer Theorie der Gerechtigkeit die Sozialstruktur als aus zwei mehr oder weniger abgegrenzten Teilen bestehend angesehen werden kann, wobei sich die beiden Grundsätze jeweils auf einen von diesen beziehen. Wir unterscheiden also zwischen den Seiten des Gesellschaftssystems, die die gleichen Grundfreiheiten festlegen und sichern, und denen, die gesellschaftliche und wirtschaftliche Ungleichheiten bestimmen und einführen. Es ist nun von Bedeutung, daß die Grundfreiheiten durch eine Liste derartiger Freiheiten festgelegt sind. Wichtig unter ihnen sind die politische Freiheit (das Recht, zu wählen und öffentliche Ämter zu bekleiden) und die Rede- und Versammlungsfreiheit; die Gewissens- und Gedankenfreiheit; die persönliche Freiheit, zu der der Schutz vor psychologischer Unterdrückung und körperlicher Mißhandlung und Verstümmelung gehört (Unverletzlichkeit der Person); das Recht auf persönliches Eigentum und der Schutz vor willkürlicher Festnahme und Haft, wie es durch den Begriff der Gesetzesherrschaft festgelegt ist. Diese Freiheiten sollen nach dem ersten Grundsatz für jeden gleich sein.

Der zweite Grundsatz bezieht sich in erster Näherung auf die Verteilung von Einkommen und Vermögen und die Beschaffenheit von Organisationen, in denen es unterschiedliche Macht und Verantwortung gibt. Die Verteilung des Einkommens und Vermögens muß nicht gleichmäßig sein, aber zu jedermanns Vorteil, und gleichzeitig müssen mit Macht und Verantwortung ausgestattete Positionen jedermann zugänglich sein. Der zweite Grundsatz kommt dadurch zum Tragen, daß die Positionen offen gehalten werden und dann unter dieser Einschränkung die sozialen und wirtschaftlichen Ungleichheiten zu jedermanns Nutzen gestaltet werden.

Diese Grundsätze sollen in lexikalischer Ordnung stehen, derart, daß der erste dem zweiten vorausgeht. Diese Ordnung bedeutet, daß Verletzungen der vom ersten Grundsatz geschützten gleichen Grundfreiheiten nicht durch größere gesellschaftliche oder wirtschaftliche Vorteile gerechtfertigt oder ausgeglichen werden können. Diese Freiheiten haben einen Kern-Anwendungsbereich, innerhalb dessen sie nur beschränkt werden können, wenn sie mit anderen Grundfreiheiten in Konflikt geraten. Deshalb ist zwar keine von ihnen absolut; doch welches System auch aus ihnen gebildet wird, es muß für alle Menschen dasselbe sein. Es ist schwierig, ja vielleicht unmöglich, diese Freiheiten unabhängig von den besonderen sozialen, wirtschaftlichen und technischen Bedingungen einer gegebenen Gesellschaft vollständig anzugeben. Doch unsere Hypothese ist, daß sich die allgemeine Form einer solchen Liste so genau angeben läßt, daß diese Gerechtigkeitsvorstellung darauf aufgebaut werden kann. Freiheiten, die nicht in der Liste enthalten sind – etwa das Recht auf bestimmte Arten des Eigentums (z. B. an Produktionsmitteln) oder die Vertragsfreiheit im Sinne der Theorie des laissez-faire –, sind eben keine Grundfreiheiten und genießen nicht den Schutz, den der Vorrang des ersten Grundsatzes gewährt. Was schließlich den zweiten Grundsatz anbelangt, so müssen die Vermögens- und Einkommensverteilung und die mit Macht und Verantwortung ausgestatteten Positionen sowohl mit den Grundfreiheiten als auch mit der Chancengleichheit im Einklang stehen.

Die beiden Grundsätze sind recht speziellen Inhalts, und ihre Anerkennung hängt von gewissen Voraussetzungen ab, die ich letzten Endes versuchen muß zu erklären und zu rechtfertigen. Für den Augenblick ist zu vermerken, daß diese Grundsätze ein Spezialfall einer allgemeineren Gerechtigkeitsvorstellung sind, die man folgendermaßen formulieren kann:

> *Alle sozialen Werte – Freiheit, Chancen, Einkommen, Vermögen und die sozialen Grundlagen der Selbstachtung – sind gleichmäßig zu verteilen, soweit nicht eine ungleiche Verteilung jedermann zum Vorteil gereicht.*[1]

Ungerechtigkeit besteht demnach einfach in Ungleichheiten, die nicht jedermann Nutzen bringen. Das ist natürlich sehr unscharf und bedarf der Konkretisierung.

1 Man denke jedoch an den Vorbehalt der lexikalischen Ordnung; die Güter der ersten Klasse können nicht in die »ungleiche Verteilung« für jedermanns Vorteil eingebracht werden.

Als ersten Schritt wollen wir annehmen, die Grundstruktur der Gesellschaft verteile gewisse Grundgüter, d. h. Dinge, von denen man annehmen kann, daß sie jeder vernünftige Mensch haben will. Diese Güter sind gewöhnlich brauchbar, gleichgültig, was jemand für einen vernünftigen Lebensplan hat. Der Einfachheit halber wollen wir annehmen, die hauptsächlichen Grundgüter der Gesellschaft seien Rechte, Freiheiten und Chancen sowie Einkommen und Vermögen. (Später, im dritten Teil, nimmt das Grundgut der Selbstachtung einen wichtigen Platz ein.) Das also seien die gesellschaftlichen Grundgüter. Andere Grundgüter wie Gesundheit und Lebenskraft, Intelligenz und Phantasie sind natürliche Güter; sie werden von der Grundstruktur nur mittelbar beeinflußt. Denken wir uns also alle gesellschaftlichen Grundgüter gleichmäßig verteilt: Jeder hat gleiche Rechte und Pflichten, gleiches Einkommen und Vermögen. Dieser Zustand ist ein Ausgangspunkt für die Beurteilung von Verbesserungen. Falls bestimmte Ungleichheiten des Reichtums und der Macht jeden besser stellen als in dem angenommenen Ausgangszustand, stimmen sie mit der allgemeinen Gerechtigkeitsvorstellung überein.

Nun ist es mindestens theoretisch möglich, daß die Menschen durch Aufgabe einiger ihrer Grundfreiheiten ausreichend entschädigende soziale und wirtschaftliche Vorteile erlangen. Die allgemeine Gerechtigkeitsvorstellung enthält keine Einschränkungen dafür, welche Ungleichheiten zulässig sind; sie verlangt nur, daß jeder besser dasteht. Man braucht nicht an etwas so Einschneidendes wie die Sklaverei zu denken, sondern nur daran, daß die Menschen auf bestimmte politische Rechte verzichten könnten, wenn das wirtschaftlich etwas Wesentliches einbringt. Einen solchen Austausch schließen nun die beiden Grundsätze aus. Sie stehen ja in lexikalischer Ordnung und gestatten keinen Austausch zwischen Grundfreiheiten und sozialen und wirtschaftlichen Vorteilen, außer unter besonderen Umständen […].

Ich werde zumeist die allgemeine Gerechtigkeitsvorstellung beiseite lassen und stattdessen die beiden Grundsätze in ihrer le-

xikalischen Ordnung untersuchen. Dieses Vorgehen hat den Vorteil, daß die Vorrangfrage von Anfang an erkannt wird und Grundsätze zu ihrer Lösung gesucht werden. Man wird veranlaßt, sich ständig mit den Bedingungen auseinanderzusetzen, unter denen ein absolutes Gewicht der Freiheit gegenüber sozialen und wirtschaftlichen Vorteilen, wie es die lexikalische Ordnung der beiden Grundsätze festlegt, vernünftig wäre. Zunächst erscheint diese Ordnung als extrem und als zu speziell, als daß sie viel Interesse verdiente; doch sie läßt sich nach meiner Auffassung rechtfertigen [...]. *Des weiteren weist die Unterscheidung zwischen Grundrechten und Grundfreiheiten einerseits und wirtschaftlichen und sozialen Vorteilen andererseits auf eine wichtige Einteilung des Gesellschaftssystems hin. Natürlich sind diese Unterscheidungen und die vorgeschlagene Ordnung bestenfalls Näherungen. Es gibt sicher Umstände, unter denen sie sich nicht bewähren. Doch es ist wesentlich, die Hauptlinien einer vernünftigen Gerechtigkeitsvorstellung klar aufzuzeigen; und unter vielen Bedingungen sind ja wohl die beiden Grundsätze in lexikalischer Ordnung durchaus brauchbar.*

Daß sich die beiden Grundsätze auf Institutionen beziehen, hat gewisse Folgen. Zunächst einmal sind die in diesen Grundsätzen erwähnten Rechte und Grundfreiheiten diejenigen, die von den öffentlichen Regeln der Grundstruktur festgelegt werden. Ob die Menschen frei sind, hängt von den Rechten und Pflichten ab, die die wichtigsten gesellschaftlichen Institutionen festlegen. Die Freiheit ist eine bestimmte Struktur sozialer Formen. Der erste Grundsatz fordert einfach, daß bestimmte Regeln, diejenigen nämlich, die die Grundfreiheiten festlegen, auf jedermann in gleicher Weise anzuwenden sind, und daß sie die weitestgehende Freiheit gewähren, die für alle möglich ist. Der einzige Grund für eine Einschränkung der Grundfreiheiten wäre, daß sie sonst miteinander unverträglich wären.

Des weiteren meinen die Grundsätze, sofern sie Menschen erwähnen oder fordern, daß jeder von einer Ungleichheit Vorteil habe, repräsentative Personen, die verschiedene soziale Positionen oder Ämter innehaben, die im Rahmen der Grundstruktur errichtet sind. Für die Anwendung des zweiten Grundsatzes nehme ich also an, daß man repräsentativen Personen, die diese Positionen innehaben, eine Aussicht bezüglich ihres Wohlergehens zuschreiben kann. Diese gibt ihre Lebenschancen unter dem Gesichtspunkt ihrer gesellschaftlichen Stellung an. Ganz allgemein hängen die Aussichten der repräsentativen Personen von der Verteilung der Rechte und Pflichten in der Grundstruktur ab. Die Aussichten sind miteinander verknüpft: Steigen die Aussichten der repräsentativen Personen in einer Position, so steigen oder fallen vermutlich die Aussichten repräsentativer Personen in anderen Positionen. Da sich der zweite Grundsatz auf institutionelle Formen bezieht, bezieht er (oder sein erster Teil) sich nicht auf die Verteilung bestimmter Güter unter bestimmte Menschen.

Nun verlangt der zweite Grundsatz, daß von zulässigen Ungleichheiten in der Grundstruktur jedermann Vorteile haben muß. Das bedeutet: Für alle durch diese Struktur definierten betroffenen repräsentativen Personen muß es, dynamisch betrachtet, vernünftig sein, die Aussichten unter der Ungleichheit denen ohne sie vorzuziehen. Unterschiede des Einkommens oder der Macht und Verantwortung dürfen nicht dadurch gerechtfertigt werden, daß die Nachteile derer in einer bestimmten Position durch die größeren Vorteile derer in einer anderen aufgewogen würden. Noch viel weniger lassen sich Freiheitsbeschränkungen auf diese Weise ausgleichen. Offensichtlich gibt es aber unendlich viele Möglichkeiten, wie jedermann gegenüber der anfänglichen Vergleichssituation der Gleichheit besser dastehen kann. Wie soll man nun zwischen diesen Möglichkeiten wählen? Die Grundsätze müssen so gefaßt werden, daß sie eine eindeutige Lösung liefern. Diesem Problem wende ich mich jetzt zu.

12. Deutungen des zweiten Grundsatzes

Ich erwähnte schon, daß wegen der mangelnden Eindeutigkeit der Ausdrücke »jedermanns Vorteil« und »jedem offenstehend« beide Teile des zweiten Grundsatzes zwei natürliche Deutun-

gen zulassen. Da diese unabhängig voneinander sind, hat der Grundsatz vier mögliche Bedeutungen. Setzt man für den ersten Grundsatz, den der gleichen Freiheit für alle, durchweg denselben Sinn voraus, dann gibt es für die beiden Grundsätze vier Deutungen. Sie sind in der folgenden Tabelle aufgeführt:

»Jedem offen«	*»Jedermanns Vorteil«*	
	Optimalitätsprinzip	*Unterschiedsprinzip*
Dem Fähigen stehen die Laufbahnen offen	*System der natürlichen Freiheit*	*Natürliche Aristokratie*
Gleiche Chancen	*Liberale Gleichheit*	*Demokratische Gleichheit*

Ich werde nacheinander das System der natürlichen Freiheit, die liberale Gleichheit und die demokratische Gleichheit beschreiben. In mancher Hinsicht ist diese Abfolge die intuitiv einleuchtendere, doch die über die natürliche Aristokratie laufende ist nicht ohne Interesse, und ich werde kurz etwas über sie sagen. Bei der Entwicklung der Gerechtigkeit als Fairneß[2] *muß man entscheiden, welche Deutung vorzuziehen ist. Ich werde mir die der demokratischen Gleichheit zu eigen machen und sie im nächsten Abschnitt erklären. Die Begründung dafür, daß sie im Urzustand gewählt würde, folgt erst im nächsten Kapitel.*

Die erste Deutung (in beiden Abfolgen) nenne ich das System der natürlichen Freiheit. In dieser Deutung wird der erste Teil des zweiten Grundsatzes als das Optimalitätsprinzip verstanden, angewandt auf Institutionen oder in diesem Falle auf die Grundstruktur der Gesellschaft; der zweite Teil wird verstanden als offenes Gesellschaftssystem, in dem die Laufbahnen den Fähigen offenstehen. In allen Deutungen nehme ich an, daß der

2 »Gerechtigkeit als Fairneß« drückt nach Rawls »den Gedanken aus, daß die Grundsätze der Gerechtigkeit in einer fairen Ausgangsposition festgelegt werden« (Rawls, 1979, 29).

erste Grundsatz, der der gleichen Freiheit für alle, erfüllt ist, und daß die Wirtschaft im großen und ganzen ein System des freien Marktes ist, wobei die Produktionsmittel nicht in Privatbesitz zu sein brauchen. Das System der natürlichen Freiheit läuft also darauf hinaus, daß eine solche Grundstruktur zu einer gerechten Verteilung führt, die dem Optimalitätsprinzip genügt, und deren Positionen denen offenstehen, die fähig und willens sind, sich um sie zu bewerben. Eine derartige Zuweisung von Rechten und Pflichten soll also zu einer fairen Verteilung von Besitz und Einkommen, Macht und Verantwortung führen, wie auch immer sie des weiteren aussehen mag. Diese Lehre enthält ein wichtiges Element der reinen Verfahrensgerechtigkeit, das auf die anderen Deutungen übertragen wird.

An diesem Punkt ist eine kurze Abschweifung nötig: die Erklärung des Optimalitätsprinzips. Es handelt sich einfach um das der Pareto-Optimalität (wie es bei den Wirtschaftswissenschaftlern heißt), bezogen auf die Grundstruktur.[3] *Der Ausdruck »Optimalität« läßt den Begriff als weiter erscheinen, als er ist. Im übrigen sollte sich das Prinzip ursprünglich nicht auf Institutionen beziehen, sondern auf bestimmte Zustände des Wirtschaftssystems, zum Beispiel auf Produktionsweisen oder auf Güterverteilungen bei den Verbrauchern. Das Prinzip erklärt einen Zustand für optimal, wenn man ihn nicht so abändern kann, daß mindestens ein Mensch besser dasteht, ohne daß irgend jemand schlechter dasteht. So ist eine Verteilung einer Gütermenge auf bestimmte Menschen Pareto-optimal, wenn es keine Umverteilung gibt, nach der mindestens ein Beteiligter besser und keiner schlechter dasteht. Die Organisation der Produktion ist optimal, wenn man nicht von mindestens einem Gut mehr produzieren kann, ohne von irgendeinem weniger zu produzieren. Denn wäre das der Fall, dann könnte man*

3 Das Pareto-Prinzip, das dem Optimalitätsprinzip zugrunde liegt, besagt, »daß jede wirtschaftliche Maßnahme, welche niemanden in der Gesellschaft schlechterstellt, mindestens aber einem Mitglied nützt, eine Verbesserung der gesellschaftlichen Wohlfahrt bewirkt.« (HWPh VII, Sp. 119) Vgl. auch den übernächsten Satz bei Rawls.

ja mit den zusätzlich produzierten Gütern jemanden besser stellen, ohne jemanden schlechter zu stellen. Diese Anwendungen des Prinzips zeigen, daß es eigentlich ein Effizienzprinzip ist. Eine Güterverteilung oder Produktionsweise ist ineffizient, wenn man mindestens einen Menschen besser stellen kann, ohne irgend jemanden schlechter zu stellen. Ich gehe davon aus, daß die Beteiligten im Urzustand nach diesem Prinzip die Effizienz wirtschaftlicher und gesellschaftlicher Verhältnisse beurteilen.

Erläuterung

A

John Rawls' *A Theory of Justice* (1971) ist die Summe und die Korrektur der Gerechtigkeitstheorien seit den Griechen bis zur Gegenwart; dabei wird die Geschichte dadurch in die Systematik integriert, daß Rawls (geb. 1921) sich mit ihr auseinandersetzt und das Haltbare übernimmt, das nicht Haltbare argumentativ zurückweist. In dieser Auseinandersetzung und einer Kontrolle der einzelnen Schritte an unseren (meist nicht sehr genauen) Gerechtigkeitsintuitionen wird die Theorie entfaltet. So kann das entwickelte System beanspruchen, die beste derzeit mögliche Theorie der Gerechtigkeit zu bieten.

Der von uns gebrachte Abschnitt ist luzide in seiner Exposition und im Inhalt auf der hier noch vorbereitenden Ebene klar verständlich. Aber zunächst zum Ganzen der Schrift. Rawls unterwirft die Materialflut seines voluminösen Werks einer rigiden Form. Das Buch enthält drei Teile (»Theorie«, »Institutionen«, »Ziele«), die sich jeweils in drei Kapitel gliedern, und diese sind in neun oder zehn (insgesamt durchnumerierte 87) Paragraphen aufgeteilt, die wie die Kapitel jeweils Überschriften tragen. Der Leser ist also gut informiert über den Gegenstand der Seiten, die er gerade liest, und der Autor informiert ihn im Vorwort über die für das Grundverständnis wichtigsten Stücke. Wir merken jedoch sogleich: Bei der Lektüre des Buches bleibt der Eindruck der Unübersichtlichkeit. Die genannte Gliederung ist der Stoffmasse tatsächlich äußerlich und fremd, sie ist nicht architektonischer Art wie die der rechtsphilosophischen Schriften von Locke, Rousseau und Kant, die Rawls als die Ausgangstheorien seines eigenen Versuchs nennt, sondern hat eine nur darstellungstechnische Funktion. Schon die Titel der drei Hauptteile sind heterogen, sie bilden keine inhaltsbezogenen Komplementärstücke wie etwa die Dichotomie »Privatrecht – Öffentliches Recht« bei Kant oder der vierteilige Bau von Thomas Hobbes' *Leviathan* (1651). »Theorie« verweist nicht auf »Institutionen«, und beide Titel lassen nicht erraten, daß jetzt die »Ziele« folgen. Die große Linienführung scheint von der ursprünglichen Vertragsszene hin zu den Institutionen der nunmehr begründeten Gesellschaft und von dort zur Frage des Guten zu verlaufen. Die Beweisstruktur des Werks, so können wir schon der forcierten Form entnehmen, ist nicht linear, es wird nicht deduziert und aufgebaut, sondern die Theorie strebt eine möglichst umfangreiche Kohärenz der Argumente an, indem sie sich allmählich erweitert, sich wiederholt methodisch vergewissert und, wie schon erwähnt, an unseren Intuitionen mißt. (Ähnliches gilt für den Aufbau von Jürgen Habermas' *Faktizität und Geltung*, 1992).

Der Titel des Werks, *A Theory of Justice*, ist genau genommen zu weit, aber auch zu eng. Rawls behandelt z. B. nicht das Problem der Strafgerechtigkeit; er eröffnet damit aber die für seine Gesamttheorie gefährliche Aussicht, daß ihre Grundlage für die – notwendig zuzugestehende – Möglichkeit der strafrechtlichen Freiheitsbeschränkung oder gar der Tötung von Gesetzesbrechern untauglich ist. Umgekehrt ist der Titel zu eng, denn Rawls erörtert auch die Begriffe des Guten und des moralisch Wertvollen und entfernt sich damit von dem Gebiet der puren Gerechtigkeit wenigstens im neuzeitlichen Wortsinn.[4]

Der von uns ausgewählte Abschnitt bietet einerseits ein zentrales Theoriestück, andererseits ist er relativ einfach zu verstehen. Bei der Gerechtigkeit geht es um die Verteilung von drei Güterklassen: (1) Rechte und Freiheiten; (2) Macht- und Ehrpositionen; (3) ökonomischer Wohlstand (in Aufnahme und Weiterführung einer alteuropäischen Güterordnung[5]). Rawls sieht eine Zweiteilung nach folgenden Gesichtspunkten vor: Der erste Grundsatz mit der ersten Güterklasse verfährt strikt nach dem Prinzip der Gleichheit; der zweite Grundsatz reguliert die Ungleichheiten, die für die zweite und dritte Güterklasse unter der Bedingung der Nutzenmaximierung in Kauf genommen werden müssen. Auf der einen Seite steht also eine rechtliche, konstitutive Gleichheit der Bürger, auf der anderen Seite eine zu regulierende soziale Ungleichheit. Der erste Grundsatz formuliert die im Prinzip unverzichtbare Rechtsgrundlage des demokratischen Verfassungsstaats, der zweite, nachgeordnete, die ökonomisch profitable Ungleichheit der liberalen Gesellschaft in ihrer akzeptabelsten Form. Der Primat des ersten Grundsatzes besagt, daß Rechte und Freiheiten zwar wegen konkurrierender Rechte und Freiheiten, nicht aber aus ökonomischem Kalkül restringiert werden können. Die Bestimmung der Ungleichheit wird in einer komplizierten Prozedur vorgenommen.

B

Zwei Erinnerungen: (1) Der Aristoteles-Leser erkennt dessen grundlegende Gerechtigkeitsbegriffe wieder; an der ersten Stelle steht der arithmetische (bei Rawls: Jedem wird ohne Ansehen der Person Freiheit und rechtliche Gleich-

4 Rawls (1979), 435, 476 u. ö.
5 Vgl. Brandt (1998), 41 ff.

heit zugestanden), an zweiter Stelle der geometrische (es gibt gerechte Gesichtspunkte ungleicher Güter- und Lastenverteilung).[6] (2) Rawls greift zurück auf John Locke, der im zweiten seiner *Two Treatises of Government* (1690) ebenfalls auf der Aristotelischen Folie operiert und zu zwei Formen der Gerechtigkeit gelangt; erstens soll es die rechtliche Freiheit und Gleichheit der Bürger geben, zweitens aber eine Ungleichheit in der Besitzverteilung; die Zustimmung zu der letzteren wird durch die Teilnahme an der monetären Gesellschaft signalisiert, die Begründung liegt in der ungleichen Effizienz und allgemeinen Wertschöpfung von Arbeit in der sich bildenden Gesellschaft. Wer sich für den Systemort dieser Korrelation von rechtlicher Gleichheit und sozialer Ungleichheit bei Kant interessiert: Kant ersetzt die Revolutionsformel der »Freiheit, Gleichheit, Brüderlichkeit« durch die Theorie, gemäß der Freiheit und Gleichheit Grundrechte jedes Bürgers sind, die Bürgerschaft teilt sich jedoch in aktive und passive; nur die ersteren partizipieren an der Gesetzgebung aufgrund ihrer ökonomischen Selbständigkeit oder ihres Amtes.

John Rawls: »Wir wollen sagen, bestimmte Gerechtigkeitsgrundsätze seien gerechtfertigt, weil man sich in einem anfänglichen Zustand der Gleichheit auf sie einigen würde.«[7] Bei dieser fingierten Einigung wird nicht auf die allgemeine Vernunft der Subjekte gezählt, die ihnen einerseits Rechtsformen offenbart und ihnen andererseits eine ökonomische Ungleichheit zur Erzielung eines maximalen Gesamtnutzens nahelegt, sondern auf das Selbstinteresse des Menschen. Die traditionelle Vertragstheorie machte, so kann man pro Rawls argumentieren, die vertragschließenden Subjekte mit ihrer »recta ratio« zu Spezialisten bestimmter Rechtsformen, die – wie sollte es anders sein – der Theorie des jeweiligen Autors entsprachen. Die Utilitari-

6 Vgl. Aristoteles, *Nikomachische Ethik* 1130b ff.
7 Rawls (1979), 39.

sten wiederum bürdeten den Subjekten die Einsicht auf, daß nicht ihr eigener Nutzen, sondern der Nutzen der Gesamtheit zu maximieren sei; von der Summe würden sie als Einzelne schon irgendwie profitieren. Rawls dagegen setzt auf das Selbstinteresse, anonymisiert es jedoch, denn niemand soll über die eigene Situation in der zu konstituierenden Gesellschaft informiert sein (der »Schleier des Nichtwissens«, »veil of ignorance«). Rawls führt als erster Theoretiker ein spezifisches Nichtwissen des Künftigen in die Konstitution der Gesellschaft ein. Dieses Nichtwissen mit der Vorgabe eines amorphen Selbstinteresses einem Kalkül zu unterwerfen, der eine rationale Entscheidung über die gesellschaftlichen Spielregeln ermöglicht, ist das Ziel der Rawls'schen Gerechtigkeitstheorie.

Erster Grundsatz. Für die Festsetzung der Grundrechte findet sich bei Rawls kaum eine Begründung, John Locke dagegen verfuhr deistisch: Die Freiheit und Gleichheit von Menschen ist nicht in ihr instrumentelles Belieben gestellt, sondern die Menschen sind frei und also gleich, so besage es ein von der Vernunft erkennbares göttliches Gesetz. Kant entwickelt einen starken Vernunftbegriff, der den Menschen mit einem, d. h. seinem eigenen Freiheits- (und damit Gleichheits-)Gesetz konfrontiert. Diese Konzepte ermöglichen eine Rechtsposition, gemäß der niemand Eigentümer seiner selbst oder irgendeines anderen ist. Zur Dispostion stehen nur die äußeren Güter. Rawls nun behauptet als Ausgang eine Situation, gemäß der alle frei und gleich sein sollen. Es gibt keinen Grund dafür, daß es nicht so ist, und somit sind Freiheit und Gleichheit vernünftig, d. h. sie werden von vernünftigen Subjekten vorausgesetzt.[8] »Die Gerechtigkeitsgrundsätze spiegeln in der gesellschaftlichen Grundstruktur den Wunsch der Menschen wider, einander nicht bloß als Mittel, sondern als Zweck an sich

8 Rawls (1979), 36–37.

selbst zu behandeln.«[9] Die Kantische ethische und rechtliche *Notwendigkeit*, den Menschen (inklusive sich selbst) nicht nur als Mittel, sondern auch als Zweck an sich selbst zu behandeln, wird bei Rawls zu einem »Wunsch der Menschen« herabgestimmt. »Reason« ist bei Rawls entsprechend keine reine praktische Vernunft, sondern ist, wenn sie sich nicht im Wünschen verliert, bezogen auf die Optimierung von Mitteln für vorausgesetzte Zwecke. Wir halten fest: Der erste Gerechtigkeitsgrundsatz wird von Rawls einfach angenommen. Er kann dies umso ungefährdeter tun, als ihm niemand im Inhalt widersprechen möchte.

Zweiter Grundsatz. In der Begründung und Differenzierung der sozialen Ungleichheit liegt die eigentliche Innovation von Rawls. Als Legitimationsgrund und nähere Regulierung der »inégalité parmi les hommes«[10] wird nicht ihre unersetzliche Funktion für die Maximierung des Gesamtnutzens geltend gemacht, wie die Utilitaristen es tun, sondern der maximale soziale Nutzen für die Schicht der Niedrigstgestellten. In die Lage, so muß sich jeder vernünftiger-, d. h. klugerweise überlegen, kann jeder kommen, der hinter dem »Schleier des Nichtwissens« über die soziale Verfassung seiner künftigen Gesellschaft zu befinden hat. Die Goldene Regel – »Was du nicht willst, daß man dir tu, das füg auch keinem andern zu« – verlangte schon die provisorische reziproke Rollenvertauschung; Rawls aber konzipiert eine weitergehende Abstraktion von der Rolle, die ich in der Gesellschaft spiele, und mutet jedem die Reflexion zu, von seiner Plazierung in der Gesellschaft zu abstrahieren und so zu verfahren, daß er sich in die sozial niedrigste Rolle versetzt und erst von ihr aus das Selbstinteresse aktiviert: Was würdest du wollen, wenn du die Rolle dieses Minimus zu spielen hättest? Dies ist der archimedische

9 Rawls (1979), 205.
10 Rousseau (1959ff.), III 109 – *Discours sur l'origine et les fondements de l'inégalité parmi les hommes.*

Punkt, von dem her die Quoten nutzbringender Ungleichheit verteilt werden. Ohne ihn läßt sich die Theorie des zweiten Grundsatzes nicht durchführen. Entscheidungstheoretisch siedelt man sich nicht im statistisch wahrscheinlichen Mittelwert an, sondern in der niedrigsten Schicht, in der noch der kleinste Vorteil seine relative Höchstschätzung erfährt; im Mittelbereich dagegen wird man schon irgendwie überleben.

Rawls selbst sieht sich in einer Kantischen Tradition. Daß zu Kant jedoch die meisten Verbindungen gekappt sind, sieht man sogleich, wenn man sich des Kantischen Ethik-Textes erinnert. Die praktische Philosophie wird konzipiert als Gesetzgebung der Freiheit (das Gegenstück zur Gesetzgebung der Natur). Die Inhalte unseres persönlichen Begehrens werden nicht durch Nichtwissen neutralisiert und verallgemeinert, sondern durch den Übergang von den Inhalten überhaupt zur Form des Freiheitsgesetzes. Der Rawls'sche »veil of ignorance« ist dagegen ein Analogon zur bloßen Universalisierung der Inhalte, die wir oben schon als nicht-kantisch darzustellen versuchten, er kann nicht den qualitativen Sprung von den Inhalten zur Form leisten. Damit ist aus Kantischer Sicht zugleich ein elementares Defizit sichtbar geworden: Rawls hat keinen Zugang zur moralischen Verbindlichkeit, sondern kann nur Klugheitsregeln ausarbeiten, die so lange in Geltung bleiben mögen, bis noch klügere gefunden werden.

Eine Schwäche der Lockeschen und der Rawls'schen, aber auch der Kantischen Gesellschafts- und Staatskonzeption: Der Ansatz wird aus isolierten Individuen gewonnen, die als Rechtspersonen Staatsbürger werden. Jeder verfolgt naturaliter sein eigenes Interesse, nur mit diesem wird gerechnet. Rawls: Die Menschen würden so vorgestellt, »daß sie kein Interesse an den Interessen anderer nehmen«[11] – ein mögliches weitergehendes Interesse als das distributive je-

11 Rawls (1979), 30.

des einzelnen wird gar nicht erwähnt. Hier zieht der Einwand von Platon und Aristoteles gegen die Vertragstheorien der Sophisten: Es wird ursprünglich nur an teilbare, nicht aber kollektive Güter gedacht. Gesellschaftsgründend ist das possessive Individuum. Beim »veil of ignorance« von Rawls denkt z. B. niemand an mögliche Kultur- und Bildungsaufgaben der Gesellschaft und des Staats.

Ein anderer Punkt: Rawls teilt mit den Vertragstheoretikern die Orientierung an einer festgeschriebenen Optimallösung, die in die Zuständigkeit von Experten fallen. Es werden nicht wie in Habermas' Gegenentwurf *Faktizität und Geltung* Verfahrensformen entwickelt, die die Gerechtigkeitsnormen in einer mündigen, kommunizierenden Öffentlichkeit entwickeln und korrigieren.

Weiterführende Reflexionen

Der Mensch als ausschließliches Rechtssubjekt

»Vogelmord in Italien« – »Löwe mordet arglosen Wärter«. Welches sind die Kriterien, nach denen bestimmte Wesen das aktive und passive Staatsbürgerrecht im Rechts-, vielleicht auch Ethikbereich naturaliter zu besitzen und andere auszuschließen glauben? Eine prekäre Zone liegt erstens in der Genese des Menschen – wann beginnt ein Naturding Mensch zu sein? Ist der Embryo ein Mensch? Der (vielleicht deformierte) Säugling? – und zweitens in der Unterscheidung des Menschen von anderen höheren Lebewesen. Im Theoretischen gelang es, eine klare Grenze zwischen Mensch und Tier zu ziehen: Tiere sind nicht fähig zu urteilen, weil ihnen die Möglichkeit der Negation fehlt, die für das Urteil konstitutiv ist. Embryonen und Kleinkinder erscheinen nach diesem Kriterium auf der Tier-, nicht der Menschenseite. Im Rechtlichen und Ethischen wird man dazu neigen, die Grenze so zu verlegen, daß alle Angehörigen der im Prinzip urteilsfähigen Spezies Mensch zu den passiven Moralwesen gehören, die mündigen auch zu den aktiven (zu den letzteren gehören also nicht alle biologisch menschlichen Wesen – Kleinkinder und Geisteskranke sind für ihr Verhalten nicht verantwortlich).

Strafe

Das Recht ist mit der Befugnis zu zwingen verbunden. Dieser rechtlich legitime Zwang erscheint in der staatlichen Gesetzgebung in der Form, daß die Nichtbefolgung der Gesetze durch bestimmte Maßnahmen bestraft wird. Diese Maßnahmen heißen Sanktionen.

Akzeptiert man, daß es eine sittliche Notwendigkeit von Rechtsverhältnissen unter Menschen gibt und daß es zweitens kein sanktionsfreies Recht geben kann, dann stellt sich nicht mehr die Frage nach dem »daß« der Strafe, sondern dem »wie?« mit der speziellen Ausrichtung: *Welche* Strafe ist rechtens oder gerecht?

Bevor auf diese Frage eingegangen wird, ist daran zu erinnern, daß die staatliche Strafe unter den Oberbegriff »Strafe« fällt, der neben der staatlichen noch andere Strafweisen kennt: Es werden Tiere und Kinder bestraft, in bestimmten Religionen wird gelehrt, daß Gott die Menschen für ihre Vergehen bestraft.

Das »Wie« der Tier- und Kinderstrafe, die frei ist vom zornigen Affekt, bestimmt sich klarerweise einerseits nach dem Ziel der Dressur und der Erziehung und zweitens nach den Grenzen, die allgemeine Humanitätsvorstellungen ziehen. Eine grausame Strafe ist bei der Tierdressur gesetzlich verboten, desgleichen die Prügelstrafe bei Kindern, die als widerliche Geißel die europäische Kindheit von Beginn bis zum Ende des vergangenen Jahrhunderts begleitet hat. Das Ziel der Tier- und Kinderstrafe ist die Besserung des Verhaltens. Das Kind soll einen stabilen Charakter erhalten, es soll fair sein gegenüber anderen und muß zu bestimmten Leistungen fähig sein; die Strafe wird als Mittel zur Erreichung dieser Güter eingesetzt. Die Strafe und der Lohn, denn neben dem Schmerz dient die Lusterregung als Erziehungsmittel.

Der Staat kann seine Strafe nach dem Vorbild der Bestrafung von Kindern gestalten. Die Strafe ist dann eine Form der Domestikation der Bürger, wobei sich das »Wie«, das quantum und das quale, nach ihrem künftigen Verhalten bemißt; drakonische Strafen schrecken nicht nur den Täter vor einer Wiederholung zurück, sondern auch andere potentielle Rechtsverletzer. Der Sträfling gleicht einem Patienten, der von einer Seelendeformation, die ihn zum Verstoß gegen die Gesetze führte, kuriert wird. Auch hier tritt neben die Strafe der Lohn; die Seelen lassen sich nicht nur durch Schmerzzufügung leiten, sondern auch durch Lusterregung. Läßt sich dagegen eine Besserung durch Strafe ausschließen, wird der Delinquent getötet und so aus dem Staatskörper eliminiert.

Schlimm erging es den Rebellen, die sich gegen die Herrschaft der Olympier auflehnten; sie büßten in der Unterwelt mit gräßlichen Schmerzen; Prometheus wird an den Kaukasus geschmiedet, mit der bekannten immer erneuerten Tortur. Die christliche Hölle ist von diesen Strafformen inspiriert, man lese das »Infernum« in Dantes *Göttlicher Komödie*. Hier dient die Strafe zu keinerlei Besserung der Delinquenten, sondern ist die ewige Vergeltung des Rebellentums gegen Gott.

Wie läßt sich die Strafe vor der Maßlosigkeit der irdischen Despoten bewahren? Wie läßt sich Strafe überhaupt philosophisch begründen? Den Versuch einer Antwort hierauf unternimmt Kant. Die Strafe ist bei ihm primär kein Mittel der Besserung des Täters oder der Gesellschaft und richtet sich entsprechend nicht auf das zukünftige Handeln, sie ist auch nicht der Ausdruck der Wut eines Tyrannen, sondern hat ihren notwendigen Rechtsgrund in der vergangenen Tat: Jemand wird mit einer Strafe belegt, nur weil er etwas verbrochen hat, und er bestimmt selbst mit seiner Tat das quantum und das quale der Strafe.

Die Sanktionen bestehen in den europäischen Staaten heute nicht mehr in der Zufügung körperlicher Schmerzen und im Extremfall in der – vielleicht schmerzlosen – Tötung, sondern im Entzug der beiden Metagüter für den Glückserwerb, Freiheit und Geld, d. h. der Bewegungsfreiheit lebenslänglich oder auf Zeit und einer bestimmten Summe Geldes.[12]

Ist der Staat legitimiert, Vergehen oder Verbrechen der eigenen Bürger zu bestrafen oder (auch) diejenigen Vergehen oder Verbrechen, die im eigenen Territorium durch Fremde geschahen? Welche Theorie kann Gerichtsverfahren gegen Staatsbürger fremder Staaten mit Verbrechen in fremden Staaten legitimieren, wie es bei internationalen Gerichtshöfen geschieht? Jede Reflexion über die staatlichen und überstaatlichen Institutionen führt unausweichlich in schwierige und höchst umstrittene Bereiche der Philosophie.

12 Damit ist das Strafregister nicht abgeschlossen; es gibt daneben in Ausnahmefällen den Entzug der bürgerlichen Ehrenrechte, des Führerscheins usw.

Dritter Teil

Ästhetik: Schön und nicht schön

Kapitel 9

Das Kunstschöne

Georg Wilhelm Friedrich Hegel, *Ästhetik*[1]: »IV. Einteilung«

Nach den bisherigen Vorausschickungen ist es nun Zeit, an die Betrachtung unseres Gegenstandes selber heranzugehen. Die Einleitung aber, in welcher wir uns noch befinden, kann in dieser Beziehung nichts weiteres leisten, als daß sie eine Übersicht über den gesamten Verlauf unserer nachfolgenden wissenschaftlichen Betrachtungen für die Vorstellung hinzeichnet. Doch da wir von der Kunst als aus der absoluten Idee selber hervorgehend gesprochen, ja als ihren Zweck die sinnliche Darstellung des Absoluten selber angegeben haben, so werden wir bei dieser Übersicht schon so verfahren müssen, daß es sich im allgemeinen wenigstens zeigt, wie die besonderen Teile aus dem Begriffe des Kunstschönen überhaupt als Darstellung des Absoluten ihren Ursprung nehmen. Deshalb müssen wir auch von diesem Begriffe im Allgemeinsten eine Vorstellung zu erwecken suchen.

Es ist bereits gesagt, daß der Inhalt der Kunst die Idee, ihre Form die sinnliche bildliche Gestaltung sei. Diese beiden Seiten

1 Zur editorischen Problematik der hier gewählten Textvorlage (Hegel, 1958ff., XIII,1 107–122) vgl. Annemarie Gethmann-Siefert in ihrer Einführung zu Hegel (1997).

nun hat die Kunst zu freier versöhnter Totalität zu vermitteln. Die erste Bestimmung, die hierin liegt, ist die Forderung, daß der Inhalt, der zur Kunstdarstellung kommen soll, in sich selbst dieser Darstellung sich fähig zeige. Denn sonst erhalten wir nur eine schlechte Verbindung, indem ein für sich der Bildlichkeit und äußeren Erscheinung ungefügiger Inhalt diese Form annehmen, ein für sich selbst prosaischer Stoff in der seiner Natur entgegengesetzten Form gerade die ihm angemessene Erscheinungsweise finden soll.

Die zweite Forderung, welche aus dieser ersten sich herleitet, erheischt von dem Inhalt der Kunst, daß er kein Abstraktum in sich selber sei, und zwar nicht nur im Sinne des Sinnlichen als des Konkreten im Gegensatze alles Geistigen und Gedachten als des in sich Einfachen und Abstrakten. Denn alles Wahrhaftige des Geistes sowohl als der Natur ist in sich konkret und hat der Allgemeinheit ohnerachtet dennoch Subjektivität und Besonderheit in sich. Sagen wir z. B. von Gott, er sei der einfach Eine, das höchste Wesen als solches, so haben wir damit nur eine tote Abstraktion des unvernünftigen Verstandes ausgesprochen. Solch ein Gott, wie er selbst nicht in seiner konkreten Wahrheit gefaßt ist, wird auch für die Kunst, besonders für die bildende, keinen Inhalt abgeben. Die Juden und Türken haben deshalb ihren Gott, der nicht einmal nur solche Verstandesabstraktion ist, nicht durch die Kunst in der positiven Weise darstellen können als die Christen. Denn im Christentume ist Gott in seiner Wahrheit und deshalb als in sich durchaus konkret, als Person, als Subjekt und in näherer Bestimmtheit als Geist vorgestellt. Was er als Geist ist, expliziert sich für die religiöse Auffassung als Dreiheit der Personen, die für sich zugleich als Eine ist. Hier ist Wesenheit, Allgemeinheit und Besonderung so wie deren versöhnte Einheit, und solche Einheit erst ist das Konkrete. Wie nun ein Inhalt, um überhaupt wahr zu sein, so konkreter Art sein muß, fordert auch die Kunst die gleiche Konkretion, weil das nur abstrakt Allgemeine in sich selbst nicht die Bestimmung hat, zur Besonderung und Erscheinung und zur Einheit mit sich in derselben fortzuschreiten.

Soll nun einem wahrhaften und deshalb konkreten Inhalt eine sinnliche Form und Gestaltung entsprechen, so muß diese drittens gleichfalls ein individuelles in sich vollständig Konkretes und Einzelnes sein. Daß das Konkrete den beiden Seiten der Kunst, dem Inhalte wie der Darstellung, zukommt, ist gerade der Punkt, in welchem beide zusammenfallen und einander entsprechen können wie die Naturgestalt des menschlichen Körpers z. B. solch ein sinnlich Konkretes ist, das den in sich konkreten Geist darzustellen und ihm sich gemäß zu machen fähig ist. Deshalb ist denn auch die Vorstellung zu entfernen, als ob es eine bloße Zufälligkeit sei, daß für solche wahre Gestalt eine wirkliche Erscheinung der Außenwelt genommen wird. Denn die Kunst ergreift diese Form nicht etwa, weil sie sich so vorfindet, noch weil es keine andere gäbe, sondern in dem konkreten Inhalte liegt selber das Moment auch äußerer und wirklicher, ja selbst sinnlicher Erscheinung. Dafür ist denn aber dieses sinnlich Konkrete, in welchem ein seinem Wesen nach geistiger Gehalt sich ausprägt, auch wesentlich für das Innere, und das Äußerliche seiner Gestalt, wodurch er anschaubar und vorstellbar wird, hat den Zweck, nur für unser Gemüt und Geist dazusein. Nur zu diesem Zweck sind Inhalt und Kunstgestalt ineinandergebildet. Das nur sinnlich Konkrete, die äußere Natur als solche, hat diesen Zweck nicht zu ihrem alleinigen Ursprung. Das bunte, farbenreiche Gefieder der Vögel glänzt auch ungesehen, ihr Gesang verklingt ungehört; die Fackeldistel, die nur eine Nacht blüht, verwelkt, ohne bewundert zu werden, in den Wildnissen der südlichen Wälder, und diese Wälder, Verschlingungen selber der schönsten und üppigsten Vegetationen, mit den wohlriechendsten, gewürzreichsten Düften, verderben und verfallen ebenso ungenossen. Das Kunstwerk aber ist nicht so unbefangen für sich, sondern es ist wesentlich eine Frage, eine Anrede an die widerklingende Brust, ein Ruf an die Gemüter und Geister. Obschon die Kunstversinnlichung in dieser Beziehung nicht zufällig ist, so ist sie doch umgekehrt auch nicht die höchste Weise, das geistig Konkrete zu fassen. Die höhere Form, der Darstellung durch das sinnlich Konkrete gegenüber, ist das Denken, das zwar in relativem Sinne abstrakt, aber nicht einseitiges, sondern konkretes Denken sein muß, um wahrhaftig und vernünftig zu sein. Der Unterschied, inwieweit ein bestimmter Inhalt die sinnliche Kunstdarstellung zu seiner gemäßen Form hat oder seiner Natur nach wesentlich eine höhere, geistigere fordert, zeigt sich sogleich z. B. in der Vergleichung der griechischen Götter mit Gott, wie ihn die christliche Vorstellung auffaßt. Der griechische Gott ist nicht abstrakt, sondern individuell, und steht der Naturgestalt zunächst; der christliche ist zwar auch konkrete Persönlichkeit, aber als reine Geistigkeit, und soll als Geist und im Geist gewußt werden. Sein Element des Daseins ist dadurch wesentlich das innere Wissen und nicht die äußere Naturgestalt, durch die er nur unvollkommen, nicht aber der ganzen Tiefe seines Begriffs nach, darstellbar sein wird.

Indem nun aber die Kunst die Aufgabe hat, die Idee für die unmittelbare Anschauung in sinnlicher Gestalt und nicht in Form des Denkens und der reinen Geistigkeit überhaupt darzustellen und dieses Darstellen seinen Wert und Würdigkeit in dem Entsprechen und der Einheit beider Seiten der Idee und ihrer Gestalt hat, so wird die Höhe und Vortrefflichkeit der Kunst und die ihrem Begriff gemäße Realität von dem Grade der Innigkeit und Einigkeit abhängen, zu welcher Idee und Gestalt ineinandergearbeitet erscheinen.

In diesem Punkte der höheren Wahrheit als der Geistigkeit, welche sich die dem Begriff des Geistes gemäße Gestaltung errungen hat, liegt der Einteilungsgrund für die Wissenschaft der Kunst. Denn der Geist, ehe er zum wahren Begriffe seines absoluten Wesens gelangt, hat einen in diesem Begriffe selbst begründeten Verlauf von Stufen durchzugehen, und diesem Verlaufe des Inhalts, den er sich gibt, entspricht ein unmittelbar damit zusammenhängender Verlauf von Gestaltungen der Kunst, in deren Form der Geist als künstlerischer sich das Bewußtsein von sich selber gibt.

Dieser Verlauf innerhalb des Kunstgeistes hat selber wieder seiner eigenen Natur nach zwei Seiten. Erstens nämlich ist diese Entwicklung selbst eine geistige und allgemeine, indem die Stu-

fenfolge bestimmter Weltanschauungen *als des bestimmten, aber umfassenden Bewußtseins des Natürlichen, Menschlichen und Göttlichen sich künstlerisch gestaltet;* zweitens *hat diese innere Kunstentwicklung sich unmittelbare Existenz und sinnliches Dasein zu geben, und die bestimmten Weisen des sinnlichen Kunstdaseins sind selbst eine Totalität notwendiger Unterschiede der Kunst – die* besonderen Künste. *Die Kunstgestaltung und ihre Unterschiede sind zwar einerseits als geistige allgemeinerer Art und nicht an* ein *Material gebunden, und das sinnliche Dasein ist selbst mannigfach unterschieden; indem es aber an sich wie der Geist den Begriff zu seiner inneren Seele hat, so erhält dadurch andererseits ein bestimmtes sinnliches Material ein näheres Verhältnis und geheimes Zusammenstimmen mit den geistigen Unterschieden und Formen der Kunstgestaltung.*

Nach diesen Seiten hin teilt sich unsere Wissenschaft in drei Hauptglieder.

Erstens *erhalten wir einen* allgemeinen *Teil. Er hat die allgemeine Idee des Kunstschönen als des* Ideals *sowie das nähere Verhältnis desselben zur Natur auf der einen, zur subjektiven Kunstproduktion auf der anderen Seite zu seinem Inhalt und Gegenstande.*

Zweitens *entwickelt sich aus dem Begriffe des Kunstschönen ein* besonderer *Teil, insofern sich die wesentlichen Unterschiede, welche dieser Begriff in sich enthält, zu einem Stufengange besonderer Gestaltungsformen entfalten.*

Drittens *ergibt sich ein letzter Teil, welcher die Vereinzelung des Kunstschönen zu betrachten hat, indem die Kunst zur sinnlichen Realisation ihrer Gebilde fortschreitet und zu einem System der einzelnen Künste und deren Gattungen und Arten sich abrundet.*

Was zunächst den ersten und zweiten Teil angeht, so ist, um das Nachfolgende verständlich zu machen, sogleich wieder daran zu erinnern, daß die Idee als das Kunstschöne nicht die Idee als solche ist, wie sie eine metaphysische Logik als das Absolute aufzufassen hat, sondern die Idee, insofern sie zur Wirklichkeit fortgestaltet und mit dieser Wirklichkeit in unmittelbar entsprechende Einheit getreten ist. Denn die Idee als solche *ist zwar das an und für sich Wahre selbst, aber das Wahre erst seiner noch nicht objektivierten Allgemeinheit nach, die* Idee *als das* Kunstschöne *aber ist die Idee mit der näheren Bestimmung, wesentlich individuelle Wirklichkeit zu sein sowie eine individuelle Gestaltung der Wirklichkeit mit der Bestimmung, in sich wesentlich die Idee erscheinen zu lassen. Hiernach ist schon die Forderung ausgesprochen, daß die Idee und ihre Gestaltung als konkrete Wirklichkeit einander vollendet adäquat gemacht seien. So gefaßt, ist die Idee als ihrem Begriff gemäß gestaltete Wirklichkeit das* Ideal. *Die Aufgabe solchen Entsprechens nun könnte zunächst ganz formell in dem Sinne verstanden werden, daß die Idee* diese *oder* jene *Idee sein dürfte, wenn nur die wirkliche Gestalt, gleichgültig welche, gerade diese bestimmte Idee darstellte. Die geforderte* Wahrheit *des Ideals ist dann aber mit der bloßen* Richtigkeit *verwechselt, welche darin besteht, daß irgendeine Bedeutung auf gehörige Weise ausgedrückt und ihr Sinn deshalb in der Gestalt unmittelbar wiederzufinden sei. In diesem Sinne ist das Ideal nicht zu nehmen. Denn irgendein Inhalt kann dem Maßstabe seines Wesens nach ganz adäquat zur Darstellung kommen, ohne auf die Kunstschönheit des Ideals Anspruch machen zu dürfen. Ja im Vergleich mit idealer Schönheit wird die Darstellung sogar mangelhaft erscheinen. In dieser Beziehung ist im voraus zu bemerken, was erst später erwiesen werden kann, daß die Mangelhaftigkeit des Kunstwerks nicht nur etwa stets als subjektive Ungeschicklichkeit anzusehen ist, sondern daß die* Mangelhaftigkeit der Form *auch von der* Mangelhaftigkeit des Inhalts *herrührt. Wie z. B. die Chinesen, Inder, Ägypter bei ihren Kunstgestalten, Götterbildern und Götzen formlos oder von schlechter, unwahrer Bestimmtheit der Form blieben und der wahren Schönheit sich nicht bemächtigen konnten, weil ihre mythologischen Vorstellungen, der Inhalt und Gedanke ihrer Kunstwerke noch in sich unbestimmt oder von schlechter Bestimmtheit, nicht aber der in sich selbst absolute In-*

halt war. Je vortrefflicher in diesem Sinne die Kunstwerke werden, von desto tieferer innerer Wahrheit ist auch ihr Inhalt und Gedanke. Und dabei ist dann nicht nur etwa an die größere oder geringere Geschicklichkeit zu denken, die Naturgestalten, wie sie in der äußeren Wirklichkeit vorhanden sind, aufzufassen und nachzubilden. Denn auf gewissen Stufen des Kunstbewußtseins und der Darstellung ist das Verlassen und Verzerren der Naturgebilde nicht unabsichtliche technische Übungslosigkeit und Ungeschicklichkeit, sondern absichtliches Verändern, welches vom Inhalt, der im Bewußtsein ist, ausgeht und von demselben gefordert wird. So gibt es von dieser Seite her unvollkommene Kunst, die in technischer und sonstiger Hinsicht in ihrer bestimmten *Sphäre ganz vollendet sein kann, doch dem Begriff der Kunst selbst und dem Ideal gegenüber als mangelhaft erscheint. Nur in der höchsten Kunst ist die Idee und Darstellung in dem Sinne einander wahrhaft entsprechend, daß die Gestalt der Idee in sich selbst die an und für sich wahre Gestalt ist, weil die Idee, welche sie ausdrückt, selber die wahrhaftige ist. Dazu gehört, wie schon angedeutet worden, daß die Idee in sich und durch sich selbst als konkrete Totalität bestimmt sei und dadurch an sich selbst das Prinzip und Maß ihrer Besonderung und Bestimmtheit der Erscheinung habe. Die christliche Phantasie z. B. wird Gott nur in menschlicher Gestalt und deren* geistigem *Ausdruck darstellen können, weil Gott selber hier vollständig in sich als* Geist *gewußt ist. Die Bestimmtheit ist gleichsam die Brücke zur Erscheinung. Wo diese Bestimmtheit nicht Totalität ist, die aus der Idee selbst herfließt, wo die Idee nicht als die sich selbst bestimmende und besondernde vorgestellt ist, bleibt sie abstrakt und hat die Bestimmtheit und somit das Prinzip für die besondere, ihr allein gemäße Erscheinungsweise nicht in sich selbst, sondern außerhalb ihrer. Deshalb hat denn die noch abstrakte Idee auch die Gestalt noch als nicht durch sie gesetzte, äußerliche. Die in sich konkrete Idee dagegen trägt das Prinzip ihrer Erscheinungsweise in sich selbst und ist dadurch ihr eigenes freies Gestalten. So bringt erst die wahrhaft konkrete Idee die wahre Gestalt hervor, und dieses Entsprechen beider ist das Ideal.*

Weil nun aber die Idee in dieser Weise konkrete Einheit ist, so kann diese Einheit erst durch die Auseinanderbreitung und Wiedervermittlung der Besonderheiten der Idee ins Kunstbewußtsein treten, und durch diese Entwicklung erhält die Kunstschönheit eine Totalität besonderer Stufen und Formen. *Nachdem wir also das Kunstschöne an und für sich betrachtet haben, müssen wir sehen, wie das ganze Schöne sich in seine besonderen Bestimmungen zersetzt. Dies gibt, als den* zweiten Teil, die Lehre von den Kunstformen. *Ihren Ursprung finden diese Formen in der unterschiedenen Art, die Idee zu erfassen, wodurch eine Unterschiedenheit der Gestaltung, in welcher sie erscheint, bedingt ist. Die Kunstformen sind deshalb nichts als die verschiedenen Verhältnisse der Idee und Gestalt, Verhältnisse, welche aus der Idee selbst hervorgehen und dadurch den wahren Einteilungsgrund dieser Sphäre geben. Denn die Einteilung muß immer in dem Begriffe liegen, dessen Besonderung und Einteilung sie ist.*

Wir haben hier drei *Verhältnisse der Idee zu ihrer Gestaltung zu betrachten.*

Den Anfang *nämlich* erstens *macht die Idee, insofern sie selbst noch in ihrer Unbestimmtheit und Unklarheit oder in schlechter, unwahrer Bestimmtheit zum Gehalt der Kunstgestalten gemacht wird. Als unbestimmt hat sie an sich selbst noch nicht diejenige Individualität, welche das Ideal erheischt; ihre Abstraktion und Einseitigkeit läßt die Gestalt äußerlich mangelhaft und zufällig. Die erste Kunstform ist deshalb mehr ein* bloßes Suchen *der Verbildlichung als ein Vermögen wahrhafter Darstellung, weil die Idee die Form noch in sich selber nicht gefunden hat und somit nur das Ringen und Streben danach bleibt. Wir können diese Form im allgemeinen die* symbolische *Kunstform nennen. Die abstrakte Idee hat in dieser Form ihre Gestalt außerhalb ihrer in dem natürlichen sinnlichen Stoff, von welchem nun das Gestalten ausgeht und daran gebunden erscheint. Die Gegenstände der Naturanschauungen werden einerseits zunächst gelassen, wie sie sind, doch zugleich die substantielle Idee als ihre Bedeutung in sie hineingelegt, so daß sie* nun dieselbe auszudrücken den Beruf erhalten und so interpretiert werden sollen, als ob in ihnen die Idee selbst gegenwärtig wäre. Dazu gehört, daß die Gegenstände der Wirklichkeit in sich eine Seite haben, nach welcher hin sie eine allgemeine Bedeutung darzustellen imstande sind. Da aber ein vollständiges Entsprechen noch nicht möglich ist, so kann dies Beziehen nur eine abstrakte Bestimmtheit betreffen, wie wenn im Löwen z. B. die Stärke gemeint ist.

Bei dieser Abstraktion der Beziehung kommt andererseits ebenso die Fremdheit der Idee und der Naturerscheinungen ins Bewußtsein, und wenn sich nun auch die Idee, welche keine andere Wirklichkeit zu ihrem Ausdruck hat, in allen diesen Gestalten ergeht, in ihrer Unruhe und Maßlosigkeit in ihnen sich sucht, aber sie dennoch sich nicht adäquat findet, so steigert sie nun die Naturgestalten und Erscheinungen der Wirklichkeit selber ins Unbestimmte und Maßlose; sie taumelt in ihnen herum, sie braut und gärt in ihnen, tut ihnen Gewalt an, verzerrt und spreizt sie unnatürlich auf und versucht, durch Zerstreuung, Unermeßlichkeit und Pracht der Gebilde die Erscheinung zur Idee zu erheben. Denn die Idee ist hier noch das mehr oder weniger Unbestimmte, Ungestaltbare, die Naturgegenstände aber in ihrer Gestalt sind durchweg bestimmt.

Bei der Unangemessenheit beider gegeneinander wird das Verhältnis der Idee zur Gegenständlichkeit daher ein negatives, denn sie als Inneres ist selbst unzufrieden mit solcher Äußerlichkeit und setzt sich als deren innere allgemeine Substanz über alle diese ihr nicht entsprechende Gestaltenfülle erhaben fort. In dieser Erhabenheit wird dann freilich die Naturerscheinung und menschliche Gestalt und Begebenheit genommen und gelassen, wie sie ist, doch zugleich als unangemessen gegen ihre Bedeutung erkannt, welche sich weit über allen Weltinhalt hinaushebt.

Diese Seiten machen im allgemeinen den Charakter des ersten Kunstpantheismus des Morgenlandes aus, der einerseits auch in die schlechtesten Gegenstände die absolute Bedeutung hineinlegt, andererseits die Erscheinungen gewaltsam zum Ausdruck seiner Weltanschauung zwingt und dadurch bizarr, grotesk und geschmacklos wird oder, die unendliche, aber abstrakte Freiheit der Substanz verachtend, gegen alle Erscheinungen als nichtige und verschwindende kehrt. Dadurch kann die Bedeutung dem Ausdruck nicht vollendet eingebildet werden, und bei allem Streben und Versuchen bleibt die Unangemessenheit von Idee und Gestalt dennoch unüberwunden bestehen. – Dies wäre die erste Kunstform, die symbolische, mit ihrem Suchen, ihrer Gärung, Rätselhaftigkeit und Erhabenheit.

In der zweiten Kunstform nun, welche wir als die klassische bezeichnen wollen, ist der zwiefache Mangel der symbolischen getilgt. Die symbolische Gestalt ist unvollkommen, weil einerseits in ihr die Idee nur in abstrakter Bestimmtheit oder Unbestimmtheit ins Bewußtsein tritt und andererseits dadurch die Übereinstimmung von Bedeutung und Gestalt stets mangelhaft und selber nur abstrakt bleiben muß. Als Auflösung dieses gedoppelten Mangels ist die klassische Kunstform die freie adäquate Einbildung der Idee in die der Idee selber eigentümlich ihrem Begriff nach zugehörige Gestalt, mit welcher sie deshalb in freien, vollendeten Einklang zu kommen vermag. Somit gibt erst die klassische Form die Produktion und Anschauung des vollendeten Ideals und stellt dasselbe als verwirklicht hin.

Die Angemessenheit nun aber von Begriff und Realität im Klassischen muß ebensowenig, als es beim Ideal der Fall sein durfte, in dem bloß formellen Sinne der Übereinstimmung eines Inhalts mit seiner äußeren Gestaltung genommen werden. Sonst wäre jedes Porträt der Natur, jede Gesichtsbildung, Gegend, Blume, Szene usf., die den Zweck und Inhalt der Darstellung ausmacht, durch solche Kongruenz von Inhalt und Form schon klassisch. Die Eigentümlichkeit des Inhalts besteht im Gegenteil im Klassischen darin, daß er selbst konkrete Idee ist und als solche das konkret Geistige; denn nur das Geistige ist das wahrhaft Innere. Für solchen Inhalt sodann ist unter dem Natürlichen dasjenige zu erfragen, welches für sich selbst dem Geistigen an und für sich angemessen ist. Der ursprüngliche Begriff selber muß es sein, der die Gestalt für die konkrete Geistigkeit erfun-

den hat, so daß jetzt der subjektive *Begriff – hier der Geist der Kunst – sie nur* gefunden *und als natürliches gestaltetes Dasein der freien individuellen Geistigkeit gemäß gemacht hat. Diese Gestalt, welche die Idee als geistige – und zwar die individuell bestimmte Geistigkeit – an sich selbst hat, wenn sie sich in zeitliche Erscheinung herausmachen soll, ist die* menschliche Gestalt. *Das Personifizieren und Vermenschlichen hat man zwar häufig als eine Degradation des Geistigen verleumdet, die Kunst aber, insofern sie das Geistige in sinnlicher Weise zur Anschauung zu bringen hat, muß zu dieser Vermenschlichung fortgehen, da der Geist nur in seinem Leibe in genügender Art sinnlich erscheint. Die Seelenwanderung ist in dieser Beziehung eine abstrakte Vorstellung, und die Physiologie müßte es zu einem ihrer Hauptsätze machen, daß die Lebendigkeit notwendig in ihrer Entwicklung zur Gestalt des Menschen fortzugehen habe als der einzig für den Geist angemessenen sinnlichen Erscheinung.*

Der menschliche Körper in seinen Formen gilt nun aber in der klassischen Kunstform nicht mehr bloß als sinnliches Dasein, sondern nur als Dasein und Naturgestalt des Geistes und muß deshalb aller Bedürftigkeit des nur Sinnlichen und der zufälligen Endlichkeit des Erscheinens entnommen sein. Ist in dieser Weise die Gestalt gereinigt, um den ihr gemäßen Inhalt in sich auszudrücken, so muß auf der anderen Seite, wenn die Übereinstimmung von Bedeutung und Gestalt vollendet sein soll, eben sosehr auch die Geistigkeit, welche den Inhalt ausmacht, von der Art sein, daß sie vollständig in der menschlichen Naturgestalt sich auszudrücken imstande ist, ohne über diesen Ausdruck im Sinnlichen und Leiblichen hinauszuragen. Dadurch ist der Geist hier zugleich als partikulärer bestimmt, als menschlicher, nicht als schlechthin absoluter und ewiger, indem dieser nur als Geistigkeit selbst sich kundzugeben und auszudrücken fähig ist.

Dieser letzte Punkt wird wiederum der Mangel, an welchem die klassische Kunstform sich auflöst und den Übergang in eine höhere dritte *fordert, nämlich in die* romantische.

Die romantische *Kunstform hebt die vollendete Einigung der Idee und ihrer Realität wieder auf und setzt sich selbst, wenn auch auf höhere Weise, in den Unterschied und Gegensatz beider Seiten zurück, der in der symbolischen Kunst unüberwunden geblieben war. Die klassische Kunstform nämlich hat das Höchste erreicht, was die Versinnlichung der Kunst zu leisten vermag, und wenn an ihr etwas mangelhaft ist, so ist es nur die Kunst selber und die Beschränktheit der Kunstsphäre. Diese Beschränktheit ist darin zu setzen, daß die Kunst überhaupt das seinem Begriff nach unendliche konkrete Allgemeine, den Geist, in sinnlich konkreter Form zum Gegenstande macht und im Klassischen die vollendete Ineinsbildung des geistigen und des sinnlichen Daseins als* Entsprechen *beider hinstellt. Bei diesem Verschmolzensein aber kommt in der Tat der Geist* nicht *seinem* wahren Begriffe *nach zur Darstellung. Denn der Geist ist die unendliche Subjektivität der Idee, die als absolute Innerlichkeit sich nicht frei für sich herauszugestalten vermag, wenn sie im Leiblichen als in ihrem gemäßen Dasein ergossen bleiben soll. Aus diesem Prinzip heraus hebt die romantische Kunstform jene ungetrennte Einheit der klassischen wieder auf, weil sie einen Inhalt gewonnen hat, der über die klassische Kunstform und deren Ausdrucksweise hinausgeht. Dieser Inhalt, um an bekannte Vorstellungen zu erinnern, fällt mit dem zusammen, was das Christentum von Gott als Geist aussagt, im Unterschiede des griechischen Götterglaubens, welcher den wesentlichen und angemessensten Inhalt für die klassische Kunst ausmacht. In dieser ist der konkrete Inhalt* an sich *die Einheit menschlicher und göttlicher Natur, eine Einheit, welche, eben weil sie nur* unmittelbar *und* an sich *ist, auch auf unmittelbare und* sinnliche *Weise zur adäquaten Manifestation kommt. Der griechische Gott ist für die unbefangene Anschauung und sinnliche Vorstellung und deshalb seine Gestalt die leibliche des Menschen, der Kreis seiner Macht und seines Wesens ein individuell besonderer und dem Subjekt gegenüber eine Substanz und Macht, mit der das subjektive Innere nur an sich in Einheit ist, nicht aber diese Einheit als innerliches subjektives Wissen selber hat. Die höhere Stufe nun ist das* Wissen *dieser* an sich *seienden Einheit, wie die klassische Kunstform dieselbe zu ihrem im Leiblichen vollendet darstellbaren Gehalte hat. Dies Erheben aber des Ansich ins selbstbewußte Wissen bringt einen ungeheuren Unterschied hervor. Es ist der unendliche Unterschied, der* z. *B. den Menschen überhaupt vom Tiere trennt. Der Mensch ist Tier, doch selbst in seinen tierischen Funktionen bleibt er nicht als in einem Ansich stehen wie das Tier, sondern wird ihrer bewußt, erkennt sie und erhebt sie, wie* z. *B. den Prozeß der Verdauung, zu selbstbewußter Wissenschaft. Dadurch löst der Mensch die Schranke seiner ansichseienden Unmittelbarkeit auf, so daß er deshalb gerade, weil er* weiß, *daß er Tier ist, aufhört, Tier zu sein, und sich das Wissen seiner als Geist gibt. Wird nun in solcher Weise das Ansich der vorigen Stufe, die Einheit menschlicher und göttlicher Natur, aus einer* unmittelbaren *zu einer* bewußten *Einheit erhoben, so ist das* wahre *Element für die Realität dieses Inhalts nicht mehr das sinnliche unmittelbare Dasein des Geistigen, die leibliche menschliche Gestalt, sondern die* selbstbewußte Innerlichkeit. *Deshalb tritt nun das Christentum, weil es Gott als Geist, und nicht als individuellen, besonderen Geist, sondern als* absoluten *im* Geist *und in der Wahrheit zur Vorstellung bringt, von der Sinnlichkeit des Vorstellens in die geistige Innerlichkeit zurück und macht diese und nicht das Leibliche zum Material und Dasein ihres Gehaltes. Ebenso ist die Einheit der menschlichen und göttlichen Natur eine gewußte und nur durch das* geistige *Wissen und* im Geist *zu realisierende Einheit. Der neue, dadurch errungene Inhalt ist deswegen nicht an die sinnliche Darstellung, als entsprechende, gebunden, sondern befreit von diesem unmittelbaren Dasein, welches negativ gesetzt, überwunden und in die geistige Einheit reflektiert werden muß. In dieser Weise ist die romantische Kunst das Hinausgehen der Kunst über sich selbst, doch innerhalb ihres eigenen Gebiets und in Form der Kunst selber.*

Wir können deshalb kurz dabei stehenbleiben, daß auf dieser dritten Stufe die freie konkrete Geistigkeit, *die als* Geistigkeit *für das* geistige Innere *erscheinen soll, den Gegenstand aus-*

macht. Die Kunst, diesem Gegenstande gemäß, kann daher einerseits nicht für die sinnliche Anschauung arbeiten, sondern für die mit ihrem Gegenstande einfach als mit sich selbst zusammengehende Innerlichkeit, für die subjektive Innigkeit, das Gemüt, *die Empfindung, welche als geistige zur Freiheit in sich selber hinstrebt und ihre Versöhnung nur im inneren Geiste sucht und hat. Diese innere Welt macht den Inhalt des Romantischen aus und wird deshalb als dieses Innere und im Schein dieser Innigkeit zur Darstellung gebracht werden müssen. Die Innerlichkeit feiert ihren Triumph über das Äußere und läßt im Äußeren selbst und an demselben diesen Sieg erscheinen, durch welchen das sinnlich Erscheinende zur Wertlosigkeit herniedersinkt.*

Andererseits aber bedarf auch diese Form, wie alle Kunst, der Äußerlichkeit zu ihrem Ausdrucke. Indem nun die Geistigkeit sich in sich selbst aus dem Äußeren und der unmittelbaren Einheit mit demselben zurückgezogen hat, so wird die sinnliche Äußerlichkeit des Gestaltens eben deswegen wie im Symbolischen als unwesentliche, vorübergehende und in gleicher Weise der subjektive endliche Geist und Wille bis zur Partikularität und Willkür der Individualität, des Charakters, Tuns usf., der Begebenheit, Verwicklung usf. aufgenommen und zur Darstellung gebracht. Die Seite des äußeren Daseins ist der Zufälligkeit überantwortet und den Abenteuern der Phantasie preisgegeben, deren Willkür ebenso das Vorhandene, wie es vorhanden ist, widerspiegeln, als auch die Gestalten der Außenwelt durcheinander würfeln und fratzenhaft verziehen kann. – Denn dies Äußere hat seinen Begriff und Bedeutung nicht mehr wie im Klassischen in sich und an sich selber, sondern im Gemüt, das seine Erscheinung, statt im Äußeren und dessen Form der Realität, in sich selber findet und dies Versöhntsein mit sich in allem Zufall, allein für sich gestaltenden Akzidentellen, allem Unglück und Schmerz, ja im Verbrechen selber zu bewahren oder wiederzugewinnen vermag.

Dadurch kommt die Gleichgültigkeit, Unangemessenheit und Trennung von Idee und Gestalt – wie im Symbolischen – von neuem hervor, doch mit dem wesentlichen Unterschiede, *daß im Romantischen die Idee, deren Mangelhaftigkeit im Symbol die Mängel des Gestaltens herbeiführte, nun als Geist und Gemüt in sich vollendet zu erscheinen hat und aus dem Grunde dieser höheren Vollendung sich der entsprechenden Vereinigung mit dem Äußeren entzieht, indem sie ihre wahre Realität und Erscheinung nur in sich selber suchen und vollbringen kann.*

Dies wäre im allgemeinen der Charakter der symbolischen, klassischen und romantischen Kunstform als der drei Verhältnisse der Idee zu ihrer Gestalt im Gebiete der Kunst. Sie bestehen im Erstreben, Erreichen und Überschreiten des Ideals als der wahren Idee der Schönheit.

Erläuterung und weiterführende Reflexionen

Die »Ästhetik«, nach Hegel die philosophische Wissenschaft des Kunstschönen, hat einen genau fixierten Ort im monumentalen Bau der Hegelschen Philosophie. Am besten gibt hierüber die *Enzyklopädie der philosophischen Wissenschaften* (1817; 1827; 1830) Auskunft. Wir nehmen hier einfach zur Kenntnis: Der absolute Geist entfaltet sich selbst im Gang der Menschheitsgeschichte und in seiner begrifflich notwendigen Struktur; die drei Hauptstationen sind Logik, Natur- und Geistphilosophie, die letztere wiederum durchschreitet den subjektiven und objektiven Geist, um sich im absoluten Geist zu vollenden – das Vernunftsystem kommt zu seinem Schluß (syllogistischer Schlußsatz und Ende). Der absolute Geist realisiert sich in dem Dreischritt von Kunst, offenbarter Religion und Philosophie. Die Vorlesung zur Ästhetik, aus deren von Heinrich Gustav Hotho ausgearbeiteter Mitschrift unser Text stammt, befaßt sich also mit dem ersten Teil der Entwicklung des absoluten Geistes und zeigt die systematisch notwendige Bestimmung der Kunst in der Geschichte der

Menschheit mit den drei Phasen des Morgenlandes, des Griechentums und des christlichen Abendlandes.

Die notwendige Einteilung des Systems der Ästhetik selbst begründet und artikuliert Hegel am Ende der »Einleitung« seiner Vorlesung; zu ihm gehört unser Text. Den ersten Teil des Systems bildet »Die Idee des Kunstschönen oder das Ideal«, die nähere Bestimmung folgt im zweiten Teil unter dem Titel »Entwicklung des Ideals zu den besonderen Formen des Kunstschönen«; es ist die Darstellung der drei großen Kunstepochen der symbolischen (erhabenen, orientalischen), der klassischen (schönen, griechischen) und der romantischen (vom Christentum beeinflußten) Kunstformen. Im Mittelpunkt steht hier also die klassische Kunst, die Kunst schlechthin in ihrer höchsten Ausprägung. Auf diesem Plateau der Vernunft-Geschichte läßt sich das wiederum in sich notwendige und zugleich historisch-faktische »System der einzelnen Künste« entfalten, in dem die Architektur, Skulptur (mit ihrem Höhepunkt in der klassischen Phase der Kunst), die Malerei, Musik und Poesie in ihren notwendigen Erscheinungsformen dargestellt werden; bei der letzteren, der Poesie, sind es die Gattungen des Epos, der lyrischen und der dramatischen Poesie.

Die symbolische, orientalische Kunst war dadurch gekennzeichnet, daß in ihr die abstrakte Bedeutung und die sinnliche Gestaltung nicht zueinander fanden; das Bewußtsein der ersteren war noch unfertig, und die Gestaltung ihrerseits trieb ins Unbestimmte und Maßlose; man denke an die ägyptischen Pyramiden. Die klassische griechische Kunst dagegen führt das Geistige und Räumlich-Sinnliche dadurch zur Einheit, daß sie den beseelten, geistigen Menschen selbst als Skulptur gestaltet. Der absolute Geist hat in seiner geschichtlichen Selbstwerdung die Konkretion erreicht, die schon und noch eine vollkommene Entsprechung in der Äußerlichkeit, im gestalteten Körper finden kann, jedoch nur in dem Körper, den sich der Geist selbst gab, im menschlichen.

In der vorangehenden symbolischen Kunstform ist dagegen die Äußerlichkeit noch dominierend, das monströse Material überwiegt noch in den bildnerischen und dichterischen Werken, und auf der anderen Seite ist in der nachfolgenden romantischen Kunstform der Geist schon in der Selbstreflexion befangen und findet in der Sinnlichkeit der Kunst keine adäquate Weise der Darstellung mehr. In der ausgewogenen Harmonie von Sinnlichkeit und Seele, von Material und Gedanken, von Außen und Innen ereignet sich die ideale Schönheit der griechischen Plastik, aber auch der Kunst überhaupt. Genau in das Gliederungs-Zentrum der gesamten Hegelschen »Ästhetik« mit dem wohl nicht zufällig passenden Beginn »Den Mittelpunkt der Kunst [...]« (wir ergänzen: »und den Mittelpunkt der *Ästhetik* [...]«[2]) stellt Hegel das Kapitel »Vom Klassischen überhaupt«; »klassisch« ist hier ein Epochen- *und* Normbegriff, das eine ist vom anderen nicht trennbar.

Hegel konzipiert seine Ästhetik aus dem System seiner Geistphilosophie; er rekonstruiert den Gang des absoluten Geistes durch die Geschichte; die Ästhetik führt die Identität von Vernunft und Geschichte so vor Augen, wie es Hegel auf keinem anderen Gebiet (etwa der Philosophiegeschichte) gelungen ist. Es bedarf nicht der Erinnerung an das Diktum von Karl Marx, Hegel betreibe immer die Sache der Logik und nicht die Logik der Sache,[3] um zu merken, daß eine derartige Konstruktion nur mit an sich illegitimen Anleihen bei zeitgenössischen Anschauungen und Vorurteilen durchgeführt werden kann, denn das Vernunftsystem als solches kann nicht wirklich aus sich die Kunstgeschichte rekonstruieren. Eines der bis heute wirksamen Vorurteile ist die Meinung, die Antike sei naiv gewesen und ihr habe die

2 Vgl. auch unsere Beobachtung zum ersten Kapitel der Aristotelischen *Ethik*, im vorliegenden Band S. 171.

3 Nach Marx/Engels (1968ff.), I 216 – »Kritik des Hegelschen Staatsrechts« (»Nicht die Logik der Sache, sondern die Sache der Logik ist das philosophische Moment«).

Innerlichkeit gefehlt. Hegel benutzt diese Schablone und gibt sie für ein Ergebnis der Reflexion des absoluten Geistes aus. Auch der Nachweis fehlt nicht; das Fehlen der Innerlichkeit zeige sich z. B. darin, daß die antiken Skulpturen keine sehenden Augen gehabt hätten. Wir wissen, daß diese Meinung falsch ist, so falsch wie die Überzeugung Winckelmanns und vieler seiner Zeitgenossen und Nachfolger, die antiken Statuen hätten unmöglich bunt sein können. Andererseits dokumentiert die Hegelsche *Ästhetik* unübertroffen, daß Geisteswissenschaft ohne Philosophie positivistisches Stückwerk bleiben muß; jedes Werk stellt die Aufgabe, seinen philosophischen Lebensnerv freizulegen. »Just pronounce the word ›art‹, and all is okay« – es gibt, so stellen wir dagegen, keine Kunst, die sich der Moral und der Erkenntnis entziehen könnte. Kunst, die einen Autonomie-Anspruch erhebt, versteht sich, mit Hegel, selber nicht.

Die Hegelsche Ästhetik stellt den historischen Charakter und die wechselnden Kunstepochen in den Vordergrund; im 18. Jahrhundert dominierte dagegen die Genie- und Geschmacksästhetik; die Genieästhetik befaßte sich wie schon die antike Ästhetik mit dem eigentümlichen Zusammenspiel von Naturbegabung und erlernbaren Regeln in den großen Werken der verschiedenen Künste, während die Geschmacksästhetik die Frage zu klären suchte, wie das doch subjektive Geschmacksurteil (»Das da finde ich schön«) zugleich den Anspruch objektiver Geltung für jedermann erheben kann. Für die Genie- und Geschmacksästhetik gibt es günstige und ungünstige Entwicklungen in der Geschichte, aber diese Geschichte kann nicht a priori notwendig den Anfang, den Zenith und das Ende der Kunst[4] in der Fortschrittsgeschichte des Geistes bis zu seiner Selbstfindung in einem philosophischen System (sc. dem Hegelschen) bestimmen.

4 Zu Hegels These vom Ende der Kunst vgl. Gethmann-Siefert (1984). Die Formulierung selbst begegnet bei Hegel nicht wörtlich.

KAPITEL 10

Die nicht mehr schönen Künste

BARNETT NEWMAN, *Schriften und Interviews*: »Das Sublime ist Jetzt«

Die Erfindung der Schönheit durch die Griechen, das heißt das Postulat des Schönen als Ideal, war schon immer das Schreckgespenst der europäischen Kunst und ihrer ästhetischen Philosophien. Die natürliche Sehnsucht des Menschen, in den Künsten sein Verhältnis zum Absoluten auszudrücken, wurde mit dem Absolutismus vollkommener Schöpfungen identifiziert und verwechselt – mit dem Fetisch Qualität –, so daß sich der europäische Künstler seither fortwährend im moralischen Widerstreit zwischen der Idee der Schönheit und der Sehnsucht nach dem Erhabenen aufreibt.

Diese Verwirrung zeigt sich deutlich bei Longinus[1]*, der sich trotz seiner Kenntnis nicht-griechischer Kunst*[2] *von den platonischen Attitüden der Schönheit und vom Problem der Wertung nicht lösen konnte, so daß er das Gefühl der Erhabenheit mit der Vollkommenheit der Aussage, mit einer objektiven Rhetorik gleichsetzte. Die Verwirrung setzt sich bei Kant fort, in seiner Theorie der transzendenten Wahrnehmung, die besagt, daß die Erscheinung mehr ist als Erscheinung. Und bei Hegel, der eine Theorie der Schönheit aufstellte, in der das Sublime auf der Leiter seiner* Arten von Schönheit *zuunterst fungiert,*[3] *was zu einer extrem hierarchischen Gliederung der verschiedenen Verbin-*

1 Gemeint ist (Pseudo-)Longinos, *Vom Erhabenen* (Peri hypsous), eine literarkritische Schrift aus dem ersten nachchristlichen Jahrhundert. Siehe Longinus (1988).

2 Newman denkt an die Erwähnung der Bibel, 1 Mose 1,3 und 9 in Longinus (1988), 24–27 – *Vom Erhabenen* IX 9.

3 Vgl. im vorliegenden Band S. 244–246.

dungen zur Realität führt. (Nur Edmund Burke[4] *bestand auf einer Trennung. Wenn auch ungekünstelt und elementar, so ist sie doch völlig eindeutig, und es wäre aufschlußreich zu wissen, wie stark die Surrealisten davon beeinflußt waren. Für mich liest sich Burke wie ein surrealistisches Handbuch.)*

Die Verwirrung in der Philosophie hat sich denn auch in der Geschichte der plastischen Künste niedergeschlagen. Für uns gibt es heute keinen Zweifel, daß die griechische Kunst hartnäckig das Gefühl der Erhabenheit durch die perfekte Form sucht, daß Erhabenheit einer idealen Sensibilität gleichkommt – im Gegensatz etwa zur gotischen oder barocken Sensibilität, bei der das Sublime dem Verlangen entspringt, die Form zu zerstören, wo Form formlos sein kann.

Die Konsequenzen dieser Auseinandersetzung zwischen der Schönheit und dem Erhabenen zeigen sich am stärksten innerhalb der Renaissance und später in der Reaktion auf die Renaissance, also in der modernen Kunst. In der Renaissance stellte die Neuentdeckung der Ideale von griechischer Schönheit den Künstler vor die Aufgabe, eine überlieferte Christuslegende in Begriffen absoluter Schönheit neu zu formulieren, was die ursprüngliche gotische Ekstase über das durch diese Legende heraufbeschworene Absolute ablöst. Und die Künstler der Renaissance kleideten die überlieferte Ekstase in eine noch ältere Tradition – in eine beredte Nacktheit oder in üppigen Samt. Es kam nicht von ungefähr, daß Michelangelo sich nicht Maler, sondern Bildhauer nannte, denn er wußte genau, daß nur seine Skulpturen der grandiosen Aussage christlicher Erhabenheit genügen konnten. Er hatte allen Grund für die Verachtung des Schönheitskults, den das Christusdrama auf einer Bühne von üppigem Samt und Brokat und schön abgestuften Fleischtönen zur Schau stellte. Michelangelo wußte, daß die Bedeutung der griechischen Humanität für seine Zeit darin lag, den Menschen Christus in Gott zu verwandeln, und daß sein plastisches Problem weder mittelalterlich war, eine Kathedrale zu bauen, noch griechisch,

4 Burke (1757).

einen Menschen wie einen Gott zu schaffen, sondern darin bestand, aus dem Menschen eine Kathedrale zu machen. Somit setzte er einen Maßstab für das Erhabene, den die Malerei seiner Zeit nicht erreichen konnte. Denn die Malerei machte mit ihrer Suche nach einer sinnlichen Kunst fröhlich weiter bis zur Moderne, wo die Impressionisten, empört über die Unzulänglichkeit der etablierten Rhetorik der Schönheit, eine neue Bewegung inszenierten, indem sie auf häßlichen Pinselstrichen beharrten.

Dieses Verlangen, das Schöne zu zerstören, war die Triebkraft der modernen Kunst. Da die Impressionisten die Idee der Renaissance von der Schönheit über Bord warfen, ohne angemessenen Ersatz für die sublime Botschaft, waren sie gezwungen, sich mit den kulturellen Werten der Geschichte ihrer Plastik auseinanderzusetzen, so daß sie keine neuen Lebenserfahrungen sammeln konnten, sondern nur einen Transfer von Wertvorstellungen unternahmen. Indem sie ihren eigenen Lebensstil verherrlichten, verstrickten sie sich in die Fragestellung, was denn wirklich als schön aufgefaßt werden kann, und so vermochten sie nur ihre Stellung zur allgemeinen Frage der Schönheit zu wiederholen. So auch später die Kubisten. Mit ihrer Dada-Gestik, dem Ersetzen der samtenen Oberflächen der Renaissance und der Impressionisten durch Zeitungsblätter und Schmirgelpapier, unternahmen sie einen ähnlichen Transfer von Werten, anstatt eine neue Vision zu schaffen, und es gelang ihnen lediglich, das Blatt Papier aufzuwerten. Das Netz der Rhetorik vom Erhabenen als Haltung im größeren Kontext der europäischen Kultur ist so stark präsent, daß die Elemente des Erhabenen in der Revolution, die für uns die moderne Kunst verkörpert, in den Anstrengungen und Energien zu finden sind, mittels derer man eher dem Muster entflieht anstatt eine neue Erfahrung zu realisieren. Picassos Anstrengungen mögen wohl sublim sein, aber sein Werk ist zweifellos vornehmlich mit der Frage nach der Natur des Schönen beschäftigt. Sogar Mondrian, in seinem Versuch, das Bild der Renaissance durch hartnäckiges Insistieren auf reine Inhalte zu zerstören, ist es allenfalls gelungen, die weiße Ebene und den rechten Winkel in den Bereich des Sublimen zu heben, wo *das Sublime paradoxerweise zur Absolutheit einer vollkommenen Empfindung wird. Die Geometrie (Perfektion) hat seine Metaphysik (seine Erhabenheit) verschluckt.*

Die Unfähigkeit der europäischen Kunst, das Sublime zu erreichen, läßt sich auf diese blinde Sehnsucht nach einem Dasein innerhalb der Realität der Empfindung (der objektiven Welt, ob verzerrt oder rein) und nach einer Kunst innerhalb der reinen Plastizität (dem griechischen Ideal des Schönen, ob diese Plastizität nun eine romantisch aktive oder eine klassisch stabile Bildfläche ist) zurückführen. Ohne sublimen Inhalt war die moderne Kunst mittlerweile unfähig, ein neues sublimes Bild zu erschaffen und sich von der Bildlichkeit der Figuren und der Gegenstände der Renaissance zu lösen, es sei denn durch Verzerrung oder völlige Verneinung zugunsten einer leeren Welt von geometrischen Formalismen – einer reinen Rhetorik abstrakter mathematischer Verhältnisse. So verstrickte sie sich in eine Auseinandersetzung über die Natur der Schönheit; darüber, ob Schönheit ein Teil der Natur ist oder ob sie auch außerhalb der Natur existiert.

Ich glaube, daß einige von uns hier in Amerika, befreit vom Ballast der europäischen Kultur, die Antwort finden, indem unsere Kunst das Problem des Schönen konsequent ausklammert, wo auch immer es anzutreffen ist. Wenn wir in einer Zeit ohne Legenden oder Mythos, die man sublim nennen könnte, leben, wenn wir keine Erhabenheit in reinen Formen zulassen, wenn wir das Leben in der Abstraktion ausgrenzen wollen, dann lautet die Frage: Wie können wir eine sublime Kunst realisieren?

Wir bekräftigen unser natürliches menschliches Verlangen nach dem Erhabenen, nach absoluten Emotionen. Wir sind nicht angewiesen auf die abgenutzten Requisiten einer verloschenen und antiquierten Legende. Wir schaffen Bilder, deren Realität selbstverständlich ist und die ohne Stützen und Krükken oder Assoziationen mit veralteten Bildern, sublimen oder schönen, auskommen. Wir entledigen uns des Ballastes des Gedächtnisses, der Assoziation, Nostalgie, Legende, des Mythos oder was auch immer die Erfindungen der westeuropäischen

Malerei waren. Anstatt Kathedralen *aus Christus, dem Menschen oder dem »Leben« zu machen, schaffen wir die Bilder aus uns selbst und aus unseren eigenen Gefühlen. Das Bild, das wir hervorbringen, ist das Selbstverständnis einer Offenbarung, einer realen oder konkreten; ein Bild, das von allen, die es nicht durch die nostalgischen Brillengläser der Kunstgeschichte anschauen, verstanden werden kann.*

Erläuterung und weiterführende Reflexionen

»Dieser Artikel für die Dezembernummer von *Tiger's Eye* fasst Newmans Denken in den vierziger Jahren zusammen: seinen hartnäckigen Antiformalismus; seine Neubestimmung der modernen Kunst, die den Impressionismus zum Ausgangspunkt hat; sein Abschied von der Kunst der Empfindsamkeit; seine Suche nach dem Urquell des kreativen Impulses; seine Versuche, den richtigen Inhalt für die moderne Kunst in Amerika zu finden. Um die europäische Tradition bis einschliesslich Picasso von der neuen amerikanischen Malerei abzuheben, bediente sich Newman traditioneller ästhetischer Begriffe von der Schönheit und des Sublimen, die er bereits aus der philosophischen Lektüre seiner Studienzeit kannte. Um seinen Argumenten mehr Nachdruck zu verleihen, befasste er sich erneut mit den grundlegenden Schriften zu diesem Thema: mit Longinus, Kant, Hegel, Burke. Als ihm dann in der Formulierung seiner Ideen die Kongruenz zwischen Wort und Denken gelang, war logischerweise die nächste Herausforderung für ihn, in seiner Malerei gleichzuziehen und die rhetorisch erreichte Kongruenz zu übertragen.« So urteilt Mollie McNickle im Vorspann zu »The Sublime Is Now«.[5]

5 Newman (1996), 176.

Der Grundgedanke Newmans (1905–1970) in seinem Artikel, einem nicht durchgängig präzise formulierten Text, ist einfach: Der Mensch hat eine Sehnsucht nach dem Absoluten und sucht dieser seiner Sehnsucht in der Kunst Ausdruck zu verleihen. Die europäische Kunst und Kultur hat jedoch, mit der Ausnahme der mittelalterlichen Kunst, Michelangelos Plastik und einigem im Barock, den elementaren Bezug Mensch/Absolutes zerstört, indem sie ihn durch die Schönheit zu vermitteln suchte. Diese Ablenkung vom Absoluten durch die formbestimmte Schönheit in der vergangenen europäischen Kultur, die selbst noch deren gegenwärtige, schönheitszerstörende Kunst irreführt, sie gilt es zu eliminieren und sich dem Absoluten in der Form des Erhabenen in der Kunst unmittelbar und hier und jetzt zu stellen.

»Now.« Großgeschrieben. Ausruf. Das triumphale Jetzt, unwiderleglich einzig real, in ihm manifestiert sich das Absolute durch die heroische Tat des Neu-Mannes, des »Vir Heroicus Sublimis«[6]. (Dem »Now« entspricht ein Titel mit dem indexikalischen Begriff »Here«; das erste Bild der Serie hat den Titel *Here I* [1950], »Hier Ich!«)[7]

Es gibt zwei verschiedene Zeitstrukturen; einmal die des »früher – später« und »zugleich«, die z. B. in wissenschaftlichen Gesetzen benötigt wird, zum anderen die Reihe »Vergangenheit – Gegenwart – Zukunft«. In der ersten Zeitreihe gibt es kein Jetzt, an dem sich das Früher und Später in der absoluten Weltzeit orientieren könnte, es gibt kein »Plötzlich«, das immer als gegenwärtiges erlebt oder vorgestellt wird, sondern das existenzneutrale »auf a folgt

6 *Vir Heroicus Sublimis*, 1950–51. Öl auf Leinwand, 96 x 216 cm. The Museum of Modern Art, New York. Siehe dazu die Umschlagabbildung des vorliegenden Bandes.

7 »The isolated vertical stands for the self and for the first, for the conferring of meaning and the origin of substance [...]« (Rosenberg, 1978, 78). Auf »Here I« folgen im Sinn des »for the first« »Here II« und »Here III«.

b« usw. Newman dagegen setzt auf die pure Gegenwart der zweiten Zeitreihe; der Betrachter wird nicht zu einer gegenwartsneutralen Erkenntnis aufgefordert, er soll sich auch nicht erinnernd oder entwerfend auf die Vergangenheit oder Zukunft beziehen, sondern ist gebannt in das unentrinnbare »Jetzt« vor der Farbfläche, er soll nicht ausweichen können aus der Präsenz der Leinwand: »I became involved with the idea of making the viewer present: the idea that ›Man Is Present‹«[8]. Der Betrachter soll sich nicht frei vor der Leinwand bewegen, keine Distanz für ein erkennendes Erleben gewinnen, sondern er wird unmittelbar und isoliert vor die Leinwand hier und jetzt gestellt. Das Mal-Werk stellt nichts dar, sondern *ist* sein isoliert-konzentriertes »Jetzt«.

Newman bestimmt die eigene Position aus der radikalen Negation der nach ihm verfehlten europäischen Form-Ästhetik. Sein Ikonoklasmus: »Nur die Tabula rasa führte also zu einem Erlebnis absoluter Kunst. Das Werk ist dafür die Bühne, wenn es von den Kulissen der Kunstgeschichte gesäubert wird.«[9] Das Newmansche Werk stellt sich dem Nah-Betrachter[10] in den Weg, er kann ihm nicht mit Seitenblicken und Anekdoten ausweichen, er kann nicht zu jenem freien Spiel von Einbildungskraft und Verstand gelangen, das die Schönheit reflektiert und fühlen und denken läßt und das ihn mit den anderen Zentren seiner Existenz harmonisch verbindet, mit der Natur als einladend schöner, mit seinen Erkenntniskräften als freudig erregter, mit der eigenen Sittlichkeit, denn das Schöne ist Symbol des Sittlich-Guten. Das alles schwindet im Angesicht des Absolu-

8 Zit. nach Imdahl (1996), I 252. Imdahls Übers.: »Ich wurde verstrickt in die Idee, den Beschauer präsent zu machen, daß heißt in die Idee, daß der Mensch präsent ist«.

9 Belting (1998), 427.

10 »There is a tendency to look at large pictures from a distance. The large pictures in this exhibition are intended to be seen from a short distance.« (Zit. nach Imdahl, 1996, I 259; siehe auch Rosenberg, 1978, 82.)

ten. »Du sollst dir kein Bildnis machen«[11] – die Kunst des »Sublime-Now« ist nach ihrem Autor keine Abgötterei und schöne Kunst der Bild-Idole. Sein sublimes Mal-Werk (von Newman als Bild bezeichnet) ist das Erhabene selbst Jetzt. Traditionelle Bilder vergegenwärtigen ein Nicht-Da-Seiendes, meist etwas Vergangenes; der Bilderstürmer Newman verweigert und versagt dagegen der Vergangenheit, sich in Bildern zu vergegenwärtigen, er löscht sie aus und schleudert ihr das zeitlose »Now« entgegen, neu in jedem Moment. Die Identität des Mal-Werks wird im Zeitpunkt des erinnerungslosen Jetzt gestiftet und in jedem Moment widerrufen. »Now« und dann die tabula rasa.

Schön und Erhaben. Blättert der Leser zurück zum Hegel-Text, findet er eine kurze Analyse der erhabenen und symbolischen Kunst, die am Anfang der Kunstentwicklung stehen soll.[12] Ist Barnett Newman nicht zu diesem Anfang zurückgekehrt? Hegel, der christliche Theologe, und Newman aus jüdischem Haus und jüdischer Erziehung, zielen mit dem Erhabenen in unterschiedlicher Weise auf Jahwe und sein bilderloses »Ich bin, der ich bin«[13]. Der Kontrast des Schönen und Erhabenen wird in der Ästhetik im 18. Jahrhundert reflektiert. Newman weist selbst auf Edmund Burke und Kant; Longinos liefert zwar das Grundbuch *Vom Erhabenen* (1. Jh. n. Chr.), er entwickelt jedoch keine polare Spannung zwischen »schön« und »erhaben«. An Burke fasziniert Newman vermutlich die Tatsache, daß die Differenz zwischen bloßer Darstellung des Schrecklich-Sublimen und seiner gegenwärtigen Wirklichkeit ihn wenig interessiert (Burke verweist auf die Theateraufführung, die von den Zuschauern verlassen wird, wenn sie von einer Hinrichtung auf dem Vorplatz erfahren). Das

11 2. Mose 20,4. Kant in der *Kritik der Urteilskraft*: »Vielleicht giebt es keine erhabenere Stelle im Gesetzbuche der Juden, als das Gebot: Du sollst dir kein Bildniß machen [...].« (Kant, 1900 ff., V 274)

12 Vgl. im vorliegenden Band S. 244–246.

13 2. Mose 3,14.

Sublime durchbricht das bloße Vorstellen und trifft in das Zentrum der wirklichen Existenz, so wie der wirkliche Schmerz, den ich mir nicht wie den nur vorgestellten vom Leibe halten kann. Mit diesem Kontrast arbeitet auch Friedrich Nietzsche in der *Geburt der Tragödie* (1872); das Apollinische sei die distanzierte Form des Schönen, das Barbarisch-Dionysische der Kontrast dazu, der gewalttätige Einbruch des Erhabenen. Nun fällt jedoch auf, daß von Longinus bis zu Nietzsches Griechenrezeption das Erhabene Ausdruck der Urgewalt der Natur, der Unermeßlichkeit der Welt, der Macht des Göttlichen ist. Das Erhabene konfrontiert den besonderen Menschen mit dem Göttlich-Übermenschlichen und erst dadurch mit sich selbst. Bei Newman dagegen fehlt jede Präzisierung dessen, wohin denn das Erhabene den Betrachter erheben soll.

Das Absolute, das Göttliche (etwa in der von Newman genannten mittelalterlichen Kunst) ist die Fülle des Seins, das als solches in der Religion und Theologie geglaubt und erkannt wird; das Numinose geht der Kunst voraus; es ist Seinsgrund und Erkenntnisgrund und kann zum Referenzpunkt einer absoluten Moral werden. Barnett Newman dagegen verzichtet auf eine verbal artikulierte Vernunftbestimmung des Absoluten, des Unendlichen, des Erhabenen, des Metaphysischen. Es ist am Ende nichts als seine eigene Behauptung, von allen Inhalten leer: ohne Welt, ohne Gott, ohne Moral. Es bleibt Newman außer dem objektiven Nichts, als das sich das behauptete Absolute bei ihm darstellt, nur die Wirkung subjektiver Selbsterfahrung: Jeder, Christ oder Nichtchrist, wird vor sein leeres, weil von allen Inhalten losgelöstes Selbst gestellt, wenn er allein und isoliert vor die gewaltige, fast monochrome und für ihn differenzlose Leinwand tritt, »a new kind of totality«[14]. Im An-

14 Zit. nach Imdahl (1996), I 254. Barnett Newman spricht auch häufiger vom Transzendentalen, erklärt jedoch nicht, was seiner Meinung nach darunter eigentlich zu verstehen ist.

gesicht dieser gewaltigen Farbfläche wird der erzwungen vereinzelte, also auch sprachlose Nah-Betrachter als freie sich bewegende, redende, reflektierende und abwägende Person vernichtet. Zu Newmans Selbstbehauptung und Bilddiktat gehört die Vernichtung der Betrachter. Max Imdahl verweist auf die europäische Tradition des Erhabenen, vor allem auf Schiller, und ergänzt fälschlich: »Für Newman selbst wiederum schließt das im Erlebnis des Erhabenen enthaltene Erlebnis der Freiheit notwendig eine Kritik an allen solchen sozialen Mechanismen ein, welche Freiheit unterdrücken.«[15] Das mag ein Privatwunsch Newmans sein, den Imdahl, an Schiller denkend, teilt. Die Werke selbst geben der Freiheit keine Chance.

Aber wie läßt sich, wenn unsere Newman-kritischen Einhegungen und Erläuterungen zutreffen, der Inhalt des Werks, von Newman selbst verkannt, bestimmen? Eine Möglichkeit wäre diese: Das Werk, von dem »The Sublime Is Now« handelt, ist Darstellung des Nihilismus. Das gegenstandslose Kunstwerk, das den Betrachter Nichts, nihil, sehen läßt außer einer eintönigen, nichts-sagenden Farbfläche mit wenigen senkrechten Strichen, dokumentiert eindrucksvoll eine Welthaltung, die auf den antiken, in der Moderne erneuerten Atomismus zurückgeht: Die Welt ist ohne Sinn und Vernunft, sie ist Nichts.[16]

Unsere Ausführungen provozieren die Frage: Was ist ein Kunstwerk? Vielleicht läßt sich über folgende Umschreibung diskutieren: Ein Kunstwerk ist ein menschliches Produkt (Vogelnester sind schon nicht zugelassen, auch nicht die schöne Landschaft, Gotteswerk), ein menschliches Produkt also, das erstens eine ästhetische Evidenz ausstrahlt und das sich zweitens mit Erfolg in eine schon bestehende Kunstproduktion eingliedert, indem es sich innovativ mit

15 Imdahl (1996), I 252.
16 Näheres dazu in meiner Interpretation von *Vir Heroicus Sublimis* in: *Meisterwerke der Malerei*, hrsg. von R. Brandt, Leipzig 2001.

ihr auseinandersetzt. Die kreative Auseinandersetzung mit der schon bestehenden Kunst (die diffus irgendwo und irgendwann begann) gewährleistet die Welthaltigkeit des Kunstwerks, die eine am Werk orientierte Interpretation aufzudecken hat. – Und nun die Werke im einzelnen? Sie gehören zur Kunst, wenn sie evidenterweise und mit guten Gründen dazugehören oder mit Erfolg und guten Gründen vorgeschlagen werden.

Vierter Teil

Die Bestimmung des Menschen und der Sinn des Lebens

Kapitel 11

Die Bestimmung des Menschen

Immanuel Kant, *Anthropologie in pragmatischer Hinsicht* (1798)

Die Summe der pragmatischen Anthropologie in Ansehung der Bestimmung des Menschen und die Charakteristik seiner Ausbildung ist folgende. Der Mensch ist durch seine Vernunft bestimmt, in einer Gesellschaft mit Menschen zu sein und in ihr sich durch Kunst und Wissenschaften zu cultiviren, zu civilisiren und zu moralisiren, wie groß auch immer sein thierischer Hang sein mag, sich den Anreizen der Gemächlichkeit des Wohllebens, die er Glückseligkeit nennt, passiv zu überlassen, sondern vielmehr thätig, im Kampf mit den Hindernissen, die ihm von der Rohigkeit seiner Natur anhängen, sich der Menschheit würdig zu machen. […]

Die Erziehung des Menschengeschlechts im ganzen ihrer Gattung, d. i. kollektiv genommen (universorum), nicht aller einzelnen (singulorum), wo die Menge nicht ein System, sondern nur ein zusammengelesenes Aggregat abgibt, das Hinstreben zu einer bürgerlichen, auf dem Freiheits-, zugleich aber auch gesetzmäßigen Zwangsprinzip zu gründenden Verfassung ins Auge gefaßt, erwartet der Mensch doch nur von der Vorse-

hung, d. i. von einer Weisheit, die nicht die seine, aber doch die (durch seine eigene Schuld) ohnmächtige Idee seiner eigenen Vernunft ist, – diese Erziehung von oben herab, sage ich, ist heilsam, aber rauh und strenge, durch viel Ungemach und bis nahe an die Zerstörung des ganzen Geschlechts reichende Bearbeitung der Natur, nämlich der Hervorbringung des vom Menschen nicht beabsichtigten, aber, wenn es einmal da ist, sich ferner erhaltenden Guten aus dem innerlich mit sich selbst immer sich veruneinigenden Bösen. Vorsehung bedeutet eben dieselbe Weisheit, welche wir in der Erhaltung der Spezies organisierter, an ihrer Zerstörung beständig arbeitender und dennoch sie immer schützender Naturwesen mit Bewunderung wahrnehmen, ohne darum ein höheres Prinzip in der Vorsorge anzunehmen, als wir es für die Erhaltung der Gewächse und Tiere anzunehmen schon im Gebrauch haben. – Übrigens soll und kann die Menschengattung selbst die Schöpferin ihres Glücks sein; nur daß sie es sein wird, läßt sich nicht a priori aus den uns von ihr bekannten Naturanlagen, sondern nur aus der Erfahrung und Geschichte mit so weit gegründeter Erwartung schließen, als nötig ist, an diesem ihrem Fortschreiten zum Besseren nicht zu verzweifeln, sondern mit aller Klugheit und moralischer Vorleuchtung die Annäherung zu diesem Ziele (ein Jeder, so viel an ihm ist) zu befördern.

Man kann also sagen: der erste Charakter der Menschengattung ist das Vermögen als vernünftigen Wesens, sich für seine Person sowohl als für die Gesellschaft, worin ihn die Natur versetzt, einen Charakter überhaupt zu verschaffen; welches aber schon eine günstige Naturanlage und einen Hang zum Guten in ihm voraussetzt: weil das Böse (da es Widerstreit mit sich selbst bei sich führt und kein bleibendes Prinzip in sich selbst verstattet) eigentlich ohne Charakter ist.

Der Charakter eines lebenden Wesens ist das, woraus sich seine Bestimmung zum voraus erkennen läßt. – Man kann es aber für die Zwecke der Natur als Grundsatz annehmen: sie wolle, daß jedes Geschöpf seine Bestimmung erreiche, dadurch daß alle Anlagen seiner Natur sich zweckmäßig für dasselbe ent-

wickeln, damit, wenngleich nicht jedes Individuum, doch die Spezies die Absicht derselben erfülle. – Bei vernunftlosen Tieren geschieht dieses wirklich und ist Weisheit der Natur; beim Menschen aber erreicht es nur die Gattung, wovon wir unter vernünftigen Wesen auf Erden nur eine, nämlich die Menschengattung, kennen und in dieser auch nur eine Tendenz der Natur zu diesem Zwecke: nämlich durch ihre eigene Tätigkeit die Entwicklung des Guten aus dem Bösen dereinst zustande zu bringen: ein Prospekt, der, wenn nicht Naturrevolutionen ihn auf einmal abschneiden, mit moralischer (zur Pflicht der Hinwirkung zu jenem Zweck hinreichender) Gewißheit erwartet werden kann. – Denn es sind Menschen, d. i. zwar bösgeartete, aber doch mit erfindungsreicher, dabei auch zugleich mit einer moralischen Anlage begabte vernünftige Wesen, welche die Übel, die sie sich untereinander selbstsüchtig antun, bei Zunahme der Kultur nur immer desto stärker fühlen und, indem sie kein anderes Mittel dagegen vor sich sehen, als den Privatsinn (einzelner) dem Gemeinsinn (aller vereinigt), obzwar ungern, einer Disziplin (des bürgerlichen Zwanges) zu unterwerfen, der sie sich aber nur nach von ihnen selbstgegebenen Gesetzen unterwerfen, durch dies Bewußtsein sich veredelt fühlen, nämlich zu einer Gattung zu gehören, die der Bestimmung des Menschen, so wie die Vernunft sie ihm im Ideal vorstellt, angemessen ist.

Grundzüge der Schilderung des Charakters der Menschengattung

I. Der Mensch war nicht bestimmt, wie das Hausvieh zu einer Herde, sondern wie die Biene zu einem Stock zu gehören. – Notwendigkeit, ein Glied irgendeiner bürgerlichen Gesellschaft zu sein.

Die einfachste, am wenigsten gekünstelte Art, eine solche zu errichten, ist die eines Weisers in diesem Korbe (die Monarchie). – Aber viele solcher Körbe nebeneinander befehden sich bald als Raubbienen (der Krieg), doch nicht, wie es Menschen tun, um den ihrigen durch Vereinigung mit dem anderen zu verstär-

ken – denn hier hört das Gleichnis auf –; sondern bloß den Fleiß des anderen mit List oder Gewalt für sich zu benutzen. Ein jedes Volk sucht sich durch Unterjochung benachbarter zu verstärken; und es sei Vergrößerungssucht oder Furcht, von dem anderen verschlungen zu werden, wenn man ihm nicht zuvorkommt: so ist der innere oder äußere Krieg in unserer Gattung, so ein großes Übel er auch ist, doch zugleich die Triebfeder, aus dem rohen Naturzustande in den bürgerlichen überzugehen, als ein Maschinenwesen der Vorsehung, wo die einander entgegenstrebende Kräfte zwar durch Reibung einander Abbruch tun, aber doch durch den Stoß oder Zug anderer Triebfedern lange Zeit im regelmäßigen Gange erhalten werden.

II. Freiheit und Gesetz (durch welches jene eingeschränkt wird) sind die zwei Angeln, um welche sich die bürgerliche Gesetzgebung dreht. – Aber damit das letztere auch von Wirkung und nicht leere Anpreisung sei: so muß ein Mittleres hinzukommen, nämlich Gewalt, welche, mit jenen verbunden, diesen Prinzipien Erfolg verschafft. – Nun kann man sich aber viererlei Kombinationen der letzteren mit den beiden ersteren denken:

A. Gesetz und Freiheit ohne Gewalt (Anarchie).
B. Gesetz und Gewalt ohne Freiheit (Despotism).
C. Gewalt ohne Freiheit und Gesetz (Barbarei).
D. Gewalt mit Freiheit und Gesetz (Republik).

Man sieht, daß nur die letztere eine wahre bürgerliche Verfassung genannt zu werden verdiene; wobei man aber nicht auf eine der drei Staatsformen (Demokratie) hinzielt, sondern unter Republik nur einen Staat überhaupt versteht und das alte Brocardicon[1]*: Salus civitatis (nicht civium) suprema lex esto nicht bedeutet: Das Sinnenwohl des gemeinen Wesens (die Glückseligkeit der Bürger) solle zum obersten Prinzip der Staatsverfas-*

1 Sprichwortähnliche Rechtsregel. Das auch sonst von Kant gelegentlich benutzte, heute ungebräuchlich gewordene Wort rührt von einer Sammlung von Kirchengesetzen des Bischofs Burchard (frz. und ital. *Brocard*) zu Worms († 1025) her, die meist sentenzenartige Form hatten.

sung dienen; denn dieses Wohlergehen, was ein jeder nach seiner Privatneigung, so oder anders, sich vormalt, taugt gar nicht zu irgendeinem objektiven Prinzip, als welches Allgemeinheit fordert, sondern jene Sentenz sagt nichts weiter als: Das Verstandeswohl, die Erhaltung der einmal bestehenden Staatsverfassung, ist das höchste Gesetz einer bürgerlichen Gesellschaft überhaupt; denn diese besteht nur durch jene.

Der Charakter der Gattung, so wie er aus der Erfahrung aller Zeiten und unter allen Völkern kündbar wird, ist dieser: daß sie, kollektiv (als ein Ganzes des Menschengeschlechts) genommen, eine nach- und nebeneinander existierende Menge von Personen ist, die das friedliche Beisammensein nicht entbehren und dabei dennoch einander beständig widerwärtig zu sein nicht vermeiden können; folglich durch wechselseitigen Zwang unter von ihnen selbst ausgehenden Gesetzen zu einer beständig mit Entzweiung bedrohten, aber allgemein fortschreitenden Koalition in eine weltbürgerliche Gesellschaft (cosmopolitismus) sich von der Natur bestimmt fühlen: welche an sich unerreichbare Idee aber kein konstitutives Prinzip (der Erwartung eines mitten in der lebhaftesten Wirkung und Gegenwirkung der Menschen bestehenden Friedens), sondern nur ein regulatives Prinzip ist: ihr als der Bestimmung des Menschengeschlechts nicht ohne gegründete Vermutung einer natürlichen Tendenz zu derselben fleißig nachzugehen.

Erläuterung

Kants *Anthropologie in pragmatischer Hinsicht* von 1798 bringt in komprimierter und erneuerter Form seine anthropologischen Vorlesungen von 1772/73 bis 1795/96.[2] »Pragmatisch« ist die Lehre, weil sie über das Handeln der Menschen in der Welt informiert. Ab Mitte der siebziger Jahre ergänzte Kant seine anthropologischen Beobachtungen und

2 Die Vorlesungen wurden 1997 ediert in: Kant (1900 ff.), XXV.

Untersuchungen durch einen geschichtsphilosophischen Schluß, der vom Charakter und von der Bestimmung des Menschengeschlechts im ganzen handelt;[3] in diesem Abschnitt sind in nuce sämtliche späteren Publikationen zur Geschichtsphilosophie und zum Problem des moralisch-rechtlichen Fortschritts der Menschheit enthalten; auch unser Text von 1798 bringt keine radikalen Neuerungen. Wenn es hier jedoch heißt, die Erhaltung der einmal bestehenden Staatsverfassung sei das höchste Gesetz einer bürgerlichen Gesellschaft, so betont Kant einseitig seinen Abweis der Rechtlichkeit einer Revolution; auf der anderen Seite steht für ihn immer die Notwendigkeit der Reform von Staaten, die noch nicht das Ideal einer republikanischen Staatsverfassung erreicht haben.

Weiterführende Reflexionen

A

Aristoteles sah die innere Naturbestimmung des Menschen in der Verwirklichung seiner spezifischen Tugenden. Spezifisch heißt: Der Mensch im Unterschied zum Tier und zur Pflanze, an deren Natur er als beseeltes Lebewesen teilhat. Der Mensch kann und muß daher im Unterschied zu Tier und Pflanze über sein Handeln reflektieren, er kann und muß den Begehrungen und dem Mut- oder Willensprinzip vernünftige Ziele und Grenzen setzen. Ohne das lenkende Vernunftprinzip ist es dem Menschen nicht möglich, seine eigene Natur zu verwirklichen – er wird, überläßt er sich bedenkenlos den unmittelbaren Impulsen der anderen Seelenvermögen, zu einem monströsen Gebilde. Verfehlt er seine Natur, verfehlt er sein Glück; er mag momentan Lust akkumulieren, er mag mit exzessivem Training im Wett-

3 Vgl. Kant (1900 ff.), XXV 675 ff.

kampf gewinnen, er mag durch rücksichtslosen Ehrgeiz seine Konkurrenten im Beruf übertrumpfen, aufs ganze gesehen ist das Monopol der einen Fähigkeit unter Verletzung der ganzen, eigentlichen Natur des Menschen notwendig auch eine Glückseinbuße. Der Betroffene selbst ist, wenn die pathologische Deformation zur zweiten Natur wird, nicht mehr kompetent, über sein eigenes Glück zu urteilen.

Die Vernunft, die das Leben im ganzen gestalten kann, ist sozial vermittelt. Wer sie allein zu generieren versucht, leidet das Schicksal der Cyclopen, so wie sie Homer in der *Odyssee* am Beispiel des Polyphem zeigt. Die Kulturwelt mit ihrer durch Sprache und Institutionen geleiteten Menschenführung ist somit von der Natur selbst gewollt; so wie die Fische auf das Wasser, die Wölfe auf das Rudel und die Bienen auf den Bienenkorb angewiesen sind, gehört der Mensch in eine kulturell artikulierte Gesellschaft. Diese kulturelle Welt der natürlich-vernünftigen Lebensführung ist die Polis. Sie ist das soziale Gefüge, in das hinein der Mensch gewissermaßen a priori gehört, daher geht die Polis der Sache nach dem Einzelnen voraus.

Die Natur-Kultur der Polis ist notwendig ein Erziehungs- oder besser Bildungsstaat. In ihm führen sich die Bürger gegenseitig zum gelungenen Leben in der Betätigung der Tugenden, die wir wenigstens zum Teil als »soziale Tugenden« bezeichnen können.[4] Dazu ist der Mensch bestimmt: Glied einer derartigen Gemeinschaft zu sein, die im Geben und Nehmen, im Befehlen und Gehorchen sich selbst erhält und den Bürgern ermöglicht, ihre eigene Natur zu verwirklichen und folglich glücklich zu sein.

4 Vgl. den Hinweis zur sozialen Gerechtigkeit im Rawls-Kapitel, im vorliegenden Band S. 223 ff. Zu Aristoteles vgl. den Text und die weiteren Ausführungen im vorliegenden Band S. 161 ff.

B

Kant stellt allen vorherigen Lebensentwürfen eine neue Konzeption entgegen. Sie enthält besonders umgeprägte stoische Elemente, sie wäre ohne Rousseau nicht möglich gewesen. Die prinzipielle Differenz von Natur und Freiheit und die Bestimmung der letzteren durch die formale Gesetzlichkeit führen fort von Aristoteles' anthropologischer Begründung der Ethik; Kant muß den Kunstbegriff des Vernunftwesens einführen, um klarzustellen, daß der Adressat des kategorischen Imperativs nur zufällig der Mensch ist. Als Vernunftwesen, so zeigte sich in der *Grundlegung zur Metaphysik der Sitten*, ist ein jeder dazu bestimmt, dem Sittengesetz zu folgen. In der Vorlesung zur Anthropologie nun und in den Schriften zur Geschichtsphilosophie sucht Kant die Frage zu beantworten, ob das sittliche Handeln mit der Natur- und Kulturgeschichte der Menschheit kompatibel ist oder ob beides unverbunden bleibt. Wenn Moral und geschichtliche Wirklichkeit völlig heterogen wären, dann müßte das sittliche Handeln chimärisch werden und so absurd wie das Tun des Sisyphos in der Unterwelt. Kant versucht zu zeigen, daß die Geschichte tatsächlich als von einer moralisch-praktischen Vernunft geleitet angesehen werden kann (so vorsichtig ist die Diagnose). Die Menschheit ist, so dürfe man unterstellen, im moralisch-rechtlichen Fortschritt begriffen.

Zur Vervollkommnung der Menschheit gehören nicht die großen Erfindungen; von den technischen Errungenschaften hat Kant keine weitere Kenntnis genommen; er interessiert sich erstens für den Fortschritt der Metaphysik und Erkenntnis, aber nicht für deren Anwendung, und zweitens zunehmend für das Problem des rechtlich-moralischen Fortschritts: In ihm und nur in ihm liege die Bestimmung des Menschen. Die vorsorgliche Natur, so könne man mit guten Gründen annehmen (wenn auch nicht theoretisch beweisen), strebe in dieselbe Richtung, wie die reine praktische Vernunft es von uns verlange. Sie ziele auf eine globale Friedensordnung zwischen republikanischen (wir würden sagen: demokratischen) Staaten, und diese Rechtsordnung ermögliche die Entwicklung unserer moralischen Anlage. Die Natur- und Kulturgeschichte der Menschheit läßt sich also nach Kant so interpretieren, als sei sie von einer moralischen Vernunft geleitet. Der bestirnte Himmel über uns und das moralische Gesetz in uns entspringen *einem* übersinnlichen Grund; nur so kann die *Natur-* (und damit auch die Kultur-)Geschichte der Menschheit die Tendenz zur Verwirklichung einer – wenn auch faktisch nie erreichbaren – moralischen Friedenswelt haben. Als Vernunftidee ist sie in unserem Handeln immer schon gegenwärtig; die Übel in der Geschichte müssen sich die Menschen daher selbst zuschreiben, wenn diese Übel auch der Vorsehung (in der *Anthropologie* spricht Kant auch von einem »Demiurgus«[5]) als Mittel dienen, die Menschheit auf den moralisch gesollten Weg zu zwingen.

Die Frage »Wozu ist der Mensch bestimmt?« (Kapitel 11) wird heute meist ersetzt durch die Frage »Welches ist der Sinn des Lebens?« (Kapitel 12). Während die erste auf eine zu erfüllende Aufgabe des Menschen zielt, ist die zweite Frage eine globale Existenzfrage. Was immer der Mensch tut und leidet, er kann nach dem »Wozu?« seines Lebens und seines Geschicks fragen.

5 Vgl. Kant (1900ff.), VII 331 – *Anthropologie in pragmatischer Hinsicht*, II E.

Kapitel 12

Der Sinn des Lebens

»Was ist einer? Was ist einer nicht?
Der Traum eines Schattens ist der Mensch.«[1]

Thomas Nagel, *Was bedeutet das alles?*: »Der Sinn des Lebens«

Vielleicht hatten Sie schon einmal den Gedanken, daß in Wirklichkeit alles egal ist, da wir in hundert Jahren alle tot sein werden. Eigentlich eine komische Idee, denn es ist nicht klar, warum aus dem Umstand, daß wir in hundert Jahren alle tot sein werden, folgen soll, daß nichts von dem, was wir jetzt tun, wirklich von Bedeutung ist.

Man denkt hier offenbar, daß wir uns in einer Art Tretmühle befinden, wenn wir uns für unsere Ziele abstrampeln und etwas aus unserem Leben machen, daß all dies jedoch nur dann sinnvoll ist, wenn unsere Errungenschaften von ewiger Dauer sind. Das wird jedoch nicht der Fall sein. Selbst wenn Sie ein großes literarisches Werk hervorbringen, das auch in tausend Jahren noch gelesen wird, irgendwann wird das Sonnensystem erkalten oder das Universum wird ausgehen oder zerplatzen, und jede Spur Ihrer Bemühungen wird verschwinden. Jedenfalls dürfen wir noch nicht einmal auf einen Bruchteil einer derartigen Unsterblichkeit hoffen. Wenn etwas von dem, was wir tun, überhaupt einen Sinn haben soll, dann haben wir ihn in unserem eigenen Leben zu suchen.

Warum gibt es hier überhaupt ein Problem? Wir können bezüglich der meisten Dinge, die wir tun, erklären, warum sie sinnvoll sind. Wir arbeiten, um Geld zu verdienen und uns und vielleicht unsere Familie zu ernähren. Wir essen, weil wir hungrig sind, schlafen, weil wir müde sind, gehen spazieren oder ru-

1 Pindar (1962), 81 – *Pythische Oden* VIII 95.

fen einen Freund an, weil wir Lust dazu haben, lesen die Zeitung, um herauszufinden, was auf der Welt passiert. Würden wir nichts von alledem tun, so wären wir unglücklich; worin liegt also das Problem?

Es liegt darin, daß es zwar innerhalb *des Lebens Rechtfertigungen und Erklärungen für die meisten unserer großen und kleinen Taten gibt, daß jedoch keine dieser Erklärungen den Sinn unseres* Lebens *als ganzes angeben – des Ganzen, von dem diese Aktivitäten, diese Erfolge und Fehlschläge, Bemühungen und Enttäuschungen, Teile sind. Wenn wir über die ganze Sache nachdenken, so scheint sie überhaupt keinen Sinn zu haben. Von außen betrachtet wäre es ganz egal, wenn es uns überhaupt nicht gegeben hätte. Und wenn es uns einmal nicht mehr gibt, so wird es egal sein, daß es uns gegeben hat.*

Natürlich ist Ihre Existenz anderen – Ihren Eltern und anderen Leuten, denen Sie etwas bedeuten – nicht egal, doch als ganzes betrachtet hat auch deren Leben keinen Sinn, so daß es egal ist, daß Sie ihnen nicht egal sind. Sie sind für sie nicht egal und sie nicht für Sie, und das gibt Ihrem Leben vielleicht ein Gefühl, sinnvoll zu sein, doch hier geht man sich sozusagen gegenseitig zur Hand. Wenn jemand existiert, so hat er gewisse Bedürfnisse und Anliegen, aufgrund derer ihm bestimmte Dinge und Personen in seinem Leben nicht egal sind. Doch die gesamte Sache *hat keinen Sinn. Ist es aber am Ende egal, daß sie egal ist? »Na und?«, könnten Sie sagen, »Es reicht, daß es sinnvoll ist, wenn ich am Bahnsteig bin, bevor der Zug abfährt, oder wenn ich die Katze nicht vergesse. Mehr brauche ich nicht, um in Gang zu bleiben.« Eine völlig zutreffende Antwort, doch sie zieht nur, sofern es Ihnen gelingt, nicht darüber hinauszusehen und zu fragen, welchen Sinn das Ganze hat. Denn wenn Sie das tun, dann eröffnen Sie die Möglichkeit, daß auch Ihr Leben keinen Sinn hat.*

Der Gedanke, daß wir in zweihundert Jahren tot sein werden, ist lediglich eine Möglichkeit, unser Leben so zu betrachten, daß es in einen größeren Kontext eingegliedert ist, und zwar so, daß der Sinn der kleinen Dinge in diesem Leben nicht mehr ausreicht – und eine größere Frage unbeantwortet läßt. Was wäre jedoch, wenn unser Leben als ganzes in Beziehung auf etwas Größeres einen Sinn hätte? Würde dies bedeuten, daß es schließlich doch nicht sinnlos wäre?

Es gibt verschiedene Möglichkeiten, wie unser Leben einen größeren Sinn haben könnte. Wir könnten Mitglied einer politischen oder sozialen Bewegung sein, die zum Wohle künftiger Generationen die Welt verbessert. Oder wir könnten lediglich unseren Kindern und ihren Nachkommen ein gutes Leben zu sichern versuchen. Oder wir suchen den Sinn unseres Lebens in einem religiösen Kontext, so daß unsere Zeit auf Erden bloß eine Vorbereitung auf eine Ewigkeit in direktem Kontakt mit Gott sein würde. Was jenen Sinn anbelangt, der sich der Beziehung zu anderen verdankt (auch anderen Personen in einer entlegenen Zukunft), habe ich bereits darauf hingewiesen, worin das Problem besteht. Wenn jemandes Leben als Teil von etwas Größerem einen Sinn hat, so kann man immer wieder in Beziehung auf dieses Größere fragen, welchen Sinn es hat. Entweder es gibt eine Antwort, die auf etwas noch Größeres verweist, oder es gibt sie nicht. Gibt es sie, so stellt sich die Frage erneut. Gibt es sie nicht, so sind wir mit unserer Suche nach einem Sinn am Ende und bei etwas angelangt, das keinen Sinn mehr hat. Wenn eine solche Sinnlosigkeit jedoch bei jenem Größeren akzeptiert werden kann, von dem unser Leben einen Teil ausmacht, warum dann nicht bereits bei unserem Leben selbst, als ein Ganzes betrachtet? Warum darf unser Leben eigentlich nicht sinnlos sein? Falls das hier nicht bereits akzeptiert werden kann, warum kann es dann akzeptiert werden, wenn wir zum größeren Kontext aufsteigen? Warum müssen wir dann nicht weiterfragen: »Ja, und worin liegt nun der Sinn von alledem?«, (der Geschichte der Menschheit, der Abfolge der Generationen, oder was auch immer es sei)?

Anders verhält es sich mit dem Hinweis auf einen religiösen Sinn des Lebens. Wenn Sie glauben, daß der Sinn Ihres Lebens darin besteht, das Gebot Gottes, der Sie liebt, zu erfüllen und Ihm von Ewigkeit zu Ewigkeit ins Angesicht zu blicken, so scheint man nicht mehr weiterfragen zu können: »Und warum das?« *Hier soll man es mit etwas zu tun haben, dessen Sinn und Zweck in ihm selbst liegt, und das keinen Zweck außer sich selbst haben kann. Doch aus eben diesem Grund hat es seine eigenen Probleme. Die Idee Gottes ist offenbar die Idee von etwas, das alles andere erklären kann, ohne selbst erklärbar sein zu müssen. Es ist jedoch nur sehr schwer zu sehen, wie es so etwas geben kann. Stellen wir die Frage, »Warum ist die Welt* so *beschaffen?«, und erhalten eine religiöse Antwort, was kann uns dann hindern, erneut zu fragen: »Und* warum *ist das so?« Welche Antwort könnte unsere* Warum?-Fragen *ein für alle mal zum Schweigen bringen? Und wenn sie hier zu einem Halt kommen, warum konnten sie nicht bereits vorher enden?*

Das gleiche Problem stellt sich offenbar, wenn man Gott und Seine Zwecke als die endgültige Erklärung des Wertes und Sinnes unseres Lebens anführt. Die Idee, daß unser Leben Gottes Plan erfüllt, soll ihm seinen Zweck geben – auf eine Weise, die keinen weiteren Zweck mehr erfordert oder zuläßt. Man soll ebensowenig weiterfragen, »Worin besteht der Zweck Gottes?«, als man fragen soll, »Worin liegt die Erklärung Gottes?«.

Hierbei habe ich jedoch ebenso wie bei der Rolle des Gottes als endgültigem Erklärungsgrund das Problem, nicht sicher zu sein, ob ich den Gedanken verstehe. Kann es wirklich etwas geben, das allem anderen dadurch einen Sinn verleiht, daß es es umfaßt, das aber seinerseits einen Zweck weder haben kann noch haben muß? Etwas, dessen Zweck nicht von außen erfragt werden kann, weil es hier kein Außen gibt? Wenn der Gott unserem Leben einen Sinn geben soll, den wir nicht verstehen können, so ist das ein schwacher Trost. Der Gott als letzte Rechtfertigung ist womöglich wie der Gott als endgültige Erklärung eine unverständliche Antwort auf eine Frage, die wir nicht loswerden können. Andererseits ist vielleicht gerade so etwas gemeint, und ich verstehe religiöse Gedanken einfach nicht. Vielleicht ist der Glaube an den Gott die Überzeugung, das Universum sei verstehbar – jedoch nicht für uns.

Lassen wir dieses Problem beiseite und kehren wir zur kleineren Dimension des menschlichen Lebens zurück. Vielleicht braucht es uns gar nicht zu beunruhigen, falls das Leben als ganzes sinnlos ist. Vielleicht können wir dies anerkennen und weitermachen wie bisher. Wir müssen nur lernen, immer geradeaus zu schauen und Rechtfertigungen jederzeit innerhalb *unseres Lebens und innerhalb des Lebens anderer, mit denen wir in Verbindung stehen, enden zu lassen. Sobald wir uns die Frage vorlegen, »Doch wofür leben wir überhaupt?« – das bestimmte Leben eines Studenten, eines Kellners oder was auch immer –, antworten wir: »Um keines Zweckes willen; es wäre egal, wenn ich überhaupt nicht existieren oder wenn nichts mir etwas bedeuten würde. Aber ich existiere. Das ist alles.«*

Einige Leute finden diese Einstellung völlig befriedigend. Andere finden sie deprimierend, doch unvermeidbar. Zum Teil liegt das Problem in unserer unheilbaren Neigung, uns ernst zu nehmen. Wir wollen uns selbst »von außen *betrachtet« etwas bedeuten. Ein Teil von uns ist unzufrieden, wenn uns unser Leben als ganzes als zwecklos erscheint – der Teil, der uns immer über die Schulter schaut und zusieht, was wir tun. Viele menschliche Anstrengungen, insbesondere solche im Dienste ernster Ambitionen und nicht bloß im Dienste von Bequemlichkeit und Überlebenstrieb, verdanken ihren Nachdruck einem Gefühl der Bedeutsamkeit – einem Gefühl, daß das, was wir tun, nicht nur für uns von Bedeutung ist, sondern bedeutsam in einem größeren Sinne: eben* bedeutsam. *Sollten wir dies aufgeben müssen, so hätten wir am Ende vielleicht allen Wind aus den Segeln verloren. Wenn das Leben egal ist, wenn das Leben nicht ernst und das Grab sein Ende ist, dann ist es vielleicht lächerlich, daß wir uns so wichtig nehmen. Wenn wir auf der anderen Seite nicht anders können, als uns so wichtig zu nehmen, dann müssen wir uns womöglich am Ende damit abfinden, lächerlich zu sein. Das Leben ist dann vielleicht nicht allein sinnlos, sondern* absurd.

Erläuterung

Thomas Nagels *What does it all mean?*[2] ist, wie es im deutschen Untertitel heißt, »eine ganz kurze Einführung in die Philosophie«. Nagel (geb. 1937) läßt den Leser in zehn Kapiteln an elementaren philosophischen Reflexionen teilnehmen. Die ersten fünf Kapitel sind theoretischen Fragen gewidmet: Woher wir etwas wissen, wie wir von anderen Menschen wissen, wie bei uns selbst Leib und Seele zusammenhängen und wie es mit der Bedeutung (»meaning«) von Wörtern steht. Im darauf folgenden Teil zur praktischen Philosophie wird von der Willensfreiheit, von Recht und Unrecht und von der Gerechtigkeit gehandelt; den Abschluß bilden zwei Kapitel über den Tod und über den Sinn (»meaning«) des Lebens. In unserem Kapitel, »The meaning of life«, wird die Bedeutung oder, wie die Übersetzung nach der gängigen deutschen Redeweise will, der Sinn des einzelnen Menschenlebens zuerst in Bezug auf das Universum als nichtig dargestellt; in einem zweiten Gedankengang wird gezeigt, daß ein Versuch, den Sinn des eigenen Lebens in größeren Zusammenhängen wie menschlichen Vereinigungen oder Gott zu suchen, zu einem Regreß in infinitum verurteilt ist: Die Frage könne bei jeder vermeintlichen Sinnstiftung in einem erweiterten Ganzen immer wieder gestellt werden.

Weiterführende Reflexionen

»Wer bin ich? Woher komme ich und wohin gehe ich? Warum gibt es das Böse? Was wird nach diesem Leben sein?« Mit diesen Worten beginnt die Enzyklika »Fides et Ratio« des Papstes (1998); in der Ziffer 80 wird vom »vitae humanae sensus« gesprochen, und in der Ziffer 81 heißt es:

2 Was bedeutet dagegen »What does ›it all‹ mean?«

»Die häufig wissenschaftlich geprägten Ansichten über Leben und Welt haben eine derartige Vermehrung erfahren, daß das Phänomen der Bruchstückhaftigkeit des Wissens um sich greift. Genau das macht die Suche nach einem Sinn [sensus sive significatio rerum] schwierig und oft vergeblich. Noch dramatischer ist, daß nicht wenige fragen, ob es überhaupt noch sinnvoll sei, eine Sinnfrage zu stellen [de ipso rerum sensu]. Die Mehrheit der um eine Antwort streitenden Theorien, die unterschiedlichen Sichtweisen und Interpretationen über die Welt und das Leben der Menschen verschärfen nur diesen radikalen Zweifel, der leicht auf einen Zustand des Skeptizismus und der Gleichgültigkeit oder auf die verschiedenen Äußerungen des Nihilismus hinausläuft.«

Die Frage nach dem Sinn des Lebens klingt zuerst sinnvoll.[3] Es gibt existentielle Erfahrungen und intellektuelle Entdeckungen der Menschen, die, so scheint es, zu dieser Frage drängen und sie damit als existentiell berechtigt ausweisen. Wenn uns nichts mehr gelingen will, werden wir auf uns selbst gewissermaßen zurückgeworfen und fragen, wozu wir überhaupt leben, was überhaupt alles soll. Selbstmörder kommen seit urdenklichen Zeiten zu der Überzeugung, daß ihr Leben sinnlos ist, und sie löschen es deswegen aus. Der Mensch, der vielleicht durch sein Temperament zur Melancholie neigt, wird auch ohne ein erkennbares Mißlingen seines Lebens von einer allgemeinen namenlosen Leere erfaßt, ohne daß er einen Grund und genauen Gegenstand seiner Bedrängnis nennen könnte. Alles wird in melancholischer Umnachtung sinnlos. »Wo bin ich, oder was bin ich? Aus welchen Ursachen leite ich meine Existenz her und welches zukünftige Dasein habe ich zu hoffen? […] Ich werde verwirrt bei all diesen Fragen; ich fange an mir einzubilden, daß ich mich in der denkbar be-

3 Eine enzyklopädische Bestätigung liefern die Beiträge in: Fehige/Meggle/Wessels (2000).

klagenswertesten Lage befinde, daß ich umgeben bin von der tiefsten Finsternis, des Gebrauchs jedes Gliedes und jedes menschlichen Vermögens gänzlich beraubt. – Da die Vernunft unfähig ist, diese Wolken zu zerstreuen, so ist es eher ein glücklicher Umstand, daß die Natur selbst dafür Sorge trägt und mich von meiner philosophischen Melancholie und meiner Verwirrung heilt, sei es, indem sie mich aus ihr durch einen lebhaften Sinneseindruck, der alle diese Hirngespinnste verwischt, gewaltsam herausreißt.«[4] So zitiert David Hume wie auch der Papst das antike Fragemotiv, und er stellt es in den Kontext der *melancholischen* Stimmung oder Verfaßtheit.

Unabhängig von diesen immer neuen Selbsterfahrungen des unglücklichen, nicht gelingenden Lebens gibt es wenigstens zwei objektive vermeintliche Erkenntnisse, die dazu einladen, nach dem Sinn des Lebens zu fragen. Die eine liegt im Bereich der Mikrophysik, die andere in der Astronomie. Demokrit war der erste uns bekannte Atomist; alles Seiende bestehe, so seine kühne, unhaltbare Lehre, aus nichts anderem als Atomen, leerem Raum und Bewegung. Schon in der Antike wurde er zum Nihilisten gestempelt[5], der die Welt aller Vernunft beraubte und der konsequent dem vernunftlosen Wahnsinn verfiel. Lesen wir einen Abschnitt aus Lukians Dialog »Ausverkauf der Philosophen«: »Großer Iupiter! welch ein Contrast! der eine [Demokrit] lacht ohne Aufhören, und dem andern [Heraklit] muß etwas sehr liebes gestorben sein, denn er weint an Einem Stücke. – Hey da, guter Freund, worüber lachst du so? *Demokritus*: Du kannst noch fragen? Weil ich alle eure Dinge und euch selbst lächerlich finde. *Käufer*: Wie? du lachst uns alle aus, und siehest alle menschlichen Dinge für nichts be-

4 Hume (1973), 346–347 – *A Treatise of Human Nature* I 4, 7. Friedrich II. von Preußen verkürzt lakonisch: »Unde? Ubi? Quo?« (Friedrich der Große, 1986, 78).

5 Das Wort »Nihilist« gab es allerdings noch nicht; zum Aufkommen in der Neuzeit vgl. Brandt (2000), 101.

deutend an? *Demokritus*: So ists; es ist überall nichts gescheidtes daran, alles ist ungefehrer Atomentanz im unendlichen Leeren [κενὰ δὲ τὰ πάντα, καὶ ἀτόμων φορὴ καὶ ἀπειρίη].«[6] Die Vorstellung, daß das Universum nichts ist als ein »Atomentanz in der unendlichen Leere«, führt notwendig zu dem Schluß, daß alle menschliche Zwecksetzung nichtig und illusionär ist, ein Narrenspiel, über das der Philosoph nur lachen kann. Der Unterredner Lukians zieht ganz richtig den Schluß: Da auch der Philosoph zum Ganzen gehört, ist er notwendig hohl wie seine Welt und vernunftlos. Also: Demokrit ist nicht bei Verstand, denn auch in seinem Kopf gibt es nur einen Atomentanz und nicht mehr; sein Lachen muß das des Wahnsinnigen sein.[7] Radikale Physikalisten tun sich schwer, Demokrit nicht zu folgen.

Umgekehrt soll auch der Blick in die unendlichen Weiten des Weltraums und der unzählbaren Sternenheere die Nichtigkeit des irdischen Treibens lehren. »Im unendlichen Raum zahllose leuchtende Kugeln, um jede von welchen etwa ein Dutzend kleinerer, beleuchteter sich wälzt, die inwendig heiß, mit erstarrter, kalter Rinde überzogen sind, auf der ein Schimmelüberzug lebende und erkennende Wesen erzeugt hat; – dies ist die empirische Wahrheit, das Reale, die Welt.« So Arthur Schopenhauer zu Beginn des zweiten Bandes seines Hauptwerks *Die Welt als Wille und Vorstellung* (1818).

Nietzsche kopierte Schopenhauer in den Anfangssätzen der Abhandlung »Über Wahrheit und Lüge im außermoralischen Sinn« und trug so zur Verbreitung dieser Weltauffassung und ihres Ressentiments bei: »In irgend einem abgelegenen Winkel des in zahllosen Sonnensystemen ausgegossenen Weltalls gab es einmal ein Gestirn, auf dem kluge

6 Lukian (1922), I 312–313 – »Vitarum auctio« 13.
7 Auch von Lukrez, der die Atomtheorie in seinem Lehrgedicht *De rerum natura* (*Über die Natur der Dinge*) darstellte und anpries, nahm man an, daß er im Wahnsinn endete.

Thiere das Erkennen erfanden. Es war die hochmütigste und verlogenste Minute der ›Weltgeschichte‹: aber doch nur eine Minute. Nach wenigen Athemzügen der Natur erstarrte das Gestirn, und die klugen Thiere mussten sterben.« Ohne die rhetorische Einschmeichelung gibt Quine eine verwandte Meinung kund: »Die Physik erforscht die wesentliche Natur der Welt, und die Biologie beschreibt einen ortsspezifischen Auswuchs. Die Psychologie – die Humanpsychologie – beschreibt einen Auswuchs auf diesem Auswuchs. Es ist erstaunlich und zudem eine Sache der die Zeitalter durchlaufenden philosophischen Verwirrung, daß man meint, einige beschränkte Sinnesreaktionen und Denkprozesse in dem Auswuchse eines Auswuchses stünden auf der gleichen Ebene wie die Aufgabe des Physikers, die wesentliche Natur der Welt zu erfassen.«[8] Wie verhalten wir uns zu diesen Varianten des Pessimismus oder Nihilismus?

Demokrit und Schopenhauer, Nietzsche und Quine kann geholfen werden. Der Atomentanz und die erstarrte kalte Rinde unseres schiefstehenden Kleinplaneten sind offenbar Teile eines Ganzen, in dem problemlos philosophische Werke verfaßt und publiziert werden können und in dem die Nichtkrönung seiner eingereichten Schrift in irgendeiner nordischen Akademie von einem Philosophen für etwas höchst Reales und Bedeutsames gehalten wird.[9] Tatsächlich gilt: Was auch nur für das kosmische Dasein von zwei Atomen und für den kleinsten Rand einer Rinde unsichtbar *vorausgesetzt* wird, ist so komplex und geistvoll, daß es für die Preiskrönung *aller* philosophischen und nichtphilosophischen Werke unseres Provinzplaneten vollkommen ausreicht. Der Materialistenblick auf die Minima und Maxima, die winzigen Atome und die Galaxien des Kosmos ließ die

8 Quine (1985), 119.

9 Man vgl. Schopenhauers Lamento über den Abweis seiner Schrift durch die wohl unbedeutendste aller unbedeutenden Preis-Akademien in der Vorrede von »Die beiden Grundprobleme der Ethik«, Schopenhauer (1948 ff.), IV, V–XXXVIII.

Voraussetzungen vergessen, die diesen Blick und das Kleine und Große allererst ermöglichen. Weder die Mikrophysik noch die Astrophysik inklusive ihrer Gegenstände sind auf der Grundlage des Materialismus möglich; durch Atome und Galaxien läßt sich entsprechend nichts über Sinn und Sinnlosigkeit des Lebens im ganzen aussagen, so wenig wie man über Sinn und Bedeutung dieses Satzes urteilen kann, wenn man ihn als philosophischer Analphabet und geübter Reduktionist für einen Haufen kleiner Krähenfüße nimmt.

Wie steht es dagegen mit der existentiellen Beschwerde über die Sinnlosigkeit des je eigenen Lebens? Man wird eine so wichtige Frage ungern den parteiischen Lebensstimmungen überlassen, sondern nach einem Weg suchen, der eine allgemeine Antwort ermöglicht. Es ist unschwer einzusehen, daß die Frage nach dem Sinn der Existenz von Diamanten, Lilien und Seepferdchen nicht beantwortet werden kann, wenn man sich nicht über die Natur dieser Dinge informiert hat. Analog wird man beim Menschen verfahren wollen: Wissen wir nichts über die Natur oder das Wesen des Menschen, läßt sich die kompliziertere Frage, welchen Sinn sein Leben im einzelnen haben soll, sicher nicht beantworten. Die existenzialistischen Philosophen geben dem Subjekt selbst ein Privileg im Selbstbefund: Wenn mir mein Leben sinnlos erscheint, dann ist es sinnlos. Der kritische Philosoph läßt sich dagegen weder vom vermeintlichen Tiefsinn der Sinnfrage und der Autorität des Papstes noch vom existentiellen Selbstorakel von seiner erworbenen Gewohnheit abbringen, zunächst einmal zu fragen, was denn »sensus« hier bedeuten kann und was unter »Leben« zu verstehen ist. Ist das menschliche Leben überhaupt fähig, sinnvoll oder – im konträren Gegensatz dazu – sinnlos zu sein? Wir können bestimmte Klassen von Gegenständen benennen, bei denen »die« Sinnfrage sicher deplaziert ist, z. B. Zahlen oder geometrische Figuren. Das Prädikat »sinnlos« würde hier den kontradiktorischen Gegensatz zu dem konträren Gegensatzpaar »sinnhaft – sinnlos« bilden:

Zahlen und geometrische Figuren als solche haben mit der Frage von Sinn und Nicht-Sinn nichts zu tun. Gehört das menschliche Leben zu den Dingen, die sich einer Sinnbestimmung entziehen? Wir unterscheiden einen externen Sinn von einem internen. Der externe besagt, daß das menschliche Leben als solches einen Sinn hat (die Antwort des Papstes) oder konträr sinnlos ist (Schopenhauer et alii); der interne besagt, daß das Leben in sich (verschärft: und nur in sich) mißlingen oder gelingen kann; im letzteren Fall unterscheiden wir ein durch äußere Umstände und bzw. oder innere Zügellosigkeit verfehltes und somit sinnloses Leben von einem gelungenen, sinnvollen Leben. Václav Havel bestimmt Politik »as one of the ways of seeking and achieving meaningful lives, of protecting them and securing them.«[10] Bei dieser Bestimmung wird, so unterstellen wir, ein externer Sinn als sinnlos ausgeschlossen, sondern es wird dem Leben als solchem zugesprochen, sinnlos oder sinnvoll zu sein. Worin dies letztere besteht, kann demnach sinnvoll erkundet werden.

10 Havel (1988), 396.

Nachweis der Texte

Die **halbfetten** Ziffern verweisen auf die Seiten der vorliegenden Ausgabe.

27f. Platon: Phaidon. Politeia. Übers. von Friedrich Schleiermacher. Hrsg. von Walter F. Otto und Ernesto Grassi. Hamburg: Rowohlt, 1958. S. 161–163.

30 Aristoteles: Metaphysik. Bücher I–XIV in 2 Halbbdn. Griech./Dt. Neubearb. der Übers. von Hermann Bonitz. Mit Einleitung und Kommentar hrsg. von Horst Seidl. Griechischer Text in der Edition von Wilhelm Christ. Erster Halbbd.: Bücher I–VI. 3., verb. Aufl. Hamburg: Meiner, 1989. S. 98. – © 1989 Felix Meiner Verlag GmbH, Hamburg.

33–35 Immanuel Kant: Kritik der reinen Vernunft. Nach der 1. und 2. Originalausg. hrsg. von Jens Timmermann. Mit einer Bibliographie von Heiner Klemme. Hamburg: Meiner, 1998. S. 250–252.

78 Philip G. Zimbardo / Richard J. Gerrig: Psychologie. Bearb. und hrsg. von Siegfried Hoppe-Graf und Irma Engel. 7., neu übers. und bearb. Aufl. Berlin [u. a.]: Springer, 1999. S. 109, Tab. 3.1. – © 2001 Springer-Verlag GmbH & Co. KG, Heidelberg.

99–111 René Descartes: Meditationes de prima philosophia. (Meditationen über die Grundlagen der Philosophie.) Lat./Dt. Auf Grund der Ausg. von Artur Buchenau neu hrsg. von Lüder Gäbe. Durchges. von Hans Günter Zekl. Mit neuem Reg. und Auswahlbibliogr. vers. von George Heffernan. Hamburg: Meiner, [3]1992. S. 31–61. – © 1992 Felix Meiner Verlag GmbH, Hamburg.

143–154 Michael A. Dummett: Ursprünge der analytischen Philosophie. Übers. von Joachim Schulte. Frankfurt a. M.: Suhrkamp, 1988. S. 11–23. – © 1988 Suhrkamp Verlag, Frankfurt am Main.

161–170 Aristoteles: Nikomachische Ethik. Übers. und Nachw. von Franz Dirlmeier. Stuttgart: Reclam, 1969 [u. ö.]. S. 5–18.

175–181 Immanuel Kant: Grundlegung zur Metaphysik der Sitten. In: I. K.: Gesammelte Schriften. Akademie-Ausgabe. Berlin: Reimer, 1900 ff. Bd. 4. S. 393–402.

218–226 John Rawls: Eine Theorie der Gerechtigkeit. Übers. von Hermann Vetter. Frankfurt a. M.: Suhrkamp, 1979. S. 81–88. – © 1979 Suhrkamp Verlag, Frankfurt am Main.

237–251 Georg Wilhelm Friedrich Hegel: Sämtliche Werke. Auf Grund des von Ludwig Boumann [...] bes. Orig.-Dr. im Faks.-Verfahren neu hrsg. von Hermann Glockner. Jub.-Ausg. in 20 Bdn. Stuttgart-Bad Cannstatt: Frommann-Holzboog, 1958 ff. Bd. 13. S. 107–122.

255–259 Barnett Newman: Schriften und Interviews 1925–1970. Aus dem Amerikan. übers. von Tarcisius Schelbert. Hrsg. von John O'Neill. Eingel. und komm. von Richard Shiff und Mollie McNickle. Bern/Berlin: Gachnang und Springer, 1996. S. 176–179. – © 1996 Verlag Gachnang und Springer AG, Bern und Berlin.

267–271 Immanuel Kant: Anthropologie in pragmatischer Hinsicht. In: I. K.: Gesammelte Schriften. Akademie-Ausgabe. Berlin: Reimer, 1900 ff. Bd. 7. S. 324–331.

276–280 Thomas Nagel: Was bedeutet das alles? Eine ganz kurze Einführung in die Philosophie. Übers. von Michael Gebauer. Stuttgart: Reclam, 1990 [u. ö.]. S. 80–84.

Literaturhinweise

Es sind im folgenden nicht alle im Text erwähnten und leicht identifizierbaren Schriften aufgeführt. Die Sigle HWPh steht für: *Historisches Wörterbuch der Philosophie*, hrsg. von Joachim Ritter [u. a.], Basel/Darmstadt 1971 ff.

Addison, Robert / Joseph Steele: The Spectator. Hrsg. von Gregory Smith. London / New York 1964.

Albert, Hans: Traktat über kritische Vernunft. Tübingen 1968.

Aristipp: Aristippi et Cyrenaicorum Fragmenta. Hrsg. von Erich Mannebach. Leiden/Köln 1961.

Bacon, Francis: The Works. 14 Bde. Hrsg. von James Spedding, Robert L. Ellis und Douglas D. Heath. Reprogr. Nachdr. der Ausg. London 1857–74. Stuttgart-Bad Cannstatt 1962–63.

Baumgarten, Alexander: Aesthetica (1750). Hildesheim / New York 1970.

Belting, Hans: Das unsichtbare Meisterwerk. Die modernen Mythen der Kunst. München 1998.

Benjamin, Walter: Gesammelte Schriften. Hrsg. von Hermann Schweppenhäuser. Frankfurt a. M. 1972 ff.

Bor, Jan / Errit Petersma: Illustrierte Geschichte der Philosophie. München 1997.

Borsche, Tilman: Klassiker der Sprachphilosophie. München 1996.

Brandt, Reinhard: D'Artagnan und die Urteilstafel. Über ein Ordnungsprinzip der europäischen Kulturgeschichte (1, 2, 3/4). Stuttgart 1991. Überarb. Neuausg. München 1998.

– Die Wirklichkeit des Bildes. München 1999.

– Philosophie in Bildern. Von Giorgone bis Magritte. Köln 2000.

Burke, Edmund: Philosophical Enquiry into the Origin of our Ideas of the Sublime and the Beautiful. London 1757.

Burnyeat, Myles (Hrsg.): The Skeptical Tradition. Berkeley / Los Angeles / London 1983.

– Can the Skeptic Live his Skepticism? In: Burnyeat (1983), S. 117–148.

Carl, Wolfgang: Frege's Theory of Sense and Reference. Its Origins and Scope. Cambridge 1994.

Cicero, Marcus Tullius: Tusculanarum disputationum libri V. Mit Benützung von Otto Heines Ausg. erklärt von Max Pohlenz. Stuttgart 1957.
– Gespräche in Tusculum. Lat./Dt. mit ausführlichen Anm. neu hrsg. von Olof Gigon. München 1970.
Curtius, Ernst Robert: Europäische Literatur und lateinisches Mittelalter. Bern/München 1961.
Degen, Rolf: Aufmerksamkeit als knappes Gut. Gezielte Hemmung von Aktivitätszentren im Gehirn / Rivalität zwischen Denken und Fühlen. In: Frankfurter Allgemeine Zeitung. 15. Juli 1998. S. N3.
Descartes, René: Oeuvres. Paris 1964ff.
Diels, Hermann / Walther Kranz: Die Fragmente der Vorsokratiker. Berlin 1956.
Dihle, Albrecht: Die Goldene Regel. Eine Einführung in die Geschichte der antiken und frühchristlichen Vulgärethik. Göttingen 1962.
Diogenes Laertius: Leben und Meinungen berühmter Philosophen. Übers. von Otto Apelt. Hrsg. von Hans Günter Zekl und Klaus Reich. Hamburg 1967.
Dummett, Michael A.: Frege – Philosophy of Language. London 1973.
Fehige, Christoph / Georg Meggle / Ulla Wessels (Hrsg.): Der Sinn des Lebens. München 2000.
Ferber, Rafael: Philosophische Grundbegriffe. Eine Einführung. München 1994.
Fichte, Johann Gottlieb: Gesamtausgabe. Hrsg. von Reinhard Lauth und Hans Jacob. Stuttgart-Bad Cannstatt 1962ff.
Fischer, Wolfgang: Unterwegs zu einer skeptisch-transzendentalkritischen Pädagogik. Sankt Augustin 1989.
Foot, Philippa: Tugend und Laster. In: Die Wirklichkeit des Guten. Moralphilosophische Aufsätze. Hrsg. von Ursula Wolf und Anton Leist. Frankfurt am Main 1997. S. 108–127.
Frede, Michael: Stoic vs. Aristotelian Syllogistic. In: Archiv für Geschichte der Philosophie 56 (1974). S. 1–32.
Frege, Gottlob: Funktion, Begriff, Bedeutung. Fünf logische Studien. Hrsg. von Günther Patzig. Göttingen 1962.
– Logische Untersuchungen. Hrsg. von Günther Patzig. Göttingen 1966.
– Grundgesetze der Arithmetik, begriffsschriftlich abgeleitet. Bd. 1 (1893). Hildesheim 1966. [Zit. als: Frege, 1966a.]

– Nachgelassene Schriften. Hrsg. von Hans Hermes, Friedrich Kambartel und Friedrich Kaulbach. Hamburg 1969.
– Wissenschaftlicher Briefwechsel. Hrsg. von Gottfried Gabriel, Hans Hermes, Friedrich Kambartel, Christian Thiel, A. Veraart. Hamburg 1976.
– Die Grundlagen der Arithmetik: Eine logische Untersuchung über den Begriff der Zahl (1884). Hrsg. von Johann Schulte. Stuttgart 1987.

Friedrich der Große: Ausgewählte Texte. Hrsg. von Hans Christian Meiser. München 1986.

Gabriel, Gottfried: Grundprobleme der Erkenntnistheorie. Von Descartes zu Wittgenstein. Paderborn [u. a.] 1998.

Garve, Christian: Philosophische Anmerkungen und Abhandlungen zu Cicero's Büchern von den Pflichten. Breslau 1784.

Gethmann-Siefert, Annemarie: Hegels These vom Ende der Kunst und der »Klassizismus« der Ästhetik. In: Hegel-Studien 19 (1984). S. 205–258.

Habermas, Jürgen: Faktizität und Geltung. Beiträge zur Diskurstheorie des Rechts und des demokratischen Rechtsstaats. Frankfurt a. M. 1992.

Hardin, Clyde L.: Colour for Philosophers. Unweaving the Rainbow. Indianapolis / Cambridge 1988.

Havel, Václav: Anti-Political Politics. In: J. Keane: Civil Society and the State. New European Perspectives. London 1988. S. 381–398.

Hegel, Georg Wilhelm Friedrich: Vorlesungen. Ausgewählte Nachschriften und Manuskripte. Bd. 2: Vorlesungen über die Philosophie der Kunst (1823). Nachschrift von H. G. Hotho. Hrsg. von Annemarie Gethmann-Siefert. Hamburg 1997.

Heidegger, Martin: Die Frage nach dem Ding. Zu Kants Lehre von den transzendentalen Grundsätzen. Tübingen 1962.

Hume, David: A Treatise of Human Nature. Hrsg. von L. A. Selby-Bigge. Oxford 1967.
– Ein Traktat über die menschliche Natur. Übers. von Theodor Lipps. Hrsg. von Reinhard Brandt. Hamburg 1973. Unveränd. Nachdr. Hamburg 1989.
– Eine Untersuchung über den menschlichen Verstand (1748). Hrsg. von Jens Kulenkampff. Hamburg 1984.
– An Enquiry concerning the Principles of Morals. Hrsg. von Tom L. Beauchamp. Oxford 1998.

Imbach, Ruedi: Bonaventura: *Collationes in Hexaemeron.* In: Kurt Flasch (Hrsg.): Interpretationen. Hauptwerke der Philosophie. Mittelalter. Stuttgart 1998. S. 270–291.

Imdahl, Max: Gesammelte Schriften. Bd 1: Zur Kunst der Moderne. Hrsg. von Angeli Janhsen-Vukicevic. Frankfurt a. M. 1996.

Joannes Paulus II (Summus Pontifex): Litterae Encycliclae *Fides et Ratio* Cunctis Catholicae Ecclesiae Episcopis De Necessitudinis Natura Inter Utramque. Vatikanstadt 1998.

Kemmerling, Andreas: Ideen des Ichs. Studien zu Descartes' Philosophie. Frankfurt a. M. 1996.

Kretzmann, Norman: History of Semantics. In: The Encyclopedia of Philosophy. Hrsg. von Paul Edwards. New York / London 1967. S. 358–407.

Leibniz, Gottfried Wilhelm: Die philosophischen Schriften. Hrsg. von C. J. Gerhardt (1885). Hildesheim 1965.

Lipsius, Justus: Von der Bestendigkeit [De Constantia]. Faks.-Dr. der deutschen Übers. des Andreas Viritius nach der 2. Aufl. von c. 1601 […]. Hrsg. von Leonard Forster. Stuttgart 1965.

Locke, John: Über den menschlichen Verstand. Übers. von Carl Winckler (1913). Hamburg 1968.

Locke, John: An Essay Concerning Human Understanding (zuerst 1690). Hrsg. von Peter H. Nidditch. Oxford 1975.

Longinus: Vom Erhabenen. Griech./Dt. Übers. und hrsg. von Otto Schönberger. Stuttgart 1988.

Ludwig, Bernd: Warum es keine »hypothetischen Imperative« gibt, und warum Kants hypothetisch-gebietende Imperative keine analytischen Urteile sind. In: Aufklärung und Interpretation. Studien zu Kants Philosophie und ihrem Umkreis. Hrsg. von Heiner Klemme, Bernd Ludwig, Michael Pauen und Werner Stark. Würzburg 1999. S. 105–124.

Lukian von Samosota: Lügengeschichten und Dialoge. Aus dem Griech. übers. und mit Anm. vers. von Christoph Martin Wieland (1788–89). Hrsg. von Hanns Floerke. Berlin 1922.

Mann, Thomas: Sämtliche Erzählungen. Frankfurt a. M. 1963.

Marx, Karl / Friedrich Engels: Werke. Berlin 1968 ff.

Müller, Ian: Stoic and Peripatetic Logic. In: Archiv für Geschichte der Philosophie 51 (1969). S. 173–187.

Müller, Rainer A.: Geschichte der Universität. Von der mittelalterlichen Universitas zur deutschen Hochschule (1990). Hamburg 1996.

Nagel, Thomas: What does it all mean? A Very Short Introduction to Philosophy. Oxford 1987.
Nestle, Wilhelm: Die Sokratiker. In Auswahl übers. und hrsg. von Wilhelm Nestle. Jena 1922.
Nietzsche, Friedrich: Werke. Krit. Gesamtausg. Hrsg. von Giorgio Colli und Mazzino Montinari. Berlin / New York 1967 ff.
Patzig, Günther: Widerspruch. In: Handbuch philosophischer Grundbegriffe. Hrsg. von Hermann Krings, Hans Michael Baumgartner und Christoph Wild. Bd. 3. München 1974. S. 1694–1702.
– Gottlob Frege. In: Klassiker der Philosophie. Hrsg. von Otfried Höffe. Bd. 2. München1981. S. 251–273.
Pindar: Siegeslieder. Deutsche Übertragungen. Zsgest. von Uvo Hölscher. Frankfurt a. M. 1962.
Polanyi, Michael: Implizites Wissen. Frankfurt a. M. 1985.
Pothast, Ulrich: Die Unzulänglichkeit der Freiheitsbeweise. Zu einigen Lehrstücken aus der neueren Geschichte von Philosophie und Recht. Frankfurt a. M. 1980.
Quine, Orman Van: Theorien und Dinge. Übers. von Joachim Schulte. Frankfurt a. M. 1985.
Retlich, Norbert: Literatur für das Philosophiestudium. Stuttgart/Weimar 1998.
Rorty, Richard (Hrsg.): The Linguistic Turn. Recent Essays in Philosophical Method. Chicago/London 1967.
– Der Spiegel der Natur: Eine Kritik der Philosophie. Übers. von Michael Gebauer. Frankfurt a. M. 1981.
Rosenberg, Harold: Barnett Newman. New York 1978.
Rosenberg, Jay F.: Philosophieren. Ein Handbuch für Anfänger. Frankfurt a. M. 1989.
Rousseau, Jean-Jacques: Œuvres complètes. Hrsg. von Bernard Gagnebin [u. a.]. Paris 1959 ff.
Schmitt, Arbogast: Selbständigkeit und Abhängigkeit menschlichen Handelns bei Homer. Hermeneutische Untersuchungen zur Psychologie Homers. Stuttgart 1990.
Schopenhauer, Arthur: Sämtliche Werke. Hrsg. von Arthur Hübscher. Wiesbaden 1948 ff.
Shoemaker, Sydney: The inverted spectrum. In: The Journal of Philosophy 79 (1982). S. 375–381.
Sueton: Kaiserbiographien. Lat./Dt. Hrsg. von Otto Weinstock. Berlin 1993.

Tugendhat, Ernst: Vorlesungen zur Einführung in die sprachanalytische Philosophie. Frankfurt a. M. 1976.
Volpi, Franco (Hrsg.): Großes Werklexikon der Philosophie. Stuttgart 1999.
Wittgenstein, Ludwig: Schriften. Frankfurt a. M. 1960ff.
Xenophon: Die sokratischen Schriften: Memorabilien, Symposion, Oikonomikos, Apologie. Übertragen und hrsg. von Ernst Bux. Stuttgart 1956.

Zum Autor

Reinhard Brandt, Jahrgang 1937, studierte in Marburg, München und Paris Philosophie, Griechisch und Latein und ist seit 1972 Professor für Philosophie in Marburg. Interessenschwerpunkte: Antike und Neuzeitliche Philosophie, insbesondere Rechtsphilosophie und Ästhetik. Neben vielen Editionen und Aufsätzen publizierte Brandt u. a. folgende Bücher: *Eigentumstheorien von Grotius bis Kant* (1974); *Die Interpretation philosophischer Werke* (1984; ital. 1998); *D'Artagnan und die Urteilstafel* (1991; 2. Aufl. 1998; ital. 1998); *Die Wirklichkeit des Bildes* (1999); *Kritischer Kommentar zu Kants Anthropologie* (1999); *Philosophie in Bildern* (2000); *Immanuel Kant – Política, Derecho y Antropología* (2001).

Philosophie des 16. bis 18. Jahrhunderts

IN RECLAMS UNIVERSAL-BIBLIOTHEK

Francis Bacon, Essays oder praktische und moralische Ratschläge. (E. Schücking / L. L. Schücking) 140 S. UB 8358

Jean Bodin, Über den Staat. (G. Niedhart) 151 S. UB 9812

Giordano Bruno, Über die Ursache, das Prinzip und das Eine. (Ph. Rippel / A. Schmidt) 200 S. UB 5113 – Über das Unendliche, das Universum und die Welten. (Christiane Schultz) 243 S. UB 5114

René Descartes, Abhandlung über die Methode des richtigen Vernunftgebrauchs und der wissenschaftlichen Wahrheitsforschung. (K. Fischer / H. Glockner) 79 S. UB 3767 – Meditationes de Prima Philosophia / Meditationen über die Erste Philosophie. Lat. / Dt. (G. Schmidt) 229 S. UB 2888

Balthasar Gracián, Handorakel und Kunst der Weltklugheit. (A. Schopenhauer / A. Hübscher) 163 S. UB 2771

Thomas Hobbes, Leviathan. Erster und zweiter Teil. (J. P. Mayer / M. Dießelhorst) 327 S. UB 8348

David Hume, Dialoge über natürliche Religion. (N. Hoerster) 159 S. UB 7692 – Eine Untersuchung über den menschlichen Verstand. (H. Herring) 216 S. UB 5489 – Eine Untersuchung über die Prinzipien der Moral. (G. Streminger) 304 S. UB 8231

Immanuel Kant, Anthropologie in pragmatischer Hinsicht. (W. Becker / H. Ebeling) 389 S. UB 7541 – Grundlagen zur Metaphysik der Sitten. (Th. Valentiner / H. Ebeling) 158 S. UB 4507 – Kritik der praktischen Vernunft. (J. Kopper) 272 S. UB 1111 – Kritik der reinen Vernunft. (I. Heidemann) 1011 S. UB 6461 – Kritik der Urteilskraft. (G. Lehmann) 543 S. UB 1026 – Die Metaphysik der Sitten. (H. Ebeling) 408 S. UB 4508 – Prolegomena zu einer jeden künftigen

Metaphysik, die als Wissenschaft wird auftreten können. (R. Malter) 270 S. UB 2468 – Die Religion innerhalb der Grenzen der bloßen Vernunft. (R. Malter) 301 S. UB 1231 – Schriften zur Geschichtsphilosophie. (M. Riedel) 264 S. UB 9694 – Träume eines Geistersehers, erläutert durch Träume der Metaphysik. (R. Malter) 168 S. UB 1320 – Zum ewigen Frieden. Ein philosophischer Entwurf. (R. Malter) 87 S. UB 1501

Kant, Erhard, Hamann, Herder, Lessing, Mendelssohn, Riem, Schiller, Wieland, Was ist Aufklärung? Thesen und Definitionen. (E. Bahr) 85 S. UB 9714

Gottfried Wilhelm Leibniz, Fünf Schriften zur Logik und Metaphysik. (H. Herring) 72 S. UB 1898 – Monadologie Frz./dt. (H. Hecht) 123 S. UB 7853 – Neue Abhandlungen über den menschlichen Verstand. Vorrede und Buch I. (W. Schüßler) 135 S. UB 1899

John Locke, Gedanken über Erziehung. (H. Wohlers) 294 S. UB 6147 – Über die Regierung. (D. Tidow / P. C. Mayer-Tasch) 247 S. UB 9691

Michel de Montaigne, Die Essais. (A. Franz) 400 S. UB 8308

Montesquieu, Vom Geist der Gesetze. (K. Weigand) 442 S. UB 8953

Thomas Morus, Utopia. (E. Jäckel) 192 S. UB 513

Blaise Pascal, Gedanken über die Religion und einige andere Themen. (J.-R. Armogathe / U. Kunzmann) 571 S. UB 1622

Die Philosophie der deutschen Aufklärung. Texte und Darstellung. (R. Ciafardone / R. Specht / N. Hinske) 458 S. UB 8667

Jean-Jacques Rousseau, Abhandlung über den Ursprung und die Grundlagen der Ungleichheit unter den Menschen. (Ph. Rippel) 216 S. UB 1770 – Emile oder Über die Erziehung. (M. Rang) 1030 S. UB 901 – Vom Gesellschaftsvertrag oder Grundsätze des Staatsrechts. (E. Pietzcker / H. Brockard) 239 S. UB 1769

Spinoza, Die Ethik. Lat./Dt. (J. Stern / B. Lakebrink) 757 S. UB 851

Philipp Reclam jun. Stuttgart

Philosophie des 19. Jahrhunderts

IN RECLAMS UNIVERSAL-BIBLIOTHEK

Wilhelm Dilthey: Das Wesen der Philosophie. 219 S. UB 8227

Ludwig Feuerbach: Das Wesen des Christentums. 536 S. UB 4571

Johann Gottlieb Fichte: Die Bestimmung des Menschen. 237 S. UB 1201 – Über den Begriff der Wissenschaftslehre. 117 S. UB 9348

Gottlob Frege: Die Grundlagen der Arithmetik. 160 S. UB 8425

Gerhard Gamm: Der Deutsche Idealismus. Einführung in die Philosophie von Fichte, Hegel und Schelling. 298 S. UB 9655

Georg Wilhelm Friedrich Hegel: Grundlinien der Philosophie des Rechts oder Naturrecht und Staatswissenschaft im Grundrisse. 504 S. UB 8388 – Phänomenologie des Geistes. 597 S. UB 8460 – Einleitung zur »Phänomenologie des Geistes«. 184 S. UB 8461 – Vorlesungen über die Ästhetik. Erster und zweiter Teil. 693 S. UB 7976 – Vorlesungen über die Ästhetik. Dritter Teil. (Die Poesie). 363 S. UB 7985 – Vorlesungen über die Philosophie der Geschichte. 612 S. UB 4881

Wilhelm von Humboldt: Ideen zu einem Versuch, die Grenzen der Wirksamkeit des Staats zu bestimmen. 223 S. UB 1991 – Schriften zur Sprache. 256 S. UB 6922

Søren Kierkegaard: Der Begriff Angst. 237 S. UB 8792 – Die Krankheit zum Tode. 176 S. UB 9634 – Tagebuch des Verführers. 221 S. UB 9323

John Stuart Mill: Über die Freiheit. 184 S. UB 3491 – Der Utilitarismus. 127 S. UB 9821

Friedrich Nietzsche: Also sprach Zarathustra. 371 S. UB 7111. Auch geb. – Die fröhliche Wissenschaft. 326 S. UB 7115 – Die Geburt der Tragödie. 159 S. UB 7131 – Die nachgelassenen Fragmente. 314 S. UB 7118 – Jenseits von Gut und Böse. 239 S. UB 7114 – Die Philosophie im tragischen Zeitalter der Griechen. 227 S. UB 7133 – Richard Wagner in Bayreuth. 167 S. UB 7126 – Vom Nutzen und Nachteil der Historie für das Leben. 117 S. UB 7134 – Zur Genealogie der Moral. 188 S. UB 7123 – Nietzsche-Brevier. 416 S. Geb. – Nietzsche zum Vergnügen. 176 S. UB 18050

Friedrich Wilhelm Joseph Schelling: Texte zur Philosophie der Kunst. 283 S. UB 5777 – Über das Wesen der menschlichen Freiheit. 181 S. UB 8913

Friedrich Schleiermacher: Über die Religion. Reden an die Gebildeten unter ihren Verächtern. 239 S. UB 8313

Arthur Schopenhauer: Aphorismen zur Lebensweisheit. 247 S. UB 5002 – Die Welt als Wille und Vorstellung. Gesamtausgabe in 2 Bänden. 736 S. UB 2761. 871 S. UB 2762 – Welt und Mensch. Eine Auswahl. 229 S. UB 8451

Max Stirner: Der Einzige und sein Eigentum. 463 S. UB 3057

Philipp Reclam jun. Stuttgart

Deutsche Philosophen der Gegenwart

IN RECLAMS UNIVERSAL-BIBLIOTHEK

D. Birnbacher, Tun und Unterlassen. 389 S. UB 9392 – Verantwortung für zukünftige Generationen. 297 S. UB 8447

H. Blumenberg, Ein mögliches Selbstverständnis. 221 S. UB 9650 – Wirklichkeiten, in denen wir leben. 176 S. UB 7715 – Lebensthemen. 173 S. UB 9651

F. Fellmann, Die Angst des Ethiklehrers vor der Klasse. Ist Moral lehrbar? 163 S. UB 18033

G. Figal, Nietzsche. Eine philosophische Einführung. 293 S. UB 9752 – Der Sinn des Verstehens. 157 S. UB 9492

K. Flasch, Augustin. Einführung in sein Denken. 487 S. UB 9962 – Das philosophische Denken im Mittelalter. Von Augustin zu Macchiavelli. 809 S. Geb.

M. Frank, Selbstbewußtsein und Selbsterkenntnis. Zur analytischen Philosophie der Subjektivität. 485 S. UB 8689

H.-G. Gadamer, Die Aktualität des Schönen. Kunst als Spiel, Symbol und Fest. 77 S. UB 9844 – Der Anfang der Philosophie. 175 S. UB 9495 – Der Anfang des Wissens. 181 S. UB 9756 – Wege zu Plato. 192 S. UB 18111

G. Gamm, Der Deutsche Idealismus. 274 S. UB 9655

L. Geldsetzer, Die Philosophenwelt. In Versen vorgestellt. 306 S. UB 9404

L. Geldsetzer / Hong Han-ding, Grundlagen der chinesischen Philosophie. 328 S. UB 9689

V. Gerhardt, Pathos und Distanz. Studien zur Philosophie Friedrich Nietzsches. 221 S. UB 8504 – Selbstbestimmung. Das Prinzip der Individualität. 463 S. UB 9761

J. Habermas, Politik, Kunst, Religion. 151 S. UB 9902

D. Henrich, Bewußtes Leben. 223 S. UB 18010 – Selbstverhältnisse. Grundlagen der klassischen Philosophie. 212 S. UB 7852

O. Höffe, Den Staat braucht selbst ein Volk von Teufeln. Philosophische Versuche zur Rechts- und Staatsethik. 174 S. UB 8507

A. Honneth, Leiden an Unbestimmtheit. 128 S. UB 18144

P. Hoyningen-Huene, Formale Logik. Eine philosophische Einführung. 335 S. UB 9692

B. Kanitscheider, Kosmologie. Geschichte und Systematik in philosophischer Perspektive. 512 S. UB 8025

R. Knodt, Ästhetische Korrespondenzen. Denken im technischen Raum. 166 S. UB 8986

H. Lenk, Macht und Machbarkeit der Technik. 152 S. UB 8989

W. Lenzen, Liebe, Leben, Tod. 324 S. UB 9772

O. Marquard, Abschied vom Prinzipiellen. 152 S. UB 7724 – Apologie des Zufälligen. 144 S. UB 8351 – Philosophie des Stattdessen. 144 S. UB 18049 – Skepsis und Zustimmung. 137 S. UB 9334

E. Martens, Zwischen Gut und Böse. 222 S. UB 9635 – Die Sache des Sokrates. 160 S. UB 8823 – Philosophieren mit Kindern. 202 S. UB 9778

G. Patzig, Tatsachen, Normen, Sätze. 183 S. UB 9986

R. Raatzsch, Philosophiephilosophie. 109 S. UB 18051

N. Schneider, Erkenntnistheorie im 20. Jahrhundert. 334 S. UB 9702 – Geschichte der Ästhetik von der Aufklärung bis zur Postmoderne. 352 S. UB 9457

J. Schulte, Wittgenstein. Eine Einführung. 252 S. UB 8564

R. Simon-Schaefer, Kleine Philosophie für Berenike. 263 S. UB 9466

R. Spaemann, Philosophische Essays. 264 S. UB 7961

H. Tetens, Geist, Gehirn, Maschine. 175 S. UB 8999

E. Tugendhat, Probleme der Ethik. 181 S. UB 8250

E. Tugendhat / U. Wolf, Logisch-semantische Propädeutik. 268 S. UB 8206

E. Tugendhat u. a., Wie sollen wir handeln? Schülergespräche über Moral. 176 S. UB 18089

G. Vollmer, Biophilosophie. 204 S. UB 9396

C. F. von Weizsäcker, Ein Blick auf Platon. Ideenlehre, Logik und Physik. 144 S. UB 7731

W. Welsch, Ästhetisches Denken. 228 S. 19 Abb. UB 8681 – Grenzgänge der Ästhetik. 350 S. UB 9612

Philipp Reclam jun. Stuttgart